SDX & HARVARD-YENCHING
ACADEMIC LIBRARY

三联·哈佛燕京学术丛书

赵京华 著

日本后现代与
知识左翼

修订版

Post-modern
and
the Intellectual Left
in Japan

Revised Edition

生活·讀書·新知 三联书店

目　录

Post-modern and the Intellectual Left

in Japan

Contents

导　言

日本后现代主义批评

一

随着福柯、利奥塔尔、德里达等的相继谢世，及世界格局的剧烈变动和人们思想关注焦点的转移，以解构主义运动为核心的后现代思潮，在上世纪 70、80 年代盛行于西方并波及世界各地之后，逐渐呈现出衰微的趋势，其影响力已经大大减弱。今天，面临全球化和新帝国主义时代的到来，人们在寻求新的批判理论和阐释世界的方式。而我认为，正是在这样的历史转折时期，有必要回头重新检阅后现代的思想方法。实际上，虽然作为一种运动和思潮的后现代主义其兴盛发达的时期已然过去，但其概念分析工具和知识话语要素，如结构 / 解构、文本 / 事件、权力 / 话语、中心 / 边缘、差异性 / 同一性、西方中心主义 / 东方主义等等，都已经播散到我们的理论和话语实践当中，留下了难以消去的痕迹。它至少使当今的知识生产不可能再毫无怀疑地相信工业革命以来的启蒙理性，及其整套话语体系的普遍合理性，包括我们一向确信不疑的真理、主体性、进步、革命、解放、发展，乃至建立在进化论时间观基础上的现代性叙事。因此，重新检阅这些思想和概念工具，将有助于推动新的批判理论的创新和发展。

另一方面，伴随后现代思潮衰微而出现的，是近年来在世界范围内一些原本具有后现代主义倾向的学者和知识领袖，重新回归马克思的社会斗争理念（德里达）和政治经济学批判的立场（柄谷行人）、差异政治学（上世纪90年代以后的文化研究、后殖民批判等）以及自由主义左翼传统（罗蒂），形成了一个不同于传统旧左派乃至60年代"新左翼"的知识左翼，他们内在于学术的文化政治关怀和基于后现代立场的社会参与，成为当今抵抗新自由主义保守政治和民族主义、原教旨主义思潮蔓延的一股重要批判力量。这当然与上世纪90年代初世界冷战格局的崩溃和社会主义阵营的急遽瓦解，各国传统的左翼包括政党政治中社会党、共产党和工会等抵抗力量的普遍衰退，造成新自由主义经济和保守政治一统天下的局面有关。这个新的知识左翼在实际的"文化政治"实践和"真实政治"的参与中，提出了一些有别于以往传统左翼的抵抗资本主义和民族国家制度体系的批判理论、斗争策略及组织社会运动的方案。他们的实践能否把学院知识与公共事务的参与有效结合起来，从而改变20世纪70年代以来左翼批判势力日益衰退的局面？这些问题对于不单是要了解后现代主义思想，而且注意公共知识分子社会参与的人们来说，都是值得关注的。

上述两个方面的问题，也便是本书在考察上世纪70年代以来日本后现代主义批评时的主要关注焦点和问题意识。日本后现代主义思潮的兴起及理论批评的发展具有自己的东亚特征和本土文化背景，但是，它并非封闭于文化共同体内部的知识生产或单纯西方思想影响下的产物，毋宁说是具有世界同时性而首先于发达国家和地区出现的后现代主义思潮的一个组成部分。与欧美的后现代主义发源于"68年革命"并在结构主义运动基础上发展而来相仿佛，20世纪60年代反抗"日美安全保障条约"的社会斗争和学生造反运动，也是日本后现代主义思想产生的直接背景和社会根源，而运动中对青年学生发生广泛影响的以"宇野经济学"和"广松理论"为代表的新马克思主义，及其70年代在感性主体哲学研究（中村雄二郎）、文化人类学（山口昌男）和文本批评（前田爱）等方面具有结构主义倾向的学术思想追求，成为80年代日本后现代主义浪潮风起云涌的前奏。以理论批评家柄谷行人、莲实重彦等为主的后现代批评，经历了80年代最活跃的发展时期，到了90年代中期，包括在这一思潮影响下成长起来的"后现代青年"，开始出现了从非政治化的"主体解构""文本批评"向"左翼批判"转向，即重新回归社会斗争和关注"真实政治"的趋势，其中一部分又形成了一个"新生代知识左翼群体"。而这种"向左转"的状况，与90年代初西方具有后现代主义倾向的学者和知识领袖开始重新关注马克思或者社会政治问题，并出现学院知识精英重返社会斗争和公共事务的新趋势遥相呼应。

因此，我们可以把日本后现代批评放到具有世界同时性的整体后现代主义思潮的视角之下来观察，从中思考其起源、方法论特征、对现代性的反思及其思想史意义。同时，通过剖析后现代主义由"文本解构"向文化政治和社会批判"转移"的逻辑理路，加深对公共知识分子如何抵抗新自由主义保守政治的普世化（全球化），如何为实现普遍的社会公正而发挥应有职责的认识。这样的研究视角和问题意识，需要在方法论和叙述形式上采取相应的写作策略。我在本书中力争避开一般的以线性时间为主的历史叙述，而采取了"个案分析"的方法，在解读几位至今依然活跃于日本文化思想界的代表性批评家和理论家的思想实践时，尽可能地把他们的学术思维和方法论指向与具有世界同时性的整体后现代主义思潮联系起来，同时充分注意到他们在日本的特殊语境下其实践的具体性和复杂性。就是说，以具体的特殊性来呈现一般的普遍性问题，并通过"个别"进入历史现场，是我所坚持的主要写作策略。如果单纯从"特殊性"的视角来谈日本，只会把其后现代主义定位于西方普遍性之下，成为一个从属的亚系统，将造成其丰富的思想史意义被消解掉的后果。回避一般线性时间的历史叙述，还因为日本的后现代批评，作为一个流动的至今依然在发展变化着的思想潮流，远远不能用预设的理论前提和模式化的历史叙述来框定。另外，我还注意在"个案"分析中力图透过文本细读以形成对话的态势，在对话中呈现问题的多面性，以触摸日本学者、批评家其后现代主义学术思想背后的文化政治诉求和知识伦理关怀，从而获得对普遍性问题的深层讨论，以避免仅仅局限于对日本一国问题的描述。

二

弗雷德里克·詹姆逊在研究美国后现代主义思潮兴起的社会历史根源时，曾经提出"晚期资本主义"和"消费社会"的概念，用以说明社会生活阶段的变化和断裂，造成后现代主义取代现代主义的必然趋势。❶这实际上涉及社会学家们所讲的社会转型，即上世纪60、70年代西方国家，包括日本在内的普遍从工业社会向大众消费社会的转移。这种社会转型成为带动起思想文化艺术和

---

❶ 参见詹姆逊《晚期资本主义的文化逻辑》中文版第418页，张旭东编，陈清侨等译，北京：生活·读书·新知三联书店，1997。

政治意识形态深刻变化的主要原因之一。要深入了解日本20世纪70年代以来的后现代主义思潮，也需要首先从其经济社会生活的变化观之。

战后日本的经济变动大致经历了四个发展时期。第二次世界大战后的十年间是社会混乱与经济重建时期。在美国占领下日本实现了政治民主化，为其后的经济活动奠定了基础。朝鲜战争爆发之后，日本则借为美国生产军事工业"特需"的机会，迅速完成了战后的经济重建。从1955年开始到1973年，进入经济高速发展时期。1970年第一产业人口比重下降到19.4%；第二产业人口的比重则达到34%强；第三产业人口在70年代上半期已经超过全国人口的一半。1971年日本执政党决定其通商产业政策时，强调产业结构从化学重工业型向知识密集型转变。1980年，日本随同联邦德国（1966）、法国（1975）相继进入农民只占人口10%的城市化社会。而1973年成为经济社会变化的标志，在于这一年第一次石油危机（1973年10月6日，第四次中东战争）爆发。石油输出国组织（OPEC）中的阿拉伯国家，为使对以战争向有利于阿拉伯世界的方向发展，声明大幅度削减原油生产和大幅度提高油价，多年来依靠中东供应大量廉价石油以支撑经济高速发展的发达国家，其经济繁荣受到了严重的威胁。以此为契机，日本和其他西方发达国家调整了产业结构和经济政策，高速经济增长宣告结束，开始全面进入大众消费社会。另一个标志性"事件"是在"史密斯协定"❶基础上，1973年日美两国实现了汇率的固定制向浮动制的转变。随着日元的升值和GDP的增长，日本从1973到1985年开始进入经济稳定发展的时期，成为仅次于美国的世界第二大经济国，这也便是

---

❶ 1971年12月在美国华盛顿史密斯博物馆，由十国财长一致通过"国际货币基金协定"。

大众消费社会全面发展的阶段。1985年以后日元升值已然稳固下来，此后转移到泡沫经济和长久的经济萧条时期。日本的大众消费社会和由此而来的后现代文化思潮，正是在上述经济社会发展变动的背景下产生的。❶

在整个20世纪70、80年代，日本人沉浸在经济繁荣所带来的狂喜之中。1970至1985年，国民生产总值增长450%。1986至1987年，东京的不动产价值连续两年翻一番。1986年开放境外金融服务之后，日本迅速成为债权国，一年之内便拥有了美国30%的债权。石原慎太郎和盛田昭夫合著的《日本可以说不》(1989)，敢于以蔑视的态度质疑美国的各项贸易政策，其背景就在于上述大众消费社会的迅猛发展和惊人的财富增长。然而，时间进入到90年代，这种盛况急转直下而出现长期的经济萧条。1990年9月东京股票交易所的价值在四天之内下降了48%，1993年地产泡沫崩溃，出现了现代资本主义历史上最严重的资产贬值。日本的银行和经纪公司开始背负起6万亿美元无法收回的地产和建筑债务。❷ 也正是在这个时刻，日本社会内部的政治生态和一般国民的思想情绪发生了重大变化：于战后不久的1955年所形成的、保守政党（执政的自由民主党）与革新政党（在野的社会党、共产党等）相互制衡共同推动社会发展的政治模式，即"55年体制"彻底崩溃，政党政治中左翼批判力量的迅速衰退，客观上造成了右翼政治的上升并成为国家决策中的主导势力；另一方面，受到经济萧条的冲击，一般日本国民的思想情绪开始出现保守化的倾向，成为此后排外的民族

❶ 以上参见升味准之辅《日本政治史》第4卷及书后附表，东京：东京大学出版会，1988。中文版，董果良译，北京：商务印书馆，1997。

❷ 参见［美］约翰·内森《无约束的日本人》中文版，周小进译，上海：华东师范大学出版社，2005。

主义和历史修正主义思潮横行一时的温床。

日本后现代主义思潮的发生、发展和变化（向左转），与上述经济社会生活乃至政治意识形态的变迁有着直接内在的联系。如果说，20世纪60、70年代的社会转型，促成了作为思想、学术和文化的后现代主义批评的兴起，那么，80年代大众消费社会的全盛期则是其突飞猛进的辉煌阶段，而90年代前期的经济衰退和国内政治生态的变化，又是一些后现代思想的代表人物开始转向"左翼批判"，甚至走出学院突破"文化政治"的场域，直接参与"真实政治"斗争的主要社会因素。当然，日本的后现代主义批评也有着自身内在的学术、思想和文化意识形态语境。其中最值得关注的，是60年代社会革命的终结和日本传统马克思主义的危机。

20世纪60年代的社会斗争，特别是1968年学生造反运动是一个遍布全球的世界性现象，它以反社会、反制度、反文化的过激姿态，实现了资产阶级反抗自身的一次"内部"革命。由于其斗争形式的过激，这场革命没能维持多久便消失于资本主义新一轮繁荣发展（后工业阶段）的历史场景背后而被人们所渐渐忘却。但是，革命本身所要求的激进参与民主和谋求另类生活方式的理念，对于启蒙运动和工业革命以来的制度、文化所表示出来的怀疑，以及过激的行动方式所带来的挫折，都具有非常深刻的历史和文化意义。一般认为，70年代以后，以法国为发源地广泛兴起于西方的"后现代主义思想"直接起源于"68年革命"，福柯、利奥塔尔、德里达等人的思想从某种意义上讲都是与"68年革命"的对话。而社会运动终结后，那种被压抑和扭曲的革命情结则凝结成了"后现代主义"反思"现代性"，解构"启蒙理性"的理论批判动力。

日本的60年代社会革命，当初虽然有"安保斗争"这一特殊的历史语境，但到了1968年前后的"大学纷争"阶段，则显示出了与西方"68年革命"的同时代性。经济发展到一定阶段促成人们社会价值观念的变化，是日本"大学纷争"的主要起因。1968年相当于上述日本经济发展的第二阶段即高速发展的末期，那一年日本的GDP规模已经上升到仅次于美国和苏联的第三位，十年来高速发展带来的财富，使人们开始从专注劳动和经济生产转移到关注更广泛的社会与个人问题，社会价值观也发生了明显的变化。而1968年学生运动的主体即在校的大学生们，他们是出生于战后没有经历过战乱的一代，其人口比例占到了日本整个人口的一半。他们在蒸蒸日上的经济高速增长期长大成人，对战后准军事性的经济体制和社会秩序抱有抵抗情绪，于是，突然之间，他们上演了一场激烈反抗父辈们所一手构建的管理社会之制度与规范的革命。而最后以1972年震惊全日本的"联合赤军事件"的爆发宣告其终结的这场革命，给此后日本的思想文化发展，特别是今天活跃于各个领域的中坚一代（"后团块世代"）留下了不可估量的影响。可以说，作为学术、思想和文化的后现代主义批评，也是直接起源于60年代社会运动后其文化历史语境的转移。

这个文化历史语境的转移，可以透过20世纪日本左翼批判的最大理论源头——日本马克思主义的发展、变化与挫折的过程，来加以认识和考察。因为，随着20年代的劳工运动和社会主义思潮同时传入日本的马克思主义，不仅是无产阶级革命运动的指导理论，还是一种作为完整的"世界观"体系和"具有逻辑性结构的思想"，❶即哲学方法论而降临于日本思想界，其巨大的影响力一直持续到60年代。日本马克思主义起源于大正时期的无政府主义和布尔什维克主义的论争，在此基础上日本共产党于1922年成立。但

---

❶ 丸山真男《日本的思想》第79页，东京：岩波书店，1961。

是，建立伊始的日共，在稍后的关东大地震时便受到政府的严酷压制，山川均不得不暂时放弃组织先锋政党的计划，转而主张先解散共产党重返工会运动。另一方面，在西欧接触了卢卡奇等西方马克思主义的福本和夫回到日本，以"分离 / 结合理论"强调建立先锋政党的必要性。结果，1925 年前后所谓"福本主义"在党内占据了统治地位。此后，日本马克思主义在理论上有了自己的发展，形成了对后来影响久远的"讲座派"和"劳农派"两军对垒的局面。❶
进入 30 年代以后，随着日本军国主义白色恐怖的加剧而遭到严重挫败的日共，直到第二次世界大战结束，才以狱中不曾"转向"的德田球一为核心获得了重建。50 年代前期，日共曾提出新的"两阶段革命论"，即战后追随美国的日本处在被占领的地位，共产党首先需要"民族解放的民主革命"，然后才是社会主义革命，其中还包括试图推行武装斗争的强硬路线。这种理论和路线当然不符合那时日本社会的实际状况，也未能得到民众的广泛支持。在党出现分裂危机后的 1955 年，经过总结教训最后恢复了统一。1958 年，宫本显治体制正式确立起来，此后的日本共产党始终对左倾冒险主义保持高度警惕，其"宫本体制"一直延续到 90 年代。

兴起于 20 世纪 20 年代的日本马克思主义于战前曾风靡整个思想理论界，成为进步知识分子社会批判和介入实际政治的重要理论资源之一。进入 60 年代，与社会运动和学生造反同时发生的从工业社会向消费社会的转型，以及来自西方马克思主义的直接影响，使日本的马克思主义也面临着外部社会变迁的挑战和内部的思想危

---

❶ 所谓"讲座派"之称来自《日本资本主义发达史讲座》一书书名，该阵营的理论家基本上依据共产国际的纲领，强调日本社会仍残留着半封建的要素。另一方的"劳农派"则主张江户时代就有了资本主义的因素，故现阶段需要的是与发达资本主义的斗争及社会主义革命。

机。社会转型意味着日本共产党传统的马克思主义社会斗争理论（共产党先锋队，大众启蒙，工人阶级为主体的针对资本家及其制度的暴力革命等）已经失去了直接的革命对象和目标，而作为资产阶级反抗自身的"内部"革命，1968年学生造反运动需要新的理论指导。于是，在60年代的社会运动中，从趋于保守的日共内部分化出来的"新左翼"开始登上社会运动的政治前台，直接参与领导了反对"日美安全保障条约"的群众运动。到了1968年的"大学纷争"阶段，其直接担当指导斗争的是被称为新左翼的"全共斗"（全国学生共同斗争会议），而共产党及其民主青年同盟却站在学生斗争的对立面，成为维持秩序、阻止学生的反动势力。当然，60年代社会运动中的"新左翼"也因"小儿幼稚病"式的左倾冒险主义倾向，使运动走到了危机的边缘，其极端的例子便是1972年"联合赤军"的"浅间山庄事件"。[1] 结果，日本共产党和"新左翼"最终都走向了急遽衰退的末路。

值得注意的是，正如西方为"68年革命"提供了理论基础的不是正统的各国共产党理论，而是新马克思主义（马尔库塞、阿尔都塞等）一样，在日本，日共中并非主流的马克思主义哲学家广松涉（1933—1994）的"广松理论"，和经济学家宇野弘藏（1897—1977）的"宇野经济学"成了1968年学生造反的重要理论依据。广松涉通过对《德意志意识形态》文本的细致调查，发现《1844年经济学－哲学手稿》中的异化理论，与后期马克思思想之间存在着"断裂"，他以自创的"物象化"概念区别早期马克思带有人本主义价值取向的"物化"说，来解释后期马克思对现存制度的批判

---

[1] 参见本书第1章"在后现代与马克思主义之间——柄谷行人的前期批评实践"的相关部分。

是建立在客观实践的逻辑之上的。广松涉认为，要克服这种无所不在的"物象化"状态，就要重新编织现实地改变这种状态的新关系网络（"新组织态"）。另一方面，宇野弘藏通过对马克思未完成的《资本论》进行再组合，成功地建立起"宇野经济学"。他强调《资本论》从经济学上揭示资本主义必然面临经济危机的科学性，但否认其中有什么"历史唯物主义"或者资本主义必将崩溃的革命逻辑。很明显，"广松理论"和"宇野经济学"已经大大偏离了以解放无产阶级和全人类为指归、具有"宏大叙事"色彩的传统马克思主义经典理论，而带有比较浓厚的结构主义特色。这种新马克思主义某种程度上为日本的"68年革命"提供了理论依据，同时也暗自开启了70年代以后结构主义思潮滥觞和后现代主义的兴起。

传统日本马克思主义的危机与新左翼的衰退，从思想史上讲，意味着在马克思理论和社会主义思想传入日本五十年之后，作为完整的"世界观"体系和"具有逻辑性结构的"哲学方法论，其强调"历史法则与主体性"在矛盾抗争中推动革命实践的思考模式，开始退出社会运动的历史舞台。"68年革命"的终结和大众消费社会的来临，使"宏大叙事"失去了存在的意义。人们需要从"小叙事"的角度寻求多样化的解释世界的新话语体系，以应对社会转型之后新的社会运动目标——个人、性别、环境、少数族群等。而70年代初，某评论者下面一段文字精彩地道出了新时代到来之前那令人窒息的精神状态：

　　不用说，经历了越战、全共斗运动、70年安保和冲绳回归本土之后，我们所能看到的是世界的凝固不动。这个世界完全吸收了追求变革的直接动力而创造出畸形的现实来，但其整体却丝毫没有改变。……这个超出我们的主观想象而无限膨胀的世界建构起巨大的物质体系，将一切吸收进去。而突破这种秩序的行为或者想象力却遭到了严重的压抑和抹杀。……我们在视野中已经无法把握这个世界的整体，也再无法确定这个世界的存在。

同时，这种严峻的状况还在侵蚀着我们的内心，因为，我们依然抱定这样一种幻想：尽管无法把世界对象化，但我们的内心世界还是可以认识的。即在内心还有可以控制的领域，存在着所谓人类精神的秩序乃至主宰这种秩序的自我这样一种幻想。我们可以将此称之为"自我"的秩序。也可以在这个"自我"前面冠以"近代的"。就是说，我们目前不仅被事物的秩序而且还被"自我"的秩序所束缚着。❶

三

一般认为，日本的后现代主义批评发端于 20 世纪 70 年代末 80 年代初，而以柄谷行人为主要代表。但实际上，正如以解构主义为中心的西方后现代思想是在 60 年代以来方兴未艾的结构主义运动基础上，或者说是与结构主义同时发生的一样，"68 年革命"退潮之后迅速兴起于日本各学术领域的结构主义思潮，是稍后 20 世纪 80 年代形成大潮的后现代主义批评的前奏，或者说就是其不可分割的一个组成部分。此时，文化人类学家山口昌男（1931—   ）在西非完成人类学调查回国，途中在巴黎和哲学家中村雄二郎

❶ 高野斗志美《同时代批评的展望》，载 1973 年《解释与鉴赏》第 5 号。转引自关井光男编《柄谷行人》，东京：至文堂，1995。

（1925—   ）的不期相遇，❶对日本结构主义思潮的兴起具有特殊的象征意义。在巴黎"五月风暴"的旋涡之中，中村雄二郎受到法国结构主义运动的刺激，开始重新思考索绪尔学派的语言学理论。❷回国之后，则从语言、身体、戏剧时空等视角，建立起以感觉和理性为媒介的"共通感觉"（贯通人类五官的原动力）概念，在努力恢复被近代理性的权威所压抑和排除掉的"感觉"之价值，凸显"空间""场域"之哲学思考的意义同时，力图颠覆笛卡儿以来"感觉与理性"二元对立，特别是以"启蒙理性"为绝对权威的思考模式，以及黑格尔辩证法中纵向垂直的时间观。中村雄二郎无疑是从哲学的方面引领70年代以后日本结构主义思潮的主要代表之一，他的重要著作《感性的觉醒》《哲学的现在》《共通感觉论》《魔女琅答考》《西田哲学的解构》等等，对于跨越上世纪70、80年代的一批日本理论家、批评家产生了各种各样的影响和刺激。

如果说，中村雄二郎是在哲学领域通过恢复被压抑和抹消掉了的感觉、空间、场域等的价值意义，由此从近代哲学的"边缘"地带向处于"核心"地位的"理性"发难，那么，山口昌男则是在文化人类学领域运用现象学和结构主义符号学方法，重新关注被"近代历史"叙述所遗忘了的神话、传说、习俗、边缘文化的固有力量，而向以"理性"为核心的近代精英文化提出了挑战。他的主要著作《丑角的民俗学》《文化与两义性》《知识透视法》等提出了一系列崭新的文化理论概念，如"中心与边缘""活性化""替罪羊""文化之两义性""败者精神史"等等，曾经风靡于70年代以后的日本知识界，为解构既成的知识体系和近代认识论架构开辟了

---

❶ 参见山口昌男、中村雄二郎合著《知识之旅》第210页，东京：岩波书店，1981。

❷ 参见中村雄二郎《语言·人类·戏剧》，东京：讲谈社，1969。

道路。后现代主义的弄潮儿中泽新一（1950—   ），生动地回顾了山口昌男的思想学问给当时青年带来的精神和知识上的解放感：自战后民主主义以来，日本的知识分子们张口责任闭口伦理，"68年革命"中大学的机能几乎处于瘫痪状态，而所有快乐主义的思想都遭到了恶声谩骂。是山口昌男的出现，让青年们从伦理和责任的重压下获得了解放。他的文化人类学关注神话世界、歌剧舞台、滑稽戏剧、地方神社神乐殿、小说绘画中的配角小丑或者边缘人物，这些角色和人物以奇奇怪怪的身姿动作出现于人们的面前，手持符号学的奇妙武器，大刀阔斧地驱散了青年们心头的精神压力。❶ 就是说，山口昌男以结构主义和符号学为理论武器，从文化人类学的视野重新挖掘被"中心""主体""理性"和以"进化论为核心的历史叙述"所压抑和排除掉的"边缘文化"部分，将其作为激活已经僵化的"中心文化"的活性化材料，从而开辟了70年代以后的知识新天地。他在推动了日本的学术思想从"存在到结构"的转变同时，也使广大知识青年从马克思主义、人道主义、存在主义等观念体系，乃至上面引述的高野斗志美所谓"制度秩序和近代自我"两重束缚下获得了解放。

前面提到，山口昌男与中村雄二郎1968年在巴黎的相遇，对日本结构主义思潮的发展具有"特殊的象征意义"，就在于他们作为70年代以后引领日本学术新潮的知识领袖，在"68年革命"如火如荼的巴黎，受到法国结构主义的感召和刺激，不期然地从支配了近代思想，特别是60年代社会运动的马克思主义、存在主义、人本主义等观念体系和"宏大叙事"之外，开始关注被主体与理

---

❶ 参见中泽新一为《文化与两义性》一书所写"解说"，收山口昌男《文化与两义性》，东京：岩波书店，2000。

性遮蔽了的哲学非中心地带和处于知识边缘地位的文化人类学,为"68年革命"终结之后的日本知识界准备了新的思考空间和知识天地。而他们两人一见如故,其思想学问上的气味相投,●更为70年代后期开始形成气势的日本结构主义运动奠定了基础。我们知道,70年代后期以中村雄二郎和山口昌男为中心,有哲学家市川浩、作家大江健三郎、美术评论家多木浩二、文学批评家前田爱等参与其中的学术同仁圈,❷是推动日本结构主义批评的发展和各领域学术范式变革的主要力量。

这个学术同仁圈中的前田爱(1911—1987),是影响日本的文学研究由60年代以前占主导地位的社会历史批评,向80年代以后的文本分析转变的关键人物。他透过"内向的一代"作家古井由吉的小说《跳圆圈的女人们》,已然洞见到1970年前后文学"从时间、历史、精神到空间、神话、身体,从意识形态、男性原理、主语中心的叙事到乌托邦、女性原理、谓语中心的叙事"等的重大转变,❸而以《近代读者的成立》和《都市空间中的文学》等著作,独自开拓了读者论、文本分析、文化符号学等新的文学研究方法。几乎与西方文本理论的盛行相同步,前田爱在日本率先确立起从多媒体(近代出版、印刷、报纸、杂志)视角考察阅读群体与文学之关系的读者论,同时为了从"外部"解构以"自我表现"为中心的近代文学架构,他将符号化、话语化的现代都市作为一种特殊的"文本",又把文学作品视为都市的隐文本以透视两者的相互关系,

---

● 在中村雄二郎、山口昌男合著的《知识之旅》终章,山口昌男动情地回顾了这次相遇,并感激于中村雄二郎对自己的学问思想的理解和鼓励。

❷ 他们同时也是注重结构主义研究和修辞批评的杂志《赫米斯》(*Hermês*,1984年创刊,岩波书店)的同仁。

❸ 前田爱《增补 文学文本论入门》第231—232页,东京:筑摩书房,1993。

在此基础上建立起空间化的"都市文学"理论。这从根本上改变了以往以作家－作品，作品－时代关系为中心的传统文学研究格局，实现了由重视文学内外指涉关系的线性分析向重视"外部"和"空间性"的立体研究的方法论转换。尤为重要的是，前田爱在"文本"的多层分析中，由文学领域进入到作为分析对象的话语世界，形成了从某个时代的话语状况来展现该时代的历史、文化、社会状态的分析方法，他试图创造一种将刻在语言深层的权力与制度之不可见的意识形态性凸显出来，使之可视化的批评实践。❶

可以说，前田爱是敏感地意识到 70 年代以后文学及人们思想观念"从时间、历史、精神到空间、神话、身体"（或者说"从存在到结构"）的深刻转变，同时在文学批评方法论上有力地推动了这种转变的杰出的文学研究者。他与哲学家中村雄二郎、文化人类学家山口昌男，连同以杂志《赫米斯》为中心的学术同仁圈一起，开拓了"68 年革命"以后日本学术思想上的结构主义新潮。这个学术思想潮流作为在此前以观念论、科学主义为中心的知识谱系和此后以语言解构为中心的后现代思想话语之间的一个过渡性存在，具有特殊的承前启后的意义，它为日本知识界走出背负战争责任与历史逻辑重压（如丸山真男所谓"悔恨共同体"、重建战后日本民主社会等）的沉重时代，摆脱作为科学世界观的马克思主义（包括"广松理论"和"宇野经济学"所代表的"新马"）对人文科学的理论统摄，或者说为"历史的转弯"提供了不可或缺的契机。80 年代前后日本后现代批评之所以能够形成大潮而影响至今，就在于有这一脉结构主义新潮作为深厚的思想学术背景。比如，后现代批评的理论代表柄谷行人，不仅其批评生涯的开始与这种结构主义新潮同

---

❶ 参见小森阳一《前田爱的都市论》，收入《小说与批评》，东京：世织书房，1999。

步，而且，他写作于70年代后期的两部重要著作《马克思及其可能性的核心》和《日本现代文学的起源》，以及稍后出版的解构主义代表作《作为隐喻的建筑》，便是在对结构主义学术思想的吸纳与对抗中完成其超越的。至于另一位重要的文学批评家小森阳一，则更是前田爱理论的最好阐释者和学术继承人。

以70年代的结构主义思潮为先导而兴起于80年代的日本后现代主义批评，并非一个严整的学术流派，毋宁说是一种笼罩整个知识界的思想氛围和改变传统思维范式的方法论潮流。在兴起之初，虽然也出现过浅田彰（《逃走论》，1984）、中泽新一（《虹的理论》，1986；《恶党的思考》，1988）等受柄谷行人、莲实重彦影响的"后现代青年"，游戏于"相对化""差异性"等语词之间，为消费社会的知识消费推波助澜的肤浅风潮，❶但这个当初被讥讽为"新学术"的潮流，经过十余年的整体发展已深深进入到本土的思想语境中，深刻改变了当今日本知识生产的面貌和思想学术的走向。一般认为，以解构主义为中心的后现代思想具有反主体、反中心、解构既成知识体制的倾向，与传统的左翼相比，他们虽然也关注种族、性别、身份、差异政治等"文化政治"问题，但主要是学院知识内部的"造反者"，对实际社会的民主进程、平等与解放等"真实政治"并不怎么关心。日本后现代主义批评在80年代也的确带有这样的"非政治化"倾向。不过，自90年代中期以来，却出现了一些具有"后现代"背景的学者、知识人向"左翼批判"转向，即走出学院直接参与"真实政治"的现象，甚至形成了"新生代知识左翼群体"。这个现象的出现，当然与冷战格局的解体和全球化浪潮背后新保守主义政治的形成等国际局势的变化相关，但更存在着一

---

❶ 参见大泽真幸《战后的思想空间》，东京：筑摩书房，1998。

个 90 年代日本国内政治变动的本土语境，有必要在此提供一个概要的背景叙述。

如前所述，战后日本的经济发展经历了四个阶段，其中最后一个阶段，即 90 年代以来随着泡沫经济而产生的十年经济萧条时期。这不仅深刻影响了国民的精神心理，造成民族主义情绪的高涨和日本社会整体保守化倾向的发展，而且引发了国内政党政治的巨大变动。首先是 1995 年前后，一系列重大政治事件的发生宣告了"55 年体制"的最终解体。1993 年国会大选，政坛上的两大政党自民党和社会党都遭到了惨败，这导致了 1994 年两个长期对抗的政党不得已组成联合政权，它不仅标志着战后自民党长期一党执政历史的结束，更反映了原来属于革新政党的社会党彻底的败北，甚至逼使其在 1996 年更名为"社会民主党"，并调整党纲和基本政策以迎合自民党的保守政纲。在民主选举政治中，一个政党的倒台无疑象征着支持这个政党的社会团体和势力的衰退。社会党在 1993 年国会大选中惨败，一个主要原因就在于作为长期支持该党的社会群体——工会组织（"全劳联"和"联合"）早已分崩离析，而把大量选票投给保守新党。同样属于革新势力的日本共产党其情形也与社会党相仿。为了在选举政治中维持其生存，日共于 1997 年 9 月召开二十一大，以不破哲三委员长和志位和夫书记局长为核心的现实主义路线取代了原来的宫本显治路线，确立"对内不问资本主义还是社会主义，而是主张在资本主义框架内进行民主改革"的方针，甚至表明不惜与保守政党组成联盟为在新世纪成为执政党而努力。这也象征性地反映了长期以来日共的左倾主义导致追随者减少，知识阶层左翼批判势力不断衰退的社会状况。

与上述政党政治层面上的保守主义倾向相呼应而出现的，是一般日本国民的民族主义情绪，以及知识阶层中右翼一派以历史修正主义为表征的排外主义民粹思潮的膨胀。1995 年在自民党东山再起重新成为执政党（与社会党联合）前后，以党首桥本龙太郎为核心组成有该党 105 名国会议员参加的"历史研究会"，并出版《大东亚战争总结》一书。在把"15 年战争"称为对抗英美的自卫战争的同时，否定了其侵略性。实际上，提示了作为政党的自民党对那场战争的历史认识。与此遥相呼应的是，同年东京大学教授藤冈信胜发起"自由主义史观研究会"，矛头直指"东京审判史观"，并将战后日本进步势力对战争历史的反省称之为"自虐史观"予以批判，为自己以日本民族为中心否定侵略战争事实的近代史叙述鸣锣开道。❶两年后，日本电气通信大学教授西尾干二组织成立"新历史教科书编纂会"并出任会长，藤冈信胜则为副会长。知识右翼形成阵势，历史修正主义一时流行开来。1999 年西尾干二《国民的历史》出版并登上畅销书榜中，成为 90 年代以来日本社会的民族主义倾向和右翼历史修正主义思潮形成一个新高潮的象征性"事件"。

　　日本后现代主义批评中一些"新生代"学者、知识人，在 90 年代中期走出学院而投身"真实政治"斗争，与上述国内的社会政治语境有着深深的关联。

四

　　本书集中讨论四位影响广泛的具有后现代主义倾向的学者、批评家和一个正在形成发展中的来自后现代思想脉络的"新生代知识

---

❶ 参见《近现代史教育的改革》，东京：明治图书，1996；《"自虐史观"的病理》，东京：文艺春秋社，1997。

左翼群体"。他们分别属于理论批评、思想史、文艺评论和哲学研究领域，某种程度上反映了日本整个人文学科中后现代主义发展和扩散的基本状况。

柄谷行人（1941— ）作为日本后现代思想的主要倡导者和推动者，三十余年来的文艺批评和理论实践，比较完整地反映了"后现代思想"发源于"68年革命"，经过20世纪70、80年代的迅猛发展而于90年代逐步转向新的"知识左翼"之社会批判的演进过程。特别是他倚重马克思的批判性思想资源又借用解构主义的思考理路和分析工具，从反思"现代性"的立场出发，对后现代思想的核心问题如"差异化""他者"与"外部"等观念所做出的独特思考，大大地丰富了日本后现代批评的内涵。另一方面，作为一个始终尊重和坚信马克思对于资本主义制度的批判价值和方法论意义的日本左翼知识分子的代表，柄谷行人一贯致力于从各种不同的角度解读马克思的文本，从中获取不尽的思想资源。而他从70年代侧重以解构主义方法颠覆各种体系化、意识形态化的马克思主义，并重塑文本分析大师的马克思形象，到90年代借助康德的伦理学重返作为社会抵抗原理和政治经济学批判的马克思，其发展变化本身既反映了他本人作为日本后现代主义批评家的独特思考路径，又体现出其与"西方马克思主义"之间存在着的共通性。2000年前后，柄谷行人积极倡导并正式组织起"新联合主义运动"（New Associationist Movement，一种追求"可能的共产主义"的市民运动），通过重新阐发马克思政治经济学批判中的价值形态理论，提出从消费领域来抵抗资本主义制度的斗争原理。这些新的尝试包括遇到的理论与实践难关，对于我们理解马克思的思想在当今的理论价值，以及马克思视野下的当代资本主义制度的形态特征，还有眼下日本左翼批判运动的流向，都具有一定的参考价值。

子安宣邦（1933— ）是 20 世纪 80 年代以来日本思想史研究领域中最具后现代倾向和社会批判性的学者。他早年主要从事江户儒学特别是朱子学研究，到 90 年代以后通过挑战近代主义者丸山真男的思想史叙述，建立起自己从现代知识制度层面批判日本近代化、反思战争历史的"知识考古学"。其中不仅将福柯的知识制度批判和话语分析的方法，成功地融合到日本思想史的研究中来，而且在广泛借鉴西方 20 世纪后期反思现代性的思想资源和文化理论基础上，形成了自己于"近代性"视角之外观照日本的近代思想，又从 400 年来东亚地缘政治变动的长时段视角思考日本与亚洲关系的思想史方法论。在这样的方法论视野下，子安宣邦站在后现代立场对日本近代化的反省得以进入到历史批判的深层，产生了强有力的社会效果。同时，在方法论上克服了自我指涉式的现代性叙事和西方中心主义历史观的弊病。可以说，他的思想史研究和社会批判是将后现代主义的思想方法成功地落实到本土文化历史研究中来的代表性范例，标志着日本后现代思想发展的深厚实力。进入新世纪以来，面对日本保守主义政治势力上升和国民内部民族主义情绪不断滋长的局面，子安宣邦内在于学术的政治关怀越来越显著，以学理为根基的政治参与和社会批判越来越激越。对于否定日本侵略战争历史的自由主义史观的反驳和靖国神社问题的历史批判，以及对小泉纯一郎为代表的当下保守政治集团无视历史事实、有意煽动民众民族主义情绪的政治行为所做的深刻揭露，都反映出子安宣邦作为公共知识分子执著坚定的伦理态度。他是日本当代"知识左翼"的代表之一，其实践为我们考察后现代主义与左翼批判的关系，或者后现代思想的文化政治学，提供了典型的"个案分析"范例。

小森阳一（1953— ）是在日本近代文学研究领域较早运用文本分析和叙事学理论，有力推动了文学研究上以社会历史分析为主的传统方法论变革的重要学者，同时也是具有后现代主义倾向而关注文化政治乃至真实政治参与的新一代知识左翼。20世纪90年代中期以来，他的文学研究和批评活动相继出现了两个明显的重心转移。一个是文学研究上从文本"内在批评"向重视"文化研究"的文学"外在批评"的转移，另一个是从语言解构向政治介入，或者说从文学研究者向批判型公共知识分子的转移。尤其是进入21世纪后，他积极投身社会政治运动，在抵制新编历史教科书斗争，还有维护日本和平宪法的"九条会"运动中，展现了日本知识左翼崭新的精神风采。作为出生于50年代成长于70、80年代日本后现代氛围中的中年学者，小森阳一没有像子安宣邦、柄谷行人那样经历过战争和战后民主政治运动如火如荼的革命年代，但是，从他实际投身日本社会运动的实践活动中，我们依然可以看到对60年代自由主义左翼斗士精神血脉的承接。当然，今日的历史条件和时代状况已不同以往，从后现代的文化政治立场出发，小森阳一在实际的"真实政治"参与过程中，一面警惕重蹈传统旧左翼覆辙，将思想理念简化为标语口号以动员大众和金字塔式组织结构造成的官僚化，而提出了参与社会运动的新方式：重新回归个体，以个人身份参与市民运动；一面又鉴于保守政治与大众媒体联手操控思想舆论、扼杀独立思考的大众消费社会状况，提出当下的社会运动要用面对面的语言传递方式与听众对话，以颠覆"大众媒体墙"的策略：每个人成为媒体的语言运动。这无疑从一个方面反映了当今日本"知识左翼"参与社会实践和政治斗争的新态势和新走向。

作为经历了20世纪60、70年代日本由工业社会向消费社会的转型，并直接推动了80年代以来后现代思想在日本发展的重要人物，上述三人于90年代初都不约而同地走过了从一般学者向批判型公共知识分子重心转移的过程，而这个过程本身则呈现了日本后现代思想的复杂性和内在的批判性格。与之相比，在哲学领域以 20 世纪法国思想特别是德里达的解构哲学为研究对象的高桥哲哉（1956— ），从 1992 年出版第一部著作开始，便在构筑解构哲学和强调他者伦理的政治学同时，积极参与有关侵略战争的"'历史认识'论争"中，并直接投身旨在追究日本国家战争责任的"女性审判日军性奴隶制国际战犯法庭"等一系列"真实政治"的斗争。就是说，在高桥哲哉那里，基于后现代思想的知识学理工作与文化政治乃至真实政治的参与从一开始就是融为一体的，这反映了日本后现代主义批评在上世纪 90 年代的新变化。作为公认的德里达思想在日本的出色阐释者，以思考的明晰透彻著称的哲学研究者高桥哲哉，之所以能够将对西方后现代哲学的阐释和对日本现实政治的批判直接联系起来，同时写作出《逆光的逻各斯——当代哲学的语境》《德里达——解构》和《战后责任论》《靖国问题》等横跨学理研究和政治批判的著作，就在于他从下面两个重要的思想逻辑脉络中找到了反思现代性、认识近代战争和民族历史叙述之暴力性的思想资源。一个是从勒维纳斯、德里达的形而上学"他者"论谱系中解读出具有"伦理政治可能性"的具体（形而下）的"他者性"视角，以此来阐述日本必须透过亚洲这一"他者"认识自我，并在伦理政治上承担殖民侵略的历史责任。另一个是透过对汉娜·阿伦特"忘却的洞穴"说的深度解读，结合欧洲的"大屠杀否定论"和日本右翼历史修正主义话语，提出抵抗"忘却的政治"而建立"记忆的政治学"等主张，从而在哲学和历史层面上尖锐地追究国家意识形态抹消"战争记忆"的暴力性。可以说，高桥哲哉一直在谋求从具体的事件出发思考哲学问题的方法论途径，注重哲学与伦理政治的关联。他同时跨越知识学理和真实政治的实践，目的在于谋求一种新型的"文化的抵抗"路径，从而改变 70 年代以来学院知识生产与社会改造运动相脱离的状况。他的富有成效的实践，充分展现了内在于日本后现代主义思想特有的批判活力。

小森阳一和高桥哲哉"现象"并非孤立的个人行为，实际上代表一个新的左翼批判势力的崛起，我将其称之为日本的"新生代知识左翼群体"。这个提法，主要是指在大学时代经历了上世纪70、80年代后现代主义浪潮的浸染，于90年代前后逐渐形成自己的学术基础和思想立场，用后现代的观念和方法论工具在各自的领域内颠覆既成的现代知识体系，而于90年代中期面对全球化世界格局的变动和日本国内整体右倾化的态势，从以语言解构为核心的后现代批评迅速转向"真实政治"介入的一个新型批判群体。这个群体的共同特征是在承认"他者"的存在而于民族国家共同体的外部来思考当下政治问题，又强调以独立个体的立场发言，拒绝一切组织形态的构建，从而与"二战"前后以日本共产党为核心的旧左翼以及60年代学生社会运动中出现的"新左翼"明确地区别开来。在传统的左翼批判势力日趋衰退而民粹主义情绪和保守政治越发浓重的当下日本，这个群体无疑是一股重要的社会批判力量。1998年以高桥哲哉、小森阳一为主编，收录了活跃于当今日本知识界的十八位作者论文的《超越民族历史》一书的出版，以及稍后由小森阳一、高桥哲哉、石田英敬、鹈饲哲四人共同签署的《21世纪宣言——摆脱"寄生民族主义"》发表于2000年《世界》（岩波书店）杂志，标志着该"群体"的形成并正式亮相于日本政治的公共空间。他们从后现代迅速转向左翼批判的异军突起，在旧左翼人士看来有些不好理解。不过，从后现代思想原本出自对"现代性"的批判和解构这一知识谱系上观之，他们的"重心转移"自然有其顺理成章的逻辑依据。我在书中更注重分析，这个"群体"是在日本本国怎样的社会政治语境下实现这种"转向"的，在这一"转向"过程中后现代的思想要素起到了怎样的作用或者发挥了怎样的政治批判功能，它与传统的马克思主义左翼，特别是60年代的自由主义左派有哪些精神上的血脉传承，在哪些方面出现了断裂，从语言文本层面的解构批评过渡到社会政治层面的伦理批判，其间有怎样的理论逻辑上的难题需要克服等等。

五

日本"新生代知识左翼群体"的文化政治和社会斗争实践，让我们不禁想起20世纪60年代自由主义左翼斗士们投身社会革命的风采。不过，他们所倚重的思想精神资源已经不再是单纯的马克思主义社会批判理论或者存在主义的主体论，以及反战和平的世界主义想象。面对国家和媒体联手严密操控舆论的高度信息化资本主义社会，他们已经不再有60年代自由主义左派把持媒体霸占公共话语空间的幸运，他们不得不把自己的身体化成一个个单独的媒体，如小森阳一和"九条会"成员那样，通过一场场奔赴大小市民集会的"广场"讲演，以面对面话语对话语的方式传达自己的政治理念。或者如高桥哲哉主张的那样，为了冲破无所不在的"媒体墙"，只能以不放弃"一线希望"的心态，依据知识和学理以实现"文化的抵抗"。在任何思想和知识都可能成为消费符号而无法沉淀到深层并聚集起抵抗力量的大众消费时代，他们必须面对思想话语不断被瓦解掉、不断被时尚所征服的危险，他们需要源自后现代主义的语言解构、话语分析、他者理论、差异政治学和后殖民批评等思想资源，当然也包括作为20世纪最大的社会批判理论之马克思主义的支持。这样，他们在实际的学术研究和政治介入中也就形成了与上一代自由主义左派，以及传统马克思主义左翼大不相同的精神风貌和性格特征。他们与始终坚持马克思主义和后现代思想相会通的柄谷行人，还有在思想史领域中运用知识考古学、话语分析方法对日本现代知识制度实行激烈批判的子安宣邦，同属于日本的知识左翼阵营，他们的存在让我们感到日本这个国度里还有勇于承担公共知识分子职责的人士在。同时，对具有世界同时性的后现代主义者"向左转"的现象，特别是后现代思想与左翼批判的内在关系，有了比较具体而感性的深入理解。

在考察 90 年代以来日本后现代主义批评转向"左翼批判"的现象时，我注意到，"向左转"本身也引发了新的问题。比如，如何理解现代主义和后现代主义的关系？内在于启蒙理性的马克思社会批判理论，及其以此为根本的传统旧左翼与后现代"知识左翼"之间存在着怎样的关联？在如何实现社会的普遍公正，如何计划和界定我们的生活世界，如何为这个生活世界做出价值上的辩护方面，后现代"知识左翼"能否有效地发挥公共知识分子的作用等等。日本的"新生代知识左翼"介入"真实政治"和社会运动时呈现出以下特征：一、在颠覆现代性思想理论的哲学基础——二元对立模式和"同一性"之形而上学观念的同时，努力寻求承认多样性、差异化、他者性和关系性局面的确立。二、他们不再期待"从历史必然性中推导出革命主体"这一幻想，而是强调从后现代思想特别是与他者的关联中重建作为个体的主体性，并在实践中寻求新的主体形成的方式。三、他们在参与社会运动的方式上尽量避免传统左翼的金字塔式官僚化组织模式，强调以个人的身份参与广泛的市民运动。四、他们普遍对近代民族国家这一制度安排持批判态度，强调要建立超越民族历史的国际主义视野和连带机制，但也注意把"民族－国家"分节化，对机能性的"国家"表现出一种宽宥的姿态，认为抵抗"全球化"即新帝国主义时代，有必要利用国家的政治机能，至少福利国家制度是眼下抵制新自由主义市场万能论的主要途径之一。

华勒斯坦等在《反体系运动》中指出：1848年革命促成了反体制力量一种基本的政治战略，即把以某种方式谋求政权的夺取这一中间目标作为改造社会道路上的一个必要的中间站。结果，使反体系运动走向三个不同的方向。一是第三国际共产主义者超越民族国家的武装斗争；二是第二国际社会民主党人直接参与政权推动福利社会的发展；三是与本土的民族主义运动结合。而这三个不同的走向最终都导致了左翼势力自身的逐渐衰退。[1] 可以说，"68年革命"中"新左翼"的出现主要来自对上述旧左翼的经验教训的反思，他们必须在反抗资本主义世界体系的同时，质疑传统旧左翼反体制的战略和动员社会反抗力量的方式乃至本身组织原则上的问题。今天，来自后现代思想脉络的日本知识左翼在介入社会政治时，也依然面临着这样的问题。而他们针对新自由主义保守政治与大众媒体联手操控思想舆论的严峻局面所进行的批判实践，能否扭转日本左翼势力衰微的状况，是否像罗蒂呼吁的那样，有必要重新认识自由主义左派的改良传统，甚至考虑与自由派达成和解，携手并进，[2] 以抵制右翼势力的猖獗和不断蔓延于草根社会层的民粹主义，他们能否为公共知识分子介入政治、干预社会提供新的参照模式，还需要拭目以待。

从目前世界范围内的左翼批判势力的实际状况观之，可以说，

---

❶ 参见伊曼努尔·华勒斯坦等《自由主义的终结》中文版第二篇"反体系运动"部分，郝名玮、张凡译，北京：社会科学文献出版社，2002。
❷ 参见理查德·罗蒂《筑就我们的国家》中文版第67页，黄宗英译，北京：生活·读书·新知三联书店，2006。

日本新一代"知识左翼"无疑是世界左翼运动发展中最为活跃的一支，他们极具实验性和丰富内涵的斗争实践，足以让我们对批判势力的增长和其社会作用产生更多的信心和期待。当然，这个"左翼"概念本身由于有着过于复杂的政治记忆和惨烈的历史教训，可能不很适合或无法用来概括日本新一代批判势力的实践活动及其独特意义的全部，而这些实践者本人也未必喜欢使用这个词语。但总之，在没有找到更为合适的概念表述情况下，我在本书中暂且使用"知识左翼"一词，无非是意在从与20世纪"反体系"运动的历史关联性这样的视角出发，来观察和描述源自后现代思想脉络而志在改革21世纪政治生态的这一批日本知识分子。至于给他们做出全面准确的思想史学术定位，眼下还很难做到。我们无须急于下结论，何况日本的后现代主义批评包括最近的"向左转"，都还处于变化流动的状态之下。作为一个邻国的学者，我只想以诚挚热切的目光静静地关注着，并在可能的范围内与之对话，形成思想与知识的互动。

第 1 章

在后现代与马克思主义之间

—— 柄谷行人的前期批评实践

—

日本的后现代主义批评兴起于 20 世纪 70 年代后期，到了 80 年代汇成大潮。当时日本知识界曾将这股思潮称为"新学术"，即源自西方的新思想新理论。而理论批评家柄谷行人则被视为这个"新学术"的"教祖"。这里所说的"批评"，在日本的语境里具有特殊的意义。一般认为，比起西方，日本的哲学话语并不发达，代替哲学发挥思想理论功能、推动观念变革的是（文艺）批评。日本现代历史上有三个"批评"十分活跃发达的时期，一个是被誉为文艺复兴期的 20 世纪 30 年代，第二个是社会运动风起云涌的 60 年代，第三个则是伴随消费社会的到来而后现代思想兴起的 80 年代。如果说，小林秀雄（1902—1983）和吉本隆明（1924—2012）分别代表了前两个时期，那么，柄谷行人则是 80 年代以来引领思想学术新潮的领袖人物。因此，要了解日本的后现代主义批评，首先应该从考察和分析柄谷行人的理论批评实践入手。

作为日本 70 年代以后影响广泛的批评家，柄谷行人是以后现代思想的主要代表和马克思主义左翼理论家的姿态活跃于日本的批评界，并成为新思潮和社会批判的代表性人物的。他不断地从后现代思想吸取思考方法借用分析工具，确立起独自的解构主义批评路径，又注意从马克思的文本中寻找阐释世界的话语方式和抵抗现代资本主义制度的批判原理。这种后现代和马克思主义的微妙交叉与会通，形成了其独具风格的理论批评实践。因此，首先需要明确，柄谷行人不是一个单纯的后现代主义者，也不是一般意义上的马克思主义理论家。如果没有注意到这样的复杂性，我们就不能很好地理解他的批评实践，也难以对其思想理论做出有效合理的评价。与西方后现代思想家大都具有马克思主义背景相仿佛，日本的后现代主义倡导者们也多倚重马克思的思想资源。❶ 在某种意义上，柄谷行人与美国的左派理论家弗雷德里克·詹姆逊（F. R. Jameson）多有相近之处，可以称之为日本的后马克思主义批评家。在日本知识界，一般是把柄谷行人视为后现代主义批评的代表人物的。然而，早在上世纪 80 年代后现代思潮风靡一时之际，他就曾经在承认自己是后现代主义的主要推动者的同时，对简单肤浅的后现代风潮提出过严厉的批评。他强调，如果所谓的"后现代"不是指现代之后的状况和阶段，而是意味着对现代性之自明前提的怀疑那样一种"超越论式"的"姿态"，那么，只是在这个意义上可以"宣布自己

---

❶ 美国新马克思主义批评家詹姆逊在一次"访谈"中以法国为例，指出 20 世纪 60 年代以来的后结构主义者，多意识到自己的工作是建立在马克思主义问题性之上的："我所要强调的是，人们当然可以脱离历史而谈后结构主义文本本身的价值，但如果你想在更大的语境中弄清楚问题的来龙去脉，你就得注意马克思主义的框架。在战后法国，80% 以上的知识分子自认为是马克思主义者，至少是认为马克思主义的问题——基础和上层建筑的问题，意识形态的本质的问题，表象的问题等等——是他们各自议题中的基本因素。"（见王逢振主编《詹姆逊文集》中文版第 1 卷第 128 页，北京：中国人民大学出版社，2004）

是后现代"的。❶ 同样，他坦承自己一生最常阅读的思想家是马克思，但反对和鄙视一切教条主义的，特别是日本传统的马克思主义理论。而只是在服膺马克思对现实的批判性上愿意把自己规定为马克思主义者：

> 我认为马克思主义者不管自己思考什么，关注当下在做什么才是马克思式的视角。换言之，所谓马克思式的视角，不在于确定什么是真理，而在于不断坚持这种批判性——包括自我批判这一层含义。因此，我虽然不敢称自己为马克思主义者，但始终试图保持这种马克思式的批判性。❷

我理解，相比柄谷行人是后现代主义者还是马克思主义者这个问题，关注他如何"借用"后现代的"分析工具"，倚重马克思的社会批判原理而将自己的整个批评实践落实到"反思现代性"上面来，并从这个基本点出发来解读他的文本，才是更重要的。

另一方面，柄谷行人对于马克思的思想文本和以解构为核心的后现代主义，其立场和观点又有一个明显的前后变化的过程。这个"变化"发生在 20 世纪 80 年代末 90 年代初，其背景便是冷战格局的崩溃和社会主义阵营的瓦解，以及马克思主义所遇到的前所未有的危机。在 2001 年出版的《跨越性批判——康德与马克思》一书"序言"中，柄谷行人明确指出：那时，马克思主义作为理性目的论（宏大叙事）受到了批判。实际上，斯大林主义正是这种目的论的结果，它强调通过掌握了历史法则的理性来建立指导民众的知

---

❶ 柄谷行人《斗争的伦理》（与莲实重彦的对谈集），东京：河出书房新社，1988。
❷ 柄谷行人《以马克思的视角思考全球化》（与汪晖的对谈），载 1999 年《世界》杂志 4 月号，东京：岩波书店。

识分子政党。对此进行反思，则出现了批判理性权威、否定知识分子优越地位、否定历史目的论的后现代解构思想。这种思想针对中央集权式的理性管理而提出多种语言游戏间的"调停"和"共识"等概念，一方面用经验的多样性和复杂性对抗理性主义（形而上学）的历史叙事，另一方面透过这种多样性和复杂性来肯定为目的论而牺牲掉的"当下"。"然而，我注意到，所谓解构、知识考古学等等——我自己也曾参与其中——的思想运动，只是在马克思主义支配了许许多多的人和国家的那一段时期里才具有意义。到了90年代则失去了冲击力，演变成单纯为资本主义自我解构运动的代言人"，正可谓成了"占统治地位的思想即统治阶级的思想"。正是在这样的时刻，有必要重新回归马克思并思考"如何重建共产主义之形而上学的问题"。❶

可以说，柄谷行人是思想理论世界典型的乌托邦主义者，这与他"政治上的安那其主义"❷立场正相呼应。自上世纪70年代步入日本批评界，他一直面临着一个巨大的矛盾和危机，即日本社会已然从现代生产型社会进入到高度发达的"晚期资本主义"消费社会，一方面，资本主义现代性的固有矛盾和弊端通过20世纪两次帝国主义战争而暴露无遗，另一方面，资本、民族、国家三位一体的制度高度成熟，形成强固的"圆环"并不断地完善着自身的制度性，❸这使人们时时感到社会的沉重压抑却无以组织起大规模的社会反抗，也使诞生于19世纪的马克思社会批判理论无法落实到实际革命上来，只能停留在思想、话语、叙事的层面（学院化的马克

---

❶ 柄谷行人《跨越性批判——康德与马克思》第12—15页，东京：批评空间株式会社，2001。

❷ 柄谷行人《跨越性批判——康德与马克思》第9页。

❸ 参见柄谷行人《跨越性批判——康德与马克思》第4章。

思主义）。而经历了 60 年代"新左翼"和学生造反运动洗礼的柄谷行人，始终抱有一种将思想理论批判转化为抵抗现代资本主义社会的革命运动这一理想，甚至于在 90 年代后期提出"可能的共产主义"原理，并实际组织起"新联合主义运动"。❶ 这个具有市民运动性质的 NAM 运动自 2000 年正式发起以来，发展并不顺利，目前几乎处于停顿的状态。但是，柄谷行人从后现代立场（反思现代性）和马克思原理（政治经济学批判）出发所进行的不懈的理论探索，却具有丰富的思想史意义。他三十余年的批评实践始终在挑战这种思想与社会革命脱节的巨大矛盾和危机，由此使得他的批评文本具有在理论和实践的两端往复运动所产生的张力。通过对这种张力的解读和再呈现，将使我们有机会深入地检阅后现代思想和重新认识马克思的社会批判理论，也可以从一个侧面深入了解日本后现代主义思想的特征。

柄谷行人的理论批评实践大致可以分为两个时期。一是到 80 年代为止的前期，通过《马克思及其可能性的核心》（1978）和《日本现代文学的起源》（1980）两部重要著作，确立起自己的理论批评地位，并推动了日本后现代批评的兴起和发展；另一个是 80 年代以来至今的后期，在以《作为隐喻的建筑》（1983）和《探究Ⅰ》（1986）、《探究Ⅱ》（1989）等著作对后现代理论做出独特探索之后，完成向马克思政治经济学批判的回归，而以《跨越性批判——康德与马克思》（2001）达到自身理论探索的最高境界。在此，我将首先探讨柄谷行人的前期理论批评实践。以《马克思及其可能性的核心》和《日本现代文学的起源》两个代表性文本为主要

---

❶ 参见柄谷行人《可能的共产主义》（编著），东京：太田出版，2000；柄谷行人《NAM原理》，东京：太田出版，2000。

分析对象，力图描述出他走出"68年革命"氛围，并在反思这场革命的基础上，从文艺批评的角度建立起解构主义式的马克思文本解读法，从而形成其自身的后马克思主义立场和解构主义批评视角的过程。还有，这种探索实践如何推动了日本后现代主义批评的形成与发展，如何为这个时代提示了重要的观念思想史课题，其中又蕴含着怎样的理论和逻辑危机，也将是本章关注的主要问题。

二

自1969年以《意识与自然——漱石试论》获得"群像新人文学赏"❶正式步入文艺批评界以来，柄谷行人一直从事教职工作，而又以文艺批评家乃至思想理论家著称于世。❷三十年来他始终处在理论批评的前沿，至今仍是日本的思想界引领新潮流的重镇。而在他理论实践的前期，作为批评家诞生的社会与个人背景，有两个"事件"特别值得关注。一是象征日本"68年革命"终结的"联合赤军"事件（1972）；另一个是1975至1976年的赴美国耶鲁大学访学。

"联合赤军"事件是日本20世纪60年代学生造反和社会运动终结的一个象征。成立于1969年的"共产主义者同盟赤军派"，在

---

❶ 在日本有三个文艺方面的重要奖项：芥川赏、直木赏和群像新人文学赏。前两个分别是纯文学和通俗文学的奖项，后一个则是文学批评奖。一般认为，这些奖项是进入文学界的龙门。

❷ 柄谷行人，1941年生于日本兵库县尼崎市。1960年考入东京大学就读经济学本科，后继续在该校攻读英文科的硕士课程。先后担任过国学院大学、法政大学和近畿大学教授，及美国哥伦比亚大学比较文学客座教授。2006年荣休。是日本著名的理论批评家，至今已出版著述近30种。

当时"以组织军队，用枪弹实行武装起义"为口号展开武斗，受到官方警察的追捕。1972年2月改名为"联合赤军派"的该组织在群马县轻井泽的"浅间山庄"扣留了人质而与前来追捕的警察发生对峙。因"联合赤军"的5名干部强行突破警察的包围，结果发生枪击战。经过8小时的交火，警察队终于成功营救出人质，逮捕了所有"赤军派"成员。包括此前已经被捕的森恒夫、永田洋子，至此，赤军派遭到彻底的破坏。"事件"之后发现，在该组织内部曾以"清算"的名义杀死14名成员，这给社会以极大的冲击。作为直接参与了60年代学生运动，曾经身处那场社会革命旋涡之中的柄谷行人，在"事件"发生的翌年即1973年，发表了长篇文艺评论《麦克白论——被意义所迷惑的人类》。[1] 后来，他回忆道，这篇评论虽然不是针对该事件的，但却是以莎士比亚戏剧人物论的形式，对与"事件"关联的那场学生运动进行了反思：为什么观念会统摄人的精神和行动，"善变成了恶"这样一种事与愿违的反转是如何发生的？[2] 可以说，对"意义"的追问，对学生造反运动中观念与行动相背离问题的思考，是柄谷行人反思并走出"68年革命"氛围而开始以解构"意义"为核心的文艺批评的起点。同时，也促使他对青年学生所信奉的马克思主义、存在主义等产生怀疑：为什么社会批判理论会转化为革命群体内部的权力斗争，以至于滑落到暴力事件和内部自相残杀的地步。这也正是稍后他开始解构既成的马克思主义体系，重返马克思文本的理论工作动力。或者说，与欧美后现代思想家在"68年革命"终结之后，多从社会斗争的"街头广场"转移到文本语言解构的层面来一样，柄谷行人亦是透过对

---

[1] 收入柄谷行人《意义这个病症》，东京：河出书房新社，1975。

[2] 参见柄谷行人《后现代批判——从据点走向空虚》（与笠井洁的对谈集），东京：作品社，1985。

"联合赤军"事件的反思实现了这一转变。

柄谷行人的整个大学时代正是日本的学生造反运动如火如荼的时期。他不仅于 1960 年参与了全日本的学生组织"共产主义者同盟"，❶ 还在安保斗争后"共产主义者同盟"解散、一部分以列宁主义政党为目标的人转移到"革命的共产主义者同盟"的时候，号召余下的人重新组建起"社会主义学生同盟"。这是一个自由松散的组织，具有安那其主义的特色。在发展过程中多遇到挫折，而组织本身那种过重的文学性浪漫主义和颓废主义倾向，使该"同盟"不久便宣告自然解散。柄谷行人由此感到厌烦遂渐渐远离了运动，一方面这又促成了他决意去认真研究文学（而不是以革命的方式散发文学的情绪）的志向。❷ 就是说，在"政治与文学"之间，柄谷行人最后选择了文学，而这个文学又是充满了 60 年代特殊时代气息的文学，那种被压抑和扭曲了的"68 年革命"情结，在他后来的理论与批评实践中凝固成强烈的怀疑精神和批判力量。

这里，有必要对日本 20 世纪 60 年代学生造反运动的政治背景和思想意识形态走向做一个概述，以便更深入地理解柄谷行人在理论批评的起点上与马克思主义的复杂关系。我们知道，在 60 年代的社会运动中，无论是法国还是日本，其站在运动前列发挥理论主导作用的不是共产党，而是不满共产党僵化理论从中分离出来的所谓"新左翼"。以共产党为代表的旧左翼一贯认为，打破资本主义制度，首先要在资本主义的主要舞台——工厂等生产第一线——发动组织工人大众，由共产党先锋队的指导实现最终的革命和解放。

---

❶ 该同盟由不满日本共产党放弃武装斗争方针的脱党者、被开除者为核心，成立于 1958 年，并在稍后的 1960 年反对"日美安全保障条约"斗争中发挥了主角作用。

❷ 参见柄谷行人《文学与运动——在 2001 年与 1960 年之间》（访谈），载 2001 年《文学界》杂志 1 月号，东京：文艺春秋社。

然而，30年代以后，为了回应来自社会主义阵营的挑战，资本主义一方也开始注意到改善资本与劳动的关系，与工会组织逐渐实现妥协，这样相对稳定的劳资关系保证了资本主义生产的迅速发展，也推动了50年代后的批量生产和工业社会转型，即所谓大众消费社会的到来。这种转型带来了新的社会问题如大批量生产对环境和社会的破坏，于是环保和女权成为"新的社会运动"主潮。在此，实际上蕴含了产业资本主义向后工业资本主义过渡时期的种种问题。然而，西方和日本的共产党仍然固守以往的思想路线，无法应对社会转型时期的新形势。结果，"68年革命"中，学生和劳动者自然结合起来，成为推动社会运动的主体，以旧左翼为核心的共产党则完全被淡出了新的社会革命的历史波涛之外。

同样，在日本从思想理论上影响了"新左翼"运动的，不是日共而是与日共保持距离的马克思主义经济学家宇野弘藏和哲学家广松涉。特别是以独创的《资本论》研究建立起"宇野经济学"的前者与学生造反运动之间发生一种有趣的关系。当时"全共斗"❶是以宇野弘藏的经济原论为其理论支柱的，可是两者之间的关系很奇妙。宇野强调《资本论》的科学性，认为虽然无法从中抽取出有效的政策乃至实践性方针来，但其逻辑是超越我们的主观而首尾贯通的。大学期间听过宇野弘藏授课的柄谷行人后来说："从宇野的思考出发，实践上的任何主观主义都得到了肯定"，因此"具有讽刺意味的是，宇野理论的作用在于使政治运动彻底摆脱了经济学或者理论根据的束缚而获得了自由解放"。有评论者指出，稍后的柄谷行人开始认真阅读起从《1844年经济学－哲学手稿》到《资本论》

---

❶ 全国学生共同斗争会议。1968年"大学纷争"期间联合各大学学生组织起来的学生组织。

的马克思文本来，这当然多受到当时在日本和西欧引起广泛讨论的早期马克思异化论，乃至根据"异化"理论提出"共同幻想论"的批评家吉本隆明的影响，而其方向上又与法国人的目光从"存在"转向"结构"相重合。正是在这种思想认识的转换当中，柄谷行人开始了自己对马克思的独自探索。❶

而 1975 至 1976 年访问美国耶鲁大学，作为柄谷行人一生中的一个"事件"则具有另外的意义。这次访学是他第一次走出国门，在域外初次实际接触到欧美文化，用英语向美国学生讲授日本的近代文学，体验到不同文化语言在认知方式上的错位，不得不对自己在母语文化空间中习以为常的诸种思考前提和自明的观念，做重新思考乃至"现象学式的还原"。这种物理和语言空间的转换，既是一种孤独，使他想起马克思流亡伦敦写作《资本论》和夏目漱石在英国的寂寞中写作《文学论》；更是视野的扩展，给他带来以往封闭于日本的话语空间而缺乏世界视野的批评家们所没有的"理论的"性格。另外，在 1975 年的耶鲁大学感受到"解构主义运动"中耶鲁学派跃跃欲试的理论热情，特别是与保罗·德曼这位谜一样人物的相遇，也对柄谷行人后来的批评实践和理论思考走向产生了不同寻常的影响。正是在耶鲁期间，他开始了《日本现代文学的起源》的构思，又在德曼的鼓动下动笔修改《马克思及其可能性的核心》一书。❷ 从那以后，柄谷行人一直没有中断与美国学术理论界的联系，❸ 也促使他始终在思考的两条

---

❶ 参见柄谷行人《意义这个病症》所附"作家指南"，作者为曾根博义。

❷ 《日本现代文学的起源》"致读者"。另见柄谷行人《江藤淳与我》，载 1999 年《文学界》杂志 9 月号，东京：文艺春秋社。

❸ 这次访学耶鲁之后，柄谷行人开始定期担任美国大学如哥伦比亚大学和康奈尔大学等的客座教授至今，讲授日本近代文学及哲学理论课程。

战线上作战，一方面在美国把日本的思想课题置于西方语境下来思考；另一方面在日本将西方的问题意识接续到本土的现实课题上来，实现了把"外部"引进到自身文化"内部"中来的互动效果，新的批评实践和解释世界的话语方式也得以生成。因此，可以说柄谷行人的思想意识始终是国际化的，在游走于"内部"和"外部"的异质空间过程中确立了自己的批评位置，并同时对日本和西方产生了影响。❶

　　这一时期里，柄谷行人在 60 年代学生造反运动后以崭新的姿态成功登上文艺批评舞台，十年间共出版了五部评论集。《畏惧的人》（1972）作为第一部文集，除收有成名作《意识与自然——漱石试论》外，还包括两个方面的文章。一是对现代日本批评史上的重镇小林秀雄，特别是同时代的大家吉本隆明、江藤淳的批评和解读，从中可以窥见作为新人批评家柄谷行人与文坛权威格斗而开辟自己道路的执著努力。另一个是对新崛起的以古井由吉为代表的"内向的一代"作家群体的关注和支持。这本文集确实如作者所言大半部分还浸润在"60 年代的文学、思想范式里"。一方面有着当时流行的存在主义的浓厚投影，另一方面又力图摆脱缺乏真正的"他者"之介入的"自我""实存"等观念的压迫。值得注意的是，此时，柄谷行人在思考"自我"的过程中发现了克尔凯郭尔的"他者"哲学。克氏强调缺乏他者的自我"存在"乃是"致命的弊害"，正反衬出萨特的"他人"（即是地狱）还没有

---

❶ 参见高祖岩三郎《柄谷行人发现美国》，收关井光男编《柄谷行人》，东京：至文堂，1995。高祖还提供了 1994 年度柄谷在哥伦比亚大学的研究小组所授课的题目：1. 后现代与法西斯；2. 关于反复（马克思《路易·波拿巴的雾月十八日》）；3. 表象的问题；4. 天皇制（北一辉、丸山真男）；5. 民族主义与区域主义（亚洲主义、冈仓天心、竹内好）；6. 美学问题（海德格尔、西田几多郎等）；7. "近代的超克"与京都学派。

超出自我意识的问题范畴，不是对"自我"构成真正威胁的外部的他者。柄谷行人说，60年代流行的存在主义"倡导从实践上变革社会现实结构中的实存（主体），而法国结构主义则认为这样的主体只是结构之后果的想象物罢了。然而，我对两者都感到不对头。我觉得自我虽然是想象物，但又具有无法否定的现实性。正是在这种分裂处我开始了自己的思考"。❶处女作《意识与自然——漱石试论》就是在这样的思考线索下展开的批评实践，对于当时新崛起的"内向的一代"作家群的支持与肯定，也是因为他们不相信"内面"的存在并已把握到只有在与他者的关系中才能找到"自我"。就是说，在这里柄谷行人已经依稀发现了走出60年代思想范式的出路。

《意义这个病症》（1975）是第二本评论集，除了收有上面提到的长篇评论《麦克白论——被意义所迷惑的人类》之外，柄谷行人更将自己的批评视野扩展到整个日本现代文学，所论及于志贺直哉等的私小说和森鸥外的历史小说。其中值得关注的是短篇随笔《掘地而造的小屋中的思考》，强调比起黑格尔式的体系大厦来更喜欢像克尔凯郭尔那样在大厦旁边掘地造起的小屋中思考。在此，柄谷行人要表达的是自己独特的马克思主义观：马克思并没有像恩格斯所说致力于建构什么"历史唯物主义和辩证唯物主义"宏伟而空疏的外在体系，我们从马克思的文本中应该努力去解读其"内在体系"，去感悟马克思在平凡表面的事物中发现其"内在结构"的大思想家之深邃的目光和思想穿透力。这篇不足千字的短文无疑预告了后马克思主义者柄谷行人的诞生。

《意识与自然——漱石试论》还带有60年代特有的"存在主

---

❶ 柄谷行人《畏惧的人》文库版后记，东京：讲谈社，1990。

义"论的气息，在问题设定上则试图努力摆脱和超越当时影响极大的批评家江藤淳的夏目漱石论。❶ 后来，柄谷行人回忆说："江藤的漱石论尽管也讲到伦理和他者的问题，但仍然停留在意识（认识论）的层面，而我当时讲的伦理，在今天用康德的话说就是经验和超越论的问题。要直面他者不可逃避，但这样一来自我本身就被置于无法存在的状态之下了。这不是伦理层面的而是存在论层面的问题。在漱石那里这个问题是以曲折隐晦的形态存在着的，因此，他的长篇小说便有了那种奇特的分裂。""漱石的《矿工》其主人公并没有排斥他者，他承认来自外部的被规定的自我，但又觉得这不是自我本身。我所谓漱石的伦理与存在的分裂，指的就是这一点。"❷《意识与自然——漱石试论》在当时曾引起较大反响，虽然有着明显的存在主义烙印，但反映了柄谷行人作为新进批评家其理论视角的新颖和观察的敏锐，我们在此文中不仅可以读出超越前辈批评家的努力，也可以感受到他努力超越自身的欲望。到了稍后的1974年在《群像》杂志上连载《马克思及其可能性的核心》时，柄谷行人已然获得了超越前一时代的批评家小林秀雄、吉本隆明和江藤淳的理论制高点，摆脱了"这三个人的共同点在于封闭于日本的内部而从事批评"的状态。如果说，1975年的访美使柄谷行人走出了"日本"这个物理性的空间，那么，进入整个80年代通过对"外部""他者""差异性"等的哲学理论思辨，则标志着他在语言思想的层面上对"日本"这个封闭的话语空间的"横向跨越式"超越。这无疑为日本批评史上"柄谷行人时代"的到来奠定了基础。

---

❶ 江藤淳《漱石及其时代》，东京：新潮社，1970。

❷ 柄谷行人《文学与运动——在2001年与1960年之间》（访谈）。

三

柄谷行人自 20 世纪 70 年代以来对马克思特别是《资本论》文本所做的解构式阅读，是以 60 年代前后马尔库塞、阿尔都塞所代表的西方马克思主义，以及日本马克思主义哲学家广松涉"共同主观论认识结构"的唯物论，以及宇野弘藏基于《资本论》研究所形成的"宇野经济学"为大的理论背景的。或者说，是在充分意识到上述世界范围内马克思主义研究的新变化基础上，逐渐开拓出自己解读马克思文本的方法的。

如前所述，在西方"68 年革命"中，从理论上起到推动作用的是马尔库塞和阿尔都塞。前者的《单面人》《爱欲与文明》《文化与社会》受到了广泛的阅读。马尔库塞的思想与其说是马克思主义的，毋宁说更带有黑格尔左派加上弗洛伊德精神分析的色彩，强调要解放工业社会中被压抑的爱欲（Eluosi）式共性。这种主张与当时各种反体制文化相结合，推动了法国"68 年革命"的爆发。后者的路易·阿尔都塞在革命当时其影响虽然不及马尔库塞，但他的《保卫马克思》《读〈资本论〉》（与巴里巴尔合作）通过对早期马克思异化理论的再检讨，以及从《资本论》寻找马克思的历史哲学体系并提出双重阅读、循环阅读等方法论，不仅批判了"西马"过分强调马克思《手稿》中异化论的倾向和斯大林教条的马克思主义，而且其结构主义式的方法论又与稍后出现的后现代主义思想获得了一种关联，至少他推动了法国"新马克思主义"从"存在"走向"结构"的视野转换。柄谷行人的《马克思及其可能性的核心》，其独特的解读方法也与此有着内在的呼应关系。

一般认为，马克思对黑格尔哲学的"超越"，其第一个标志是通过唯物论哲学从根本上颠倒了德国观念论中浪漫主义的世界观，第二个标志是把费尔巴哈所代表的黑格尔左派的"宗教批判"转到了对"国家"的批判上来。阿尔都塞则通过发现早期马克思与《德意志意识形态》以后的马克思之间有一个明确的断裂，即"认识论上的断裂"，阐明了马克思思想作为一个"事件"在欧洲现代思想史上的划时代意义。他认为，我们不应该过分强调《1844年经济学－哲学手稿》中早期马克思思想的价值，因为那时的马克思还没有跳出费尔巴哈人性论的认识论范畴。马克思对黑格尔的真正超越是在《德意志意识形态》（1845－1846）前后开始的。就是说，在此存在着一个决定性的思想上认识论上的断裂线。马克思最重要的贡献不仅仅在于指出了国家是作为统治工具而存在着的，更在于暴露了国家作为经济诸关系的实体而得以维持下来的结构性秘密。1843年马克思来到法国，后来转移到英国，在那里完成了《资本论》的写作。阿尔都塞深刻而生动地指出，马克思对黑格尔的真正超越是在这个时期，即在法国和英国发现了阶级斗争、资本主义和无产阶级的真实存在。❶

　　在20世纪60年代的日本，哲学家广松涉的马克思主义理论与阿尔都塞有相通之处，他最早关注马克思《1844年经济学－哲学手稿》，通过对《德意志意识形态》原稿的细腻调查分析，不仅证实了《手稿》中的异化理论与后期马克思思想之间的"断裂"关系，而且发现了在恩格斯主导写作的《德意志意识形态》文本中有马克思深有意味的加注。❷通过这种文献学上对马克思经典文本的

---

❶ 以上参见阿尔都塞《保卫马克思》中文版，顾良译，北京：商务印书馆，2006；阿尔都塞、巴里巴尔合著《读〈资本论〉》中文版，李其庆、冯文光译，北京：中央编译出版社，2001。

❷ 广松涉《〈德意志意识形态〉——手稿复原、重新编辑版》，东京：河出书房新社，1974。

重新整理和解读，广松涉提出以下观点：1845 年的"断裂"意味着青年马克思的人学实体论向历史唯物主义科学实践关系存在论的转变。这种观点同西方马克思主义中的阿尔都塞在深层理论逻辑上有着同构关系。至于广松涉的哲学体系，在于提出了超越元子论的关系主义观点，以此解决物质与精神、主观与客观等旧哲学的二元模式。他以协同关联为基础确立起交互主体性（共同主观性）的认识结构，从而坚守了唯物论的立场。不过，他的认识图式强调形相和质料的无限连环，其任意一对关系都成对称性的，即他自己所谓的"四肢存在结构论"（四肢即所与、所知、能知、能识）。这种观点仍带有新康德主义的主观论色彩。而后来所提出的"关系存在论"，乃是关注日本 60 年代的左翼运动，并试图在马克思的思想资源中寻找革命出发点的结果，其重要的理论指归就是物象化论的历史观。"物象化"是广松涉自造的一个词，用来区别早期马克思的"物化"概念，而主要指晚期马克思主义哲学思想的本质。他认为，1845 年以前的马克思是从人本主义的价值预设和异化论推导出对现存制度的否定性批判的。而在后期新的科学物象化论中，马克思摒弃了这种先验的逻辑预设，其新的革命学说是确立于客观实践逻辑之上的。马克思在阐明经济现象中的物象化问题的同时，也对一些历史现象和社会、政治权力的物象化乃至道德制度的物象化进行了揭露和批判。广松涉认为，要克服这种物象化状态，不仅对此要有正确的认识，还要重新编织现实地改变这种物象化状态的新关系网络（"新组织态"）。这就是现今革命的主要任务和基本出发点。应该说，广松涉在 60 年代开辟的马克思主义研究新领域，包括他自身哲学体系建构中的不足和问题，也为 70 年代以后日本的马克思主义，特别是柄谷行人的马克思解读留下了转换和发展的线索与空间。虽然，柄谷行人后来一再否认自己与"广松哲学"有直接的影响关系。

而前面提到的东京大学教授、著名的战后日本马克思主义经济学家宇野弘藏，其在《资本论》基础上形成的所谓"宇野理论"，可以说是深刻影响了上世纪50、60年代日本的经济学乃至马克思主义社会科学研究的代表性学说。柄谷行人在一次访谈中提到，他在东京大学读经济学部的时候，曾经接触过一些"宇野经济学"理论。但对有人说他的《马克思及其可能性的核心》受到了宇野弘藏的影响不以为然。不过，柄谷坦承宇野的《资本论》研究强调其经济学上的科学性而非历史唯物主义的意义，具有结构主义的倾向，这大概对自己的《资本论》解读有一定的影响。他说："宇野的影响，对我来说不在其经济学的方面，而是他强调《资本论》只是科学，不是历史唯物论……《资本论》揭示了经济危机的必然性，但并未提示革命的必然性；《资本论》还揭示了资本主义经济如何建立在脆弱的基础之上，但这并不意味着就会必然崩溃。……我后来觉得他这种观点是结构主义的。"❶ 这种与阿尔都塞的结构主义马克思主义相近的观点，也是促动柄谷行人马克思研究的方法论意识形成的一个因素。虽然，两者在结论上多有不同甚至背道而驰。❷

❶ 柄谷行人《文学与运动——在2001年与1960年之间》（访谈）。

❷ 柄谷行人20世纪70年代解构主义式的马克思解读，虽然与60年代西方和日本的具有结构主义倾向的"新马克思主义"在方向上是"相反的"，但从前者那里受到了各种各样的启发和刺激，并且直接以前者为其理论逻辑背景，乃是确实无疑的。他本人也曾经在不同场合提到这一点，如1975年在与哲学家中村雄二郎的"对谈"（《思想与文体》，收入《柄谷行人对话集1970—1979》，东京：第三文明社，1987）中就明确承认："简单讲，我写作马克思论就是要否定异化论，在此有与阿尔都塞相重叠着的主题，虽然在方法上不一样。""说到价值形态论，我也曾读过一些法国的研究，但觉得他们并没有怎么认真准确地阅读《资本论》。我毕业于经济学部，比较多地读了一些宇野弘藏、铃木鸿一郎的东西，感到他们对《资本论》做了相当绵密的研究，至今仍受到较大影响。至于哲学方面，我在东大驹场时就认识了广松涉，对于他的思考也有某种程度的共鸣。就是说，那是在法国结构主义介绍到日本之前，营造了一种结构主义式的氛围。"

了解了上述上世纪 60 年代西方和日本马克思主义研究的基本状态，我们再来走进柄谷行人 70 年代对马克思的解读，就会发现两者之间的历史性联系和逻辑思考理路上的重大区别，从而认识到后者在解构既成的马克思主义理论，开拓全新的分析视野和解读空间上所做出的努力及其意义。可以说，在 60 年代的西方和日本，"新马克思主义"理论上的共同敌人是僵化的斯大林主义和各国共产党意识形态化的马克思主义，而他们在这种理论斗争中仍然没有放弃对建立一个不同于敌手的马克思主义思想体系的追求，并且，在马克思文本中为学生造反运动寻找理论根据，成为他们或隐或显的阅读欲望乃至根本的理论思考动力。就是说，对于"真理"和"体系"的追求，使他们充满创造性的马克思研究最后还是指向了"唯一""绝对""本真"等普世主义和形而上学的途径。作为思想家的马克思，其文本的确定性和真理性价值并没有受到怀疑。他们依然没有走出马克思主义体系的"内部"。然而，到了 70 年代中期，当柄谷行人开始在杂志上连载他的《马克思及其可能性的核心》之际，60 年代的社会革命"氛围"已然发生突变，西方经济大国（包括作为经济社会实体的日本）在闯过了"石油危机"之后，人们猛然发觉自己的社会已经进入了高度发达的所谓后工业时代和大众消费社会，先前那种涌动狂躁的革命欲望已经失去了社会背景的支撑。换言之，巨大的社会转型在不知不觉中把"革命欲望"解构掉了。社会运动的目标也开始转移到性别、环境、少数族群等方面。与之相呼应的是各种后现代主义思潮的崛起。"68 年革命"过去之后，我们应该如何面对马克思？这正是柄谷行人的马克思论受到日本知识界关注的原因所在。

四

1978 年《马克思及其可能性的核心》❶单行本出版之际，柄谷行人在"后记"中阐述了自己对马克思的态度及其解读策略：

> 为什么要阅读马克思呢？为了思考各种问题最终需要集中到一个问题上来，马克思之于我正意味着这"一个问题"。不仅是马克思，任何真正的思想家其文本都是多义的。然而，在当今没有任何多义性比马克思的多义性引起了更深刻的问题。我对马克思主义是持否定性态度的，但我们不应该将此与"真正的马克思"区别开来。当一个思想家的思想被社会化以后其思想核心就会被消解掉的，同时该思想家的盲点也会被扩大而显露出来。就是说，马克思的文本本身就具有两义性（一个词语具有两个不同甚至相反的含义——引用者注）意义。不过，我们没有必要去列举马克思的"明察"和"盲目"。正如保罗·德曼所言，只有在"盲目"之中才会有"明察"，因为谁也无法避免这种思想的两义性。❷

这段文字，不仅点出了马克思之于柄谷行人的"意义"，而且挑明了书名中"可能性的核心"❸一语的所指，即文本解读策略的

---

❶《马克思及其可能性的核心》1978 年由讲谈社单行出版，1985 年收入讲谈社文库，1990 年收入讲谈社学术文库，仅"学术文库"版至今已再版二十余次。

❷ 柄谷行人《马克思及其可能性的核心》第 234 页，东京：讲谈社，1990。

❸ 在一次讲演中柄谷行人透露说，"可能性的核心"这一说法来自瓦雷里（转下页）

关键所在。指出马克思的文本是多义的，就在于挑战那种把马克思的思想视为唯一绝对真理和包罗万象放之四海皆准的完整体系这样一种形而上学观，强调一个思想被社会化之后其核心将会失掉，则暗示出自己的马克思解读是要把被社会化而失掉了的核心放到各种"可能性"中来重新解读。这种解读不是为了发现马克思思想中的真理（明察）或错误（盲点），因为任何思想都具有两义性；同时也不是为了找到"真正的马克思"，因为"真正""本真"就意味着唯一绝对，那和以往各种各样的"马克思主义"又有什么区别呢？简而言之，柄谷行人把马克思的思想当作充满多义性的文本，在解构掉追求绝对唯一真理的欲望之后，将自己的阅读落实到多种"可能性"上来。"论述一个思想家，也就是论述其思想家的'作品'。""不把任何'作品'之外的哲学或者作者的意图视为前提，这就是我解读作品的方法。"❶ 这样一来，马克思的著作也就成了与夏目漱石、武田泰淳等文学家创作的文本同样的、为"读者"柄谷行人一生所爱读的"作品"了。❷

那么，这样一种马克思文本的解读策略要达到怎样一种目标呢？又是通过怎样的阅读程序或者途径来实现其目标的呢？我们从《马克思及其可能性的核心》序章中可以找到一些答案和暗示。概括地说，就是在不同的价值体系之间进行反复不断的"意义""概

（接上页）《达·芬奇的方法导论》。指在文本中并没有清晰显露，只是以某种形式隐约存在着的可能形态。而将自己的书命名为《马克思及其可能性的核心》，意在强调文本中没有被书写的东西，或者没有书写出来的某种结构，乃是自己所要解读的。（参见 1988 年 9 月 24 日在日本东洋大学的讲演《坂口安吾及其可能性的核心》，收柄谷行人《语言与悲剧》，东京：第三文明社，1989）

❶ 见柄谷行人《马克思及其可能性的核心》第 9 页。

❷ 实际上，作为《马克思及其可能性的核心》第二部分，收录了同时期写作的论夏目漱石和武田泰淳的文艺随笔三篇。柄谷行人强调，所谓文学暧昧哲学严密的说法是不能成立的，在他眼中哲学也好文学也好归根结底都是文本，一种"语言"的运动而已。

念""语言"的移动和交换，在这种移动和交换的差异化运动（类比与对比）中去发现差异背后的同一性和同一性背后的差异，或者说，在"片段"的微小的差异之处洞察根本的不同，进而去体察一个思想家文本中"至今未曾被思维的东西"。柄谷行人后来将这种解读方法称之为"横向跨越性批判"。思想家的思想被社会化而失去了其核心，意味着在这个思想家的名义下一个外在的、教义化体系的出现，而作为真正的思想家其思想本身所固有的内在结构则往往会被遮蔽掉的。正像马克思1859年5月31日致拉萨尔信中所"确信"的那样，斯宾诺莎思想体系中真正的内在结构与他本人或者别人有意识地构筑起来的体系形式肯定是不一样的。柄谷行人也认为，马克思的《资本论》正是在批判资本制社会有意识的体系化即古典经济学的同时，洞察到了资本主义的内在结构。而在片段的微小的差异之处洞察思想家文本中"至今还未曾被思维的东西"，真正进入其内在结构，就需要像马克思那样首先批判和剔除其"有意识地"构筑起来的外在的教义化体系。我们知道，马克思并没有把自己的辩证唯物主义历史观看作是一个属于柏拉图、亚里士多德、康德或黑格尔所组成的伟大传统中的哲学体系，而是一个社会和历史分析的方法。世间有各种各样的"马克思主义"，然而，从本质上说马克思是一个"反体系"的思想家。柄谷行人强调，是恩格斯这位"有能力的思想家"把"天才的思想家"马克思的思想体系化，并使之具有神话、宗教般的力量。马克思主义对现实的影响力几乎主要来自恩格斯所创立的这个意义体系，而不是马克思的文本本身。这也是上面的引文中柄谷表示"对马克思主义持否定态度"的原因所在。只有拨开并穿越体系化的"马克思主义"的蔽障，才能回归到马克思的文本本身。

柄谷行人的文本解读方法，首先是从马克思的早期博士论文

《德谟克利特的自然哲学和伊壁鸠鲁的自然哲学的区别》对两位古代哲学家的分析，和《资本论》对价值形态的解读中得到启发的。在柄谷行人看来，马克思正是一个阅读古代哲学和货币资本的解读大师。哲学史上一般认为，德谟克利特和伊壁鸠鲁的物理学即自然哲学几乎是一致的，伊壁鸠鲁不过是借鉴了德谟克利特的自然哲学并做了一些微小的并不高明的改动。例如，德谟克利特认为原子的运动是必然的决定性的，而伊壁鸠鲁则认为原子运动中亦有偶然、脱逸、偏差的成分。与以往的哲学史对伊壁鸠鲁的微小改动不予理睬，认为是无稽之谈不同，马克思注意到，前者试图以决定论来解释自然界，而后者则强调其偏差。正是在这个"偏差"当中，存在着"自我意识"乃至人类主体性和自由得以生成的根据。当时，作为青年黑格尔派的马克思关注自由和主体性问题是顺理成章的，而柄谷行人强调，更重要的在于马克思此时已经具备了从自然的"偏差"而不是先验的前提来观察人类主体性和自由问题的视角。换言之，马克思对古代哲学家的解读，昭示了柄谷行人所谓在片段的微小之处发现"同一性背后的差异"，并体察思想家文本中"至今还未曾被思维的东西"这一文本解读方法。马克思这种解读方法或眼光也可以在《资本论》中随处见到。第一章论及商品拜物教时，马克思说："最初一看，商品好像是一种很简单很平凡的东西。对商品的分析表明，它却是一种很古怪的东西，充满形而上学的微妙和神学的怪诞。"柄谷行人不无夸张地指出，"《资本论》这一作品的卓越之处不在于暴露了资本制生产的秘密，而在于对这个平凡普通的商品其'怪诞'性质所发出的马克思的惊叹。商品最初一看，只是一个生产物并具有各种各样的使用价值，而再深入地观察，则发现它是超越人们的意志并束缚人类的一个观念形态（价值形态）。这里包含了所有一切。在把平凡的商品视为怪诞的东西这样一种眼光下，既成的经济学体系遭到了破灭瓦解。马克思也于此第一次发现了商品和价值形态。"❶ 进而，柄谷行人甚至认为：《资本论》是马克思针对古典经济学文本的一种解读，而不是其他别的什么。从文本解读以外的地方寻找马克思的"思想"是不正确的。或者可以说，这样一种文本解读的方法正是马克思的"思想"本身。

在确认了马克思的"文本"解读方法和视角之后，柄谷行人开始遵循这种方法回过头来解读马克思的文本。《马克思及其可能性的核心》共有六章，前四个章节重点讨论《资本论》，后面的章节则依次分析了《1844年经济学 - 哲学手稿》《德意志意识形态》《路易·波拿巴的雾月十八日》等。这样的顺序安排当然有其特别的考虑。自《1844年经济学 - 哲学手稿》被发现以来，在国际上引发了一场充满政治意味的有关"早期"和"晚期"马克思的论争。然而，在柄谷行人看来，这场论争中无论是强调马克思思想的"连续性"，还是主张"断裂"说的各派，都有一个致命的问题或者说陷阱，就是在阅读马克思的文本之前首先预设一个"思想"前提（如人道主义的前期马克思或经济决定论的后期马克思），而忽视了《资本论》的复杂性和"不透明"性。因此，需要在解读马克思思想之集大成《资本论》的基础上来思考其他的文本。柄谷行人明确表示，"我所拒绝的是从博士论文到《资本论》这样一种马克思思想发展的历史主义幻想"。这是一种试图在时间/历史的叙述框架中，把"天才的思想家"马克思的思想体系化的欲望。也因此，在柄谷行人对马克思的解读中是难以找到体系化的马克思主义的，我们只能看到他对马克思解读资本主义社会经济政治的视角和方法，以及马克思文本中的一个个"问题"，或者"至今还未曾被思维的

---

❶ 柄谷行人《马克思及其可能性的核心》第14—15页。

东西"的解读。

《资本论》研究商品，强调必须从商品形态入手，只有通过商品的价值形态（货币）才能看到商品之所以成为商品的原因。马克思在指出商品具有"自然形式和价值形式"的二重性，"价值对象只能在商品与商品的社会关系中表现出来"之后，强调"我们要做资产阶级经济学从来没有打算做的事情：指明这种货币形式的起源，就是说，探讨商品价值关系中包含的价值表现，怎样从最简单的最不显眼的样子一直发展到炫目的货币形式"。❶柄谷行人发现，马克思这里所说的"价值表现"是一个具有丰富意味的概念，它触及各种象征"符号"的问题，正如马克思经常通过与"语言"的类比来谈论"意识"或者"商品"问题一样，我们也可以在"商品学"和"语言学"这两个不同的价值体系的类比当中，来追询商品之所以成为商品的秘密。于是，在不同的价值体系之间进行反复不断的"意义""概念""语言"的移动和交换，在这种移动和交换的差异化运动（类比与对比）中，去发现差异背后的同一性和同一性背后的差异，并去思考"还未曾被思维的东西"这一解读方法就得到了实际的应用。柄谷行人写道：试图解析语言之所以成为语言并将此作为语言学对象的索绪尔，便把所谓空气的振动看作音韵学的对象而排除在他的研究之外。这与马克思把作为具体考察商品的"商品学"排除掉是一样的做法。结果，索绪尔在能指（语言符号，音韵）和所指（语言符号的概念）的结合中发现了语言的本质。然而，这并非什么新的认识，索绪尔的新颖之处在于试图把语言作为一种价值来观察，即把语言作为一个"能指"的显示差异关系的体系来看待。就是说，"意义"不是先验的存在而是发生于差异的体

---

❶《马克思恩格斯全集》中文版第 23 卷第 61 页，北京：人民出版社，1972。

系当中，换言之，在词语与词语之间的比较中生成的。如果只是把语词单独分开来思考，这样一种视角就不会产生。形而上学将"意义"作为先验的东西来观察，那是对意义只产生于显示差异的体系中这一事态的忘却。"马克思说古典经济学中使用价值和交换价值的区别是将商品孤立来看待的结果。其实事态正相反，两者的区别是从商品价值形态即显示差异的关系中派生出来的。"❶ 古典经济学把货币当成不证自明的前提，结果货币造成了这样一种幻象：仿佛每个商品中都有用货币量而得以表示的价值似的。就是说，货币形态掩盖了价值存在于不同的使用价值关系中这一事实。在柄谷行人看来，马克思由此进一步提出相对价值形态和等价形态相互排斥又相互依存的关系，用索绪尔的概念用语来比喻，相对价值形态就是所指而等价形态是能指，作为两者之结合的价值形态则是符号。

然而，单单指出马克思的商品价值分析与索绪尔的语言学在结构上的同构性还远远不够，我们还应当把马克思在"总和的或扩大的价值形式"中对单纯的价值形式向货币形式"发展"的逻辑叙述方式颠倒过来，去追索"没有中心的关系体系"是何以产生的。在此，柄谷行人进一步把马克思与弗洛伊德的"无意识"理论，及尼采的"神学批判"放在一个层面上来讨论，在类比和互证中去追问形而上学根底里隐藏着的"货币形态"乃至"体系"的起源。当然，这个追问同时就是对"剩余价值"何以产生的追究。到此，柄谷行人的马克思解读渐渐进入了最核心的部分，也就是《马克思及其可能性的核心》一书开头交代的，要在马克思的价值形态论中解读出"至今还未曾被思维的东西"来。

马克思在批判"因包含同等的劳动故不同的商品是等价的"这

---

❶ 见柄谷行人《马克思及其可能性的核心》第 31 页。

样一种观点时说："可见，人们使他们的劳动产品彼此当作价值发生关系，不是因为在他们看来这些物只是同等的人类劳动的物质外壳。恰恰相反，他们在交换中使他们的各种产品作为价值彼此相等。他们没有意识到这一点，但是他们这样做了。价值没有在额上写明它是什么。不仅如此，价值还把每个劳动产品变成社会的象形文字。"❶ 柄谷行人认为，马克思这里所说的"他们没有意识到这一点，但是他们这样做了"，实际上是在弗洛伊德的意义上谈论到"无意识"问题。拉康说无意识与语言一样被结构化了。同样，在货币形态中被抹消掉的"价值形态"正是马克思所说的"象形文字"。在我们的意识中已经无法再看到这个象形文字，所看到的只是它的结果而已。马克思正是通过颠倒结果和原因的关系，才打破了既成固定的"意识"（货币），从而发现了"价值形态"（无意识）。这和弗洛伊德通过颠倒"意识"与"语言"的关系而发现了"无意识"有异曲同工之妙。然而，结构主义者试图通过预设一个体系之所以成为体系的"零度符号"来否定超越论式的东西，岂不知"零度符号"本身正是一种超越性。结果，他们还是没有实现真正的超越，依然没有走出能指与所指、文化与自然的形而上学二元论模式。就是说，在一般的结构主义者那里"中心"（超越论前提）依然存在。正像索绪尔通过否定自柏拉图以来相信语言背后存在着"意义"（概念）这一观念而发现了"没有中心的关系体系"一样，马克思的深刻之处在于通过质疑"货币"（意识）的不证自明性，而看到了等价交换背后的价值形态（象形文字）。

那么，剩余价值究竟是如何产生的呢？根据柄谷行人的《资本论》解读其结论是这样的：在同一个系统中的商品价值只是由诸关

---

❶《马克思恩格斯全集》中文版第 23 卷第 90—91 页。

系而决定的相对价值，等价交换与不等价交换的区别是没有意义的。因此，在同一个系统内部的交换不可能产生剩余价值，只有在以两个不同系统为媒介的时候，不等价交换或者剩余价值才具有生成的必然性。从马克思的分析当中我们可以知道，商品的"价值"并非如"劳动时间"那样早就内在地存在着的，它是由于货币形态掩盖了价值形态所产生的幻象。重要的是商品在两个不同的价值系统之间得到交换和移动，剩余价值才有可能发生。如果说商人资本是将商品在两个不同的价值系统之间实行"空间"的移动转让而使"交换"得以成立，那么，产业资本则是通过提高劳动的生产性（不断的技术革新使产品以便宜的价格在同类生产厂家中优先卖出）而创造出"时间上"的不同价值系统，从而获得差额利润即剩余价值的。在柄谷行人看来，马克思之所以能够超越以往的古典经济学而发现剩余价值的秘密，根本在于他突破了把表示等价交换的货币的存在视为不证自明的前提这样一种形而上学"观念"，而在货币形态背后发现了价值形态。柄谷行人认为，对与货币起源相关的价值形态的考察，不仅是《资本论》的新鲜之处，而且还揭示了包括唯物史观在内的一切哲学中的透视法式的倒错。另外，马克思与以往的经济学家另一个不同之处在于，不是通过对资本主义正常的经济运转，而是通过"危机"来考察资本制经济，由此他看到危机在一刹那间照射出所有这一切都是建立在幻象之上的，经济不仅不是物质性的东西，它甚至就是一个幻象形态。不是从"正常"的情况下而是从看似"异常"的方面来观察资本制经济，这样一种视角使《资本论》得以成为对古典经济学的一个根本性批判，甚至蕴含着对以往所有"哲学史"的总体批判。❶ 而日本马克思主义经济学

---

❶ 柄谷行人《马克思及其可能性的核心》第 81—82 页。

家宇野弘藏以"劳动力即商品"这一矛盾现象来解释"经济危机"，虽理论上颇有系统性，却对价值形态论之于《资本论》为何重要而不可或缺，没有给出有力的解释。❶

在此需要留意的是，柄谷行人对剩余价值产生根源的解释，即不是在同一个系统内部的交换，而只能是在两个不同的差异系统之间，其不等价交换或者剩余价值才能产生。这里实际上包含了他在稍后的80年代其理论工作的相反相成的两个核心课题。一个是在《作为隐喻的建筑》《内省与溯行》等著作中对结构主义的批判（解构）：在观念的形而上学"内部"无论怎样的"内省"，其"形式化"（结构）的努力都将以失败告终。另一个是在《探究》《语言与悲剧》等论著中对后现代思想的关键概念"外部""他者"的探索。深有意味的是，这些代表了柄谷行人后现代思想倾向的出色理论成就，已经在他70年代的马克思《资本论》解读中初露端倪，而其源自马克思的文本解读方法在后来则更进一步发展为一种"横向跨越性批判"。

五

《马克思及其可能性的核心》在以上对《资本论》进行分析之后，开始关注马克思的早期著作，特别是《德意志意识形态》和《路易·波拿巴的雾月十八日》。如果说在讨论《资本论》的部分里，柄谷行人侧重的是从经济学方面来解读马克思的思想基础，那么，在下面的部分中则是从哲学历史和政治斗争的方面阐释马克思

---

❶ 柄谷行人《马克思及其可能性的核心》第83页。

如何颠覆了既成的形而上学体系，以及他对法国波拿巴政变的历史解读中如何发展出一套独特的历史分析方法。不过，这里对早期马克思文本的解读依然是在理解了《资本论》的核心思想基础上的解读，因此，马克思解构哲学史和解读政治斗争过程的方法，依然是柄谷行人贯穿始终的关注重心。

在柄谷行人看来，《德意志意识形态》是马克思对"哲学"所隐蔽的差异性的发现。实际上，早在写作博士论文的时候马克思已经确立了自己的方法论，这个方法不是一般的从经济基础出发来看上层建筑和意识形态，而是首先要解构掩盖了"差异"的同一性场域即哲学的意识形态性。例如，马克思在谈到统治的思想就是统治阶级的思想时指出，影响历史发展的观念、神学、时代精神等，不过是在历史这个文本背后所设想的"想象的主体"而已。他认为作为哲学史所叙述的历史总是在普遍真理的名义下掩盖了差异性。马克思在《德意志意识形态》中讲到的"生产力和生产关系"，不是作为说明历史的概念，而是作为掩盖历史的东西来阐述的。不用说，这里所谓被掩盖了的"差异性"指的就是"阶级斗争"。但是，在柄谷行人看来，马克思所发现的"阶级斗争"不仅是来自对法国大革命以来的历史实践的观察，更重要的是在作为普遍"真理"的话语当中解读出来的。他所谓的统治的思想就是统治阶级的思想这一观点其意义正在于此。统治的思想即对我们而言仿佛自明的自由、平等、人道主义等思想，乃是资产阶级的思想。因此，只有对这些根本性的诸种前提提出质疑，才会有"阶级斗争"的发现。

《关于费尔巴哈的提纲》强调："哲学家们只是用不同的方式解释世界，而问题在于改造世界。"❶柄谷行人认为，我们不应该简单

---

❶《马克思恩格斯全集》中文版第 3 卷第 6 页。

地将这句话理解为马克思是在强调从理论到实践或从书斋走向街头。马克思在此要指出的是，一切哲学的话语都不过是一种"解释"而已。换言之，马克思的工作是对作为"解释"的哲学本身之再解释，即从哲学的中心化、普遍性、超越性中解读出所掩盖的差异性和关系性来。《德意志意识形态》之所以能够成为对以往哲学体系和"解释"话语的根本性颠覆，原因也正在于此。在该书中马克思要"解释"的是哲学家的"真理意志"，正如尼采所指出的，在某种话语中其问题不在于"什么被解释了"，而在于"谁来解释"。马克思和尼采之前，没有人对"哲学家"这一存在提出过质疑，其实在关于真理和本质的话语背后隐藏着哲学家及其"权力意志"。到此，柄谷行人借对马克思文本的分析，触及了后现代主义始终一贯要颠覆的"真理""本质"的问题所在。就是说，我们为什么要打破"真理""本质"的神话呢？因为在其背后有着被扭曲了的哲学家的"权力意志"。不揭穿这种"权力意志"就无法颠覆以往"哲学史"的叙述话语。马克思在"社会分工"过程中发现了"哲学及哲学家"的起源，指出在物质劳动和精神劳动分离开来的那一瞬间里，意识成了脱离世界的纯粹理论、哲学、神学等等。用尼采的话来表述，即这是僧侣阶级的一种生之颠倒，使不存在的东西优越于现实的东西并赋予其"价值"，哲学家（僧侣）藏身于真理这一价值之中，或者因这个"价值"而使自己获得了存在的"价值"。柄谷行人进一步指出：作为各门学问之"中心"的哲学，同货币一样是通过其中心化而得以产生的。《德意志意识形态》以后的马克思所做的，就是对于这种哲学的去中心化。❶

可以说，柄谷行人对于《德意志意识形态》的解读，具有一般

---

❶ 柄谷行人《马克思及其可能性的核心》第104页。

后现代主义特别是解构主义的鲜明特征。正如福柯通过对西方现代知识谱系的"考古学"挖掘来揭示"知识话语"背后的权力结构那样；也如同德里达通过设定"原书写""差延"等文法学概念以颠覆那种深信"真言""意义""逻各斯"的存在一样，他们共同指向的批判目标与其说是"真理""本质"等普世主义观念本身，不如说是其背后知识者的话语支配欲望或权力意志。我们知道，《德意志意识形态》是马克思、恩格斯早期的一部思想内容极其丰富的著作。一般认为它阐释了历史唯物主义的基本原理和无产阶级的世界历史作用，甚至描绘出了未来共产主义社会的基本轮廓，而书中对自古希腊以来的哲学和意识形态的批判却往往没有得到应有的重视。柄谷行人把《德意志意识形态》作为马克思对于以往所有知识、真理和意识形态的"哲学批判"来解读，强调马克思的工作是"对于作为'解释'而存在的哲学之解释"，其特征在于解读出隐蔽于哲学的中心化、普遍性、超越性背后的差异性和关系性。这就为通过马克思来批判哲学形而上学及其"真理""本质"的虚构性和知识者的权力意志铺平了道路，把对马克思的理解落实到了文本解读的层面，而呈现出鲜明的解构主义批评的方法论特征。

按照这样的解读策略，柄谷行人最后分析了马克思的《路易·波拿巴的雾月十八日》。恩格斯在这部不朽的历史分析名著初版 33 年之后的第三版序言中，高度称赞"马克思最先发现了伟大的历史运动规律"，即一切历史上的斗争都只是各社会阶级的斗争或多或少明显的表现，而阶级之间的冲突斗争又为它们的经济状况、生产方式和交换方式所制约。❶ 柄谷行人则拒绝恩格斯这种大而无当的高度"概括"，认为他并没有道出马克思解读历史和实际政治过程的具体

---

❶ 参见《马克思恩格斯选集》中文版第 1 卷第 602 页，北京：人民出版社，1972。

方法。《路易·波拿巴的雾月十八日》之所以能够那样鲜明地描绘出刚刚过去的法国革命和波拿巴政变千变万化的过程，并阐明一个无能的拿破仑侄子为什么能够成为"皇帝"的秘密，就在于马克思成功地导入了"话语"和意识形态理论家的位置这样的分析视角。柄谷行人认为，马克思注意到单纯地从"经济基础"来分析波拿巴帝制复辟的复杂过程和各党派之间的"话语"斗争是远远不够的，出现于"事件"舞台上的人物借用第一次法国大革命的语言和意义，因此，必须把作为"事件"的政治过程视为一个话语的场域来解读。"事件"发生于肇事者的"话语"场域中，并封闭于这个话语的"意义"之内。❶马克思的历史分析正是由此展开的。

《路易·波拿巴的雾月十八日》开篇便鲜明地指出了一个事实或曰"历史的狡黠"：

> 人们自己创造自己的历史，但是他们并不是随心所欲地创造，并不是在他们自己选定的条件下创造，而是在直接碰到的、既定的、从过去继承下来的条件下创造。一切已死的先辈们的传统，像梦魇一样纠缠着活人的头脑。当人们好像只是在忙于改造自己和周围的事物并创造前所未闻的事物时，恰好在这种革命危机时代，他们战战兢兢地请出亡灵来给他们以帮助，借用他们的名字、战斗口号和衣服，以便穿着这种久受崇敬的服装，用这种借来的语言，演出世界历史的新场面。❷

这个精彩的开篇无疑为全篇的叙述定下了基调。观察和分析具

---

❶ 柄谷行人《马克思及其可能性的核心》第109页。
❷《马克思恩格斯选集》中文版第1卷第603页。

体的历史"事件"不是简单地从经济基础到上层建筑，而是从话语与行动、思想内容与表达形式、理论观念与阶级意识的错位，来呈现阶级斗争的全部复杂性和结构性的"历史反复"。支配斗争中各党派的是过去的亡灵，是观念，一句话，是语言支配了他们的行动。这个错位最深刻地表现在马克思所强调的，议会或国民公会的代表（能指）和所代表者（所指）的利害关系上的不一致方面。当时法国的小农无疑是社会中人数最多的一个阶级，然而，由于小农所处的自然条件和生产方式使他们无法形成任何一种政治组织，也因此没有成为一个阶级。他们不能以自己的名义来保护自己的阶级利益，一定要别人来代表他们。就是说，他们没有自己的"话语"，无法凝聚成一个"阶级意识"。正是在这种"错位"当中，作为国家权力象征的波拿巴成了这个小农"阶级"的代表者。马克思说："历史传统在法国农民中间造成了一种迷信，以为一个名叫拿破仑的人将会把一切失去的福利送还他们。于是出现了一个冒充这个人的人，……这个人成了法国人的皇帝。"❶ 法国的小农是一个阶级，但又无以形成一个"阶级"的存在。柄谷行人认为，这里的分析包含了马克思对于"阶级"的独特考察。单是通过经济上的共同性无法构成一个阶级。正是透过某个党派及其话语，一个阶级才能作为阶级而出现。在这个意义上，所谓阶级意识乃是只有在话语层面上才得以显在化的"阶级无意识"。而马克思则有意识地要在这种"无意识"结构中观察被言述的各党派的"意识"。马克思这种绵密而鲜活的历史分析方法与一般的马克思主义所谓的经济基础和上层建筑的规则没有什么关系。❷

---

❶《马克思恩格斯选集》中文版第 1 卷第 694 页。

❷ 柄谷行人《马克思及其可能性的核心》第 114—115 页。

海德格尔说，真正的思想家只有一个要解决的课题。柄谷行人将这句话写在自己的著作《马克思及其可能性的核心》扉页上。我理解，这不仅暗示了马克思之于柄谷行人的重要性和问题的核心性，同时也表明他要寻找作为思想家的马克思其一生的一个核心课题究竟何在。在经过上述对《资本论》《德意志意识形态》《路易·波拿巴的雾月十八日》等马克思文本的分析之后，《马克思及其可能性的核心》于最后设了一个"终章"，讨论的就是马克思一生要解决的真正课题是什么。人们可以说，马克思的课题是对资本主义社会的总体批判（经济学）；或者是谋求作为类存在之人的解放（哲学、历史学）；或者是实现共产主义理想的途径（政治学）。然而，在柄谷行人看来，马克思既不是一般意义上的哲学家，也非普通的经济学家或政治学家。马克思更主要的是一个西方知识——哲学、政治思想、经济学的解读者，他的核心课题乃是如何颠覆黑格尔哲学，特别是其辩证法所代表的西方形而上学的知识体系。要颠覆这个体系首先需要自己摆脱该体系的语言和文法的束缚。马克思之所以最终摆脱了黑格尔哲学并实现了对西方知识体系的颠覆和超越，不单单在于他把黑格尔倒立的辩证法颠倒了过来，而更在于他大半生流亡西欧各国成为一个"永远的异邦人"，这意味着身体在空间上的不断移动使马克思得以真正跳出德国哲学的那套话语系统，看到它的脱离现实之滑稽可笑。文艺批评家柄谷行人敏锐地注意到，《德意志意识形态》之后的马克思其文体发生了剧烈的变化，到了写作《资本论》的阶段则彻底消除了黑格尔哲学"用语"的束缚。尼采从印欧文法中看到了渗透于西欧哲学整体的倾向性，充满暴力规定性的主语总是处在优越于谓语的位置上。正如海德格尔所指出，西欧文法这种强固的等级化的主谓关系，作为一种文法习惯其伦理学和存在论不可避免地造就了西方的形而上学。而当马克思摆脱了德国哲学的话语体系，在《资本论》中把古典经济学的"商品 A 是……"的叙述改变成"商品 A 的价值由商品 B 的使用价值所表示"时，这就不仅颠倒了文法的主谓关系，更是对主谓关系这一结构的根本颠覆，由此使"存在论"变成了"关系论"。❶ 柄谷行人强调，这样的解释或许是马克思文本中"至今还未曾被思维的东西"，但是，为了使马克思的价值形态论真正成为对黑格尔辩证法的瓦解，我们需要做这样的解读。辩证法是建立在主谓关系上的伦理学，如果只是把谓语置换到主语的位置上解决不了任何问题。我们应该质疑的是主语和谓语、所指和能指这样一种二元论本身。

柄谷行人上述对马克思文本的解读无疑是令人震惊且耳目一新的。批评家小森阳一在上世纪 90 年代初，对柄谷行人的马克思解读战略及其反形而上学的目标给出了一个相当到位的评价：在这一阅读行程每一瞬间的置换当中，"可能性"在一步步生成。只有当每一瞬间的置换连锁被抽象化，其细微的偏差项被停留在更大的同异性对比时，作为整体之体系性才能显现出来。作为"主义"的思想恐怕正是在实施了这种现象学式还原之后才出现的思想形式。在已经变得简单易懂而被抽象化的"主义"那里是没有什么"可能性"可言的。柄谷行人的抽象思考力朝着相反的方向运动着。即以无法还原到任何透明的意义体系上去的方式，把每一瞬间的、片段的置换之情形描绘出来。这种操作使常常把人们引入形而上学那里去的抽象思考力与细微的差异相遇。正是此一瞬间所搭救出来的东西，以及使这种抽象思考力发挥出来的方式，得以成为对把所有一切都包罗在本质、整体、模式当中的形而上学的根本性批判。❷

---

❶ 参见柄谷行人《马克思及其可能性的核心》第 138—144 页。

❷ 柄谷行人《马克思及其可能性的核心》所附"解说"，东京：讲谈社学术文库版，1990。

柄谷行人的上述马克思解读，上承上世纪60年代西方和日本马克思主义论争的问题意识，下启80年代以来的后马克思主义。前面已经指出，他的解读之中具有明显的解构主义倾向。不过，对柄谷行人个人来说，解构主义阅读本身并不重要，重要的是他以此崭新的方法，从马克思思想中抽取出了一些关键的理论要素和概念框架，如差异体系、资本主义逻辑的颠倒性、价值形态与语言学在结构上的同构性、历史与话语叙事的关系等等。这些要素和概念成为他在20世纪80年代迎拒日本的后现代主义思想热潮，并形成自己独特的后现代思考的基础。如形而上学意义上的"建筑意志"说（《作为隐喻的建筑》）；20世纪以来现代人文科学中的形式化问题（《内省与溯行》）；他者、外部、差异化与单独性、对话论（《探究Ⅰ》《探究Ⅱ》）等，虽然有关这些问题的论述中多借重胡塞尔、哥德尔、维特根斯坦、勒维纳斯、德勒兹等人的理论参证，但马克思的思想资源依然是他理论思考的深层基础。就是说，马克思不仅是柄谷行人的解读对象，同时也成为他思考后现代问题乃至进行社会、文化批评的一个重要依据。90年代后，柄谷行人又借助康德的伦理学而重返作为社会批判原理和主体性的马克思政治经济学批判，亦显示了马克思对他一生理论实践的重要性：要把各种问题集中到一个核心问题上来予以思考和处理，马克思这样的思想家就成了用之不竭的源泉。

　　从以上对《马克思及其可能性的核心》的分析解读，我们可以清晰地看到，柄谷行人笔下的马克思已经不再是一个提出了明确的革命原理和构建起伟大体系的哲学家，而是一位对自己赖以生存的现代资本主义社会给予了深刻读解（批判）的文本解构大师，和充满矛盾而具有内在结构的思想家。不过，我们也不应该忘记柄谷行人一再强调的解构主义方法的精髓：对于一个思想哲学体系以及其中的先在前提和不言自明的概念预设，打上引号加以悬置而指出其矛盾质疑其合理性，这只是解构的第一步。更重要的是解构之后还应该懂得摘下引号，把质疑后的体系观念、逻辑概念再还原到具体的社会历史语境中去。如果不了解这后一个关键的步骤，只是一味地消解"思想"，那就会变成一种虚无主义的文字游戏而无以催生出有生产性的思考运动，也将失去解构主义深层的"批判"意义。世间一般俗流浅薄的后现代解构批评家常常为世人所诟病的原因，也正在于此。在稍后的80年代，柄谷行人也曾经遭到来自传统学者或现代主义评论者的上述类似的批评乃至非难。但是，公平地讲，柄谷行人一开始就注意到了"还原"比"解构"更为重要的道理。只是在前期的批评实践中更多地倾向于"解构"的一方面而已。实际上，即使是在80年代他也没有忘记这一点。当然，把自己亲手解构了的"马克思主义"，再一次以明确的态度还原到具体的社会历史语境中来，更主要的是在90年代以后。如上所述，1989年出版了《探究Ⅱ》之后，柄谷行人继续在杂志上断续地连载他的续篇"探究"之三，❶ 但在90年代中期他突然感到这个续篇并没有找到突破自己80年代思想的出口，于是在废弃了这个连载之后，开始了《跨越性批判——康德与马克思》的写作。我认为，正是在这个写作计划中，被解构了的马克思思想得到了"还原"，即把马克思的社会批判理论（政治经济学批判）与90年代柄谷行人自身对资本主义的批判，以及谋求"可能的共产主义"之"新联合主义运动"（NAM）的原理结合起来。于是，一个现代资本主义最深刻的批判者和包含了抵抗资本社会的革命资源的思想家马克思，又出现在我们的眼前。不用说，这个柄谷行人笔下的新的马克

---

❶ 1993年1月至1996年9月断续地在文学期刊《群像》上连载，共有24节。

思经过了此前的解构，因而不再是那个各国共产党意识形态化教条主义的马克思，而是足以继续为我们的新时代提供主体性的逻辑依据和批判性思想资源的伟大思想家。

不过，这里有一个问题值得注意。柄谷行人20世纪70年代的解构主义式马克思解读，和经过80年代倾向于后现代思想而到90年代的重返马克思，其中有一个解读路线或者思考理路的微妙变化。如果说，在70年代是把焦点集中到"语言"和"文本"，借重索绪尔以及尼采、弗洛伊德等来进入马克思的文本，那么，90年代以后的"重返"注重的则是"伦理"和政治经济学批判，借助康德的伦理学而进一步阐发马克思的"横向跨越性批判"思想。这个变化非常重要。我们知道后现代主义有一种把所有人文社会科学的问题归结到"语言"的倾向，而在上世纪60、70年代有了所谓"语言学的转向"。那么，重提"伦理"问题，是不是有矫枉过正重新关注被忽略了的社会、政治、人本等问题的考虑呢？后现代、后结构主义在欧美到了80年代明显地出现了颓败之势，其中就有过分强调语言和文本而将所有问题形式化非历史化所造成的后果。面对90年代全球化和新帝国主义时代的种种"伦理"问题，柄谷行人是不是敏感地认识到后现代方法的局限而做出了自己理论视角和方法论上的调整呢？另外，前面提到柄谷行人在解读马克思的早期博士论文时，突出了马克思对主体生成于"偏差""偶然性"的强调，在分析《资本论》时更认为这一作品的卓越之处不在于暴露了资本主义生产的秘密，而在于对平凡普通的商品其"怪诞"性质所发出的惊叹。就是说，柄谷行人的马克思解读有意无意间把"从历史必然性中推导出革命主体"这一幻想解构掉了。这种对革命"主体性"的解构自然为重读马克思文本开拓了广阔的"可能性"，但同时也隐含着重大的理论危机。那就是一旦进入现实政治层面，将抵抗资本主义制度的话语转换为实际行动时，人的主体性如何在理论逻辑上得到论证？这恐怕也是柄谷行人90年代后重返"政治经济学批判"的马克思时遇到的深层难关。对于这个问题，我将在后面结合对《跨越性批判——康德与马克思》的分析予以深入的讨论。

六

柄谷行人多次指出，20世纪70年代以来自己一直在同时从事两个系列的工作，一个是偏于普遍性的问题进行理论思考的工作；另一个是针对日本的问题所做的具体批评。❶如80年代推出理论著作《作为隐喻的建筑》（1983）、《内省与溯行》（1985）的同时，写作了《批评与后现代》（1985）；90年代前期在连载《探究Ⅲ》的同时，出版了《坂口安吾与中上健次》（1996）；又如2001年刊行《跨越性批判——康德与马克思》之后，又有《日本精神分析》（2002）结集出版。理论思考和批评实践的交叉互动，或者普遍性问题的追求与具体历史语境下的现实课题的结合，这的确是柄谷行人有别于一般哲学理论家的独特之处。如果说，上面所述《马克思及其可能性的核心》是其理论方面的成果，那么，1980年出版的《日本现代文学的起源》则是在文艺批评方面，对日本"近代文学"的具体考察和解构。而且，作为具有原创性的著作，两书在柄谷行人的整个批评实践中同样都带有奠基性，其中所提出的问题、所使用的方法和思考理路都在后来的工作中有所延伸、扩大和发展。无

---

❶ 参见柄谷行人《战后文学的认识与方法》（与大江健三郎的对谈），载1996年《群像》杂志10月号，东京：讲谈社。又见柄谷行人《跨越性批判——康德与马克思》（与坂部惠的对谈），载2001年《群像》杂志12月号，东京：讲谈社。

论对他个人而言，还是就日本 70 年代以来的思想走向和文艺批评来讲，两书都已经名副其实地成了经典。因此，这里有必要对《日本现代文学的起源》❶做细致深入的文本解读。

美国学者本尼迪克特·安德森在远离西洋的东南亚（印度尼西亚）考察作为现代民族国家基础之民族主义的文化起源，结果意外地发现民族主义的形成与 19 世纪以来出版业的发达、大众传媒的出现，特别是以现代小说为中心的国民文学的普及有着密不可分的联系。所谓民族国家的建立并非以血缘亲族为基础，而是在共同的国语国民文学之上构筑起来的"想象的共同体"，其起源就在晚近的 19 世纪中叶，而非如民族主义者和浪漫派理论家所认为的古已有之。❷安德森的这一研究受到了广泛的关注，其理论冲击力大概来自两个方面：一个是在西洋（现代性发源地）的外部考察民族国家的形成历史，这有可能看到在西洋内部被深深隐蔽着而难以透视的现代性起源。另一个是揭示出国语国民文学以几近强制性的方式排除和取代方言土语及传统固有的多样化文艺形式，而对民族主义的兴起起到了至关重要的作用。实际上文学与制度有着共谋关系，或者可以说国民（现代）文学本身就是一种制度。

柄谷行人的《日本现代文学的起源》并非理论性的著作，而是一部关于日本现代文学的批评随笔，但其中所处理的问题与安德森有交叉和相通之处，即旨在从起源上考察现代文学的制度化性格，及其与民族主义和现代国家的政治关系。当然，两者的历史语境是不同的。该书日文版成书于 1980 年，其中大部分章节写于 70 年代后期。这一时期正是日本社会经历了 50、60 年代经济高速发展而

---

❶ 《日本现代文学的起源》1980 年由讲谈社出版单行本，1988 年收入讲谈社文艺文库，仅文艺文库版至今已再版 25 次。

❷ 参见安德森《想象的共同体》中文版，吴叡人译，上海：上海世纪出版集团，2003。

渐次进入大众消费社会的转型期。这同时也意味着明治维新以来所形成的以文学为核心的现代性精英文化开始衰退，而为后现代多元化的娱乐型文化所取代。这种社会转型或"历史变局"的出现，为人们观察和反思前一时段的思想文学并将其历史化，提供了新的立脚点和可能性，以发现身处历史进程中的前人所看不到的"近代文学"的起源。如前所述，作为成长于战后民主主义时代氛围下的青年，柄谷行人那时在憧憬"文学与政治"中度过了"新左翼"运动动荡的 60 年代。当发表《意识与自然——漱石试论》正式登上文坛开始批评活动之际，他注意到"新左翼"运动的退潮及知识分子反抗政府签署"日美安全保障条约"的运动失败后，很多与自己一同参加了运动的青年由政治幻灭而开始退回到所谓"内在自我"——文学中来。这个文学仿佛是与政治（外部）分庭抗礼的个人领域（内部）似的，但实际上退回文学这一"凡俗"的行为本身正是对政治的默认。❶ 这促使柄谷行人开始认真思考"文学与政治"的关系。就是说，自 20 世纪 30 年代以来文学史上一直争论不休的"文学与政治"关系问题，成为其重新思考现代文学的一个切入点。

柄谷行人注意到，自现代文学出现以来，人们对其做过各种各样的反思和批判，但从没有怀疑过文学的制度化性格。❷ 实际上日本现代文学形成于 19 世纪 90 年代发生的"言文一致"运动，这正

❶ 参见《日本现代文学的起源》英文版（1993）第 1 章 "风景之发现"补注，收《日本现代文学的起源》中文版第 34 页，赵京华译，北京：生活·读书·新知三联书店，2003。

❷ 文学评论家高泽秀次认为，柄谷行人以《日本现代文学的起源》为代表的 20 世纪 70 年代的批评实践，从根本上解构掉了日本现代文学上不断反复出现的"文学与政治"关系问题，从中野重治到吉本隆明，众多文学批评家一直纠缠于这个问题却没有得出有效的结论。而柄谷行人的出现从某种意义上讲，最终在结构上解开了此问题的构成机制。指出"现代文学"与生俱来的政治性和制度化性格，这不仅证实了"现代"文学与政治的必然关系，同时亦将一般的文学与"现代文学"区别开来了。（参见访谈《文学与运动——在 2001 年与 1960 年之间》）

与明治国家体制——议会、法制、医疗、教育、征兵制度的确立同时期。而"言文一致"并非人们一般所理解是书面语与口语的统一，实为一种全新的文体、全新的认识范型和语言制度的创出。一个为人们所熟知却未能做深入思考的历史实例，就是"言文一致"运动的最初倡导者不是一般的文人作家，而是日本现代邮政制度的创立者，同时又以倡导国语文字改良著称的前岛蜜。前岛蜜的进言《汉字御废止之义》（1867），首先是从汉字"难解多谬"不利于建立中的现代民族国家之国民教育的角度提出问题的，而其强调废止"象形"的汉字改用声音性的文字，其逻辑依据在于声音性的文字之经济性、直接性和民主性。这个"声音性文字"的主张在稍后的"诗歌改良""戏剧改良"和"小说改良"等一系列运动中，以对口语优越性的强调被延续下来。而包含了上述各种改良运动的"言文一致"运动，由于它的表述而给人们造成一个错觉：仿佛这场全新的国语运动只是在谋求传统的书面语与日常口语相结合似的。于是，其最初作为制度革命之一个方面的语言改革的政治性也就变得模糊起来。而建立于这种语言改革之上的日本现代文学，一经确立起来，其"起源"便被忘却了。忘却的结果，使人们相信其中的基本观念如理性、主体、内在精神、个性自我、写实主义、浪漫主义等等，都具有历史主义普世性，贯彻古今而不证自明、放之四海皆准。不证自明的霸权地位确立之后，则排斥一切非现代性的东西，语言被套上了表现"主体"和"告白"自我的枷锁。加之19世纪诞生于西洋的"历史学"将这个浪漫派所张扬的"主体"肆无忌惮地投射到遥远的古代，建立其上的"文学史"亦对前现代的文学进行肆意的分割、颠倒和重组，就这样，文学起源于并非遥远的19世纪中叶，而且是与现代民族国家的制度建设同时期诞生的，这一事实被隐蔽起来了。

以此文学为核心的现代性精英文化与民族国家一起诞生，但它常常表现出一种"反体制"、反政治的姿态，仿佛是与国家相抗衡的以"个人自我"为主体似的，其实它正是推动民族主义的兴起，构筑民族国家体制所不可或缺的重要因素，或者直白地说它就是现代国家制度的一个重要组成部分。那么，也就可以理解20世纪70年代随着日本由生产型社会向消费型社会的转变，为什么会引起这种以文学为主体的精英文化衰落的现象。因为大众消费社会的到来，正意味着以独占资本为基础的现代民族国家制度的转型，与此制度为一体的文学失去昔日的辉煌也就成为自然而然的事了。反过来我们也可以说，消费社会中多元化娱乐型文化艺术的兴起，正是对往昔来自现代文学的压抑与排斥的抗争和复权。问题是要对这种衰落现象给出一个历史性的解释，把曾经是不言自明的"近代文学"乃至整个"文学"观念真正历史化，就必须从"起源"上对其赖以生存的现代性提出质疑！而不是仅仅宣布它的"终结"了事。就是说，通过对文学现代性的批判来解构现代性乃是历史所赋予批评家的课题。《日本现代文学的起源》一书，正是柄谷行人以理论批评家的敏感和才智对这一历史课题所做出的及时回应。

"文学"这个概念并非古已有之，福柯说它的起源就在19世纪中叶。欧洲浪漫主义运动的兴起是文学这一思想诞生的直接根源，而更深层的起源则在基督教文明。近代基督教基本上是一种病态的文化，它通过笛卡儿以来的二元对立认识论思辨方式，对事物进行一系列本末倒置的"颠倒"而逐渐建立起来。比如仿佛是先有上帝而后有信仰上帝的主体，其实基督教的上帝乃是为了确立人的主体性而创造出来的。又比如，要告白不洁的自我就必须创造出一个可以自白的隐私，实际上这个自我隐私并非如基督教所宣扬的一开始就存在着。现代文学中一系列不言自明的普世性观念就是在这样一种认识论式的"颠倒"中建立起来的。那么，要从"起源"上对文学的现代性进行解构，颠覆其历史主义普世性，就需要通过谱系学式的溯本求源将被颠倒了的事物和观念重新"颠倒"过来。柄谷行人在《日本现代文学的起源》中所主要运用的批评方法，正是这个所谓的"颠倒"（inversion）或曰"现象学还原"。即排除日常性的既存观念和先入之见，将理所当然而深信不疑的所谓"现存"和"事实"打上引号加以悬置，以现象直观把握事物本质，从根源上对文学的不证自明性提出质疑，在被颠倒的事物现象中观察其深深隐藏着的起源。

这个"颠倒"的认识或者观察问题的方法，实际上在《马克思及其可能性的核心》中已经出现了。柄谷行人认为，资本主义的生产孕育于同化差异性的货币及其货币形态的神秘性当中，资本主义社会的所谓"发展"实际上是累积于货币形态这一颠倒之上的"颠倒"，而货币形态本身则掩盖了这种颠倒。因此，马克思有关货币"起源"的价值形态考察不仅是《资本论》的全新之处，同时也揭示了包括唯物史观在内的一切历史哲学中存在的认识论上透视法式的倒错。❶而在《日本现代文学的起源》论述"风景之发现"一章中，柄谷行人进一步借用保罗·瓦莱里（Paul Valéry）对近代风景画之透视法侵蚀传统绘画的历史考察，又结合尼采对西方形而上学认识论中透视法式倒错的批判，强化了自己上述观察现代文学的视角。不过，应该说这种对于资本主义和现代性文化思想"颠倒"性的认识，其基础首先是来自于此前对马克思特别是《资本论》的解读。因此，有评论者说他的这种方法直接取法西方后现代主义或者解构主义，而柄谷行人却一再强调写作此书时并没有受到胡塞尔、

---

❶ 参见《马克思及其可能性的核心》第4章。

海德格尔、福柯、德里达以来的现象学及后结构主义的直接影响。**❶**
我认为，应该说马克思和后现代两方面的启发和刺激都是存在的。发源于法国经由美国的技术化处理而成为具有可操作性的后现代主义批评，其大举进入日本的时期大约是在 20 世纪 70 年代后期，真正产生影响则在 80 年代，《日本现代文学的起源》一书的出版正是在这个时期。当然，柄谷行人是在"明治日本"这个特殊历史语境下展开论述的，而非如后期解构主义那样走向形式化的极端而消解掉了文本的历史性和政治性。总之，观该书对一切从根源上提出质疑及"现象学还原"式的思考方法，我们依然可以在总体上把此书归入广义的解构主义批评之下来理解。柄谷行人在本书日本讲谈社文艺文库版《致读者》中提道：书中的主要篇章构思于 70 年代中期渡美讲学的耶鲁大学，那正是后来大成气候的解构主义运动中耶鲁学派的大本营。在那里他与解构大师保罗·德曼结为好友并深受其思想启发，这亦透露出其中的消息。

柄谷行人所谓的"制度"或者文学的制度性包括两层含义：一个是如经济、法律、政治、教育等外在物质性的制度即国家机器；另一个是指人的意识思维中凝固不变的认识模式或范型即内在化的制度。《日本现代文学的起源》主要以明治中期（1880—1900）前后的文学为对象，抓住"言文一致"这一语言变革运动与明治国家体制——议会、法制、医疗、教育、征兵制度的建立之同步关系，考察了文学在语言形式、思维方式、文体表现等方面全新的观念之生成过程（起源）。其中便包含了这样两层意义的文学制度性。

比如，风景的发现。柄谷行人把不曾存在的东西使之成为具有

---

❶ 参见柄谷行人《日本现代文学的起源》讲谈社文艺文库版《致读者》，东京：讲谈社，1988。

普世性的，仿佛从前就存在过似的，这样一种"颠倒"称为"风景之发现"。当然，这是对现代的物质性装置的一个讽喻。❶他通过考察国木田独步《武藏野》等小说中的风景描写里突然出现的"内面的人"（inner man），发现现代文学与此前的文学不同，人之主体性开始成为风景描写——文学表现的核心。所谓写实主义的客观描写，实际上是如绘画中透视法的采用导致人的视觉变革一样，不是固有的自然风景被人们发现了，而是个性觉醒和内在主体性的确立使人们以全新的认识范式将自我投影到客观"风景"中。在这个意义上，可以说现代文学中的风景乃是由于"言文一致"这一文学制度的确立而被创造出来的。

又比如，内面（相对于外部的内在性、自我精神或主体性）与自白。柄谷行人认为，现代文学的一个主要特征是内在主体性的人之诞生，这个主体性的人以自白的方式出现在小说等文学样式中，逐渐占据了核心的地位，这是前现代的文学中所不曾有的。可是人们却觉得这仿佛古已有之，而且相信是先有主体性的人之存在，后产生自白这一表现方法的。柄谷行人则通过对明治时期基督教的传入与文学之关系的考察，发现自白（表现方法）这一文学制度起源于基督教的忏悔制度。如基督教中的上帝和人的主体性是一个颠倒的关系一样，在文学中也是自白这一制度的确立促成了主体性的人之诞生。并且，明治文学中现代性自我（主体）的确立与"明治国家"制度的确立同时期，都是在1890年前后。这使我们注意到在西洋因历时之久而不易看到的文学与现代民族国家在起源上的同时性，及其相互补充强化的关系。《日本现代文学的起源》还探讨了

---

❶ 参见《定本柄谷行人集》第1卷：《日本现代文学的起源》英文版序言，东京：岩波书店，2004。

文学中作为隐喻出现的疾病和儿童问题，以及思维方式上透视法式的"深度"观念与小说结构力（叙事方式，虚构等）的关系；近世多种多样的"文"之类型的消失与以19世纪法国小说为模式的现代小说占据支配地位的关系等问题。这些分析都清晰地展现了柄谷行人独特的批评方法：通过"现象学还原"，在被"颠倒"的事物、观念和认识方式中洞察文学的起源，并对文学的制度性及其历史主义普世性原则进行解构式的批判。而前面提到的那个历来争论不休的"文学与政治"关系问题，也在这种从根本上解构现代文学的制度化（政治性）性格的探索中，自然得到了解决。

如果说，以"颠倒"的认识论方式来观察文学的"起源"，是柄谷行人透过"近代文学"来反思现代性的主要方法之一，那么，从世界史的普遍性背景出发来考察"日本"，则是他改变传统的日本文学研究思路的另一个值得注目的方法论。一直以来，受到"日本文化特殊论""日本现代化独特道路论"等的影响，无论在欧美还是在日本的学术界，往往是不自觉地将"日本"特殊化，关注的重心在于日本与西方文化、西方现代化过程的不同。这是一种以西方为普遍性标准而将西方之外的地域视为特殊性范例的典型的西洋中心主义，特殊性的强调恰恰印证了普遍性为不言自明的前提。结果，作为非西方的日本，其现代化的经验无法在世界史的普遍性背景下得到深入的阐释。柄谷行人的方法则与之相反，他的《日本现代文学的起源》是把"日本"还原到世界史的普遍性演变过程中去，从中追询其现代性的"起源"及种种问题和症结。这就使"地方性经验"获得了普遍性的认识论价值。❶ 柄谷行人曾将自己这种

---

❶ 有关这个方法论问题，参见《柄谷行人访谈：向着批判哲学的转变》，载《新文学》第5辑，郑州：大象出版社，2006。

方法论与萨义德做过比较，认为萨义德是把西方的普遍性还原为历史性（特殊性）的意识形态并放到具体的话语历史当中来阐明，而自己则相反。日本很明显在现代化方面是一个发展滞后的国家，不断地并且是滞后地重复着在西方发生过的事情。然而，如果把日本的经验放到现代化的普遍性历史过程中来观察，则这种滞后性反而能够展示出发生在西方语境下的"事件"的意义，就是说，成为质疑在西方被视为不言自明之现代性前提的一个契机。❶《日本现代文学的起源》能够获得成功，并在世界各地得以广泛传播，其中的一个原因恐怕也就在于此。

七

1993 年《日本现代文学的起源》一书在美国出版英文版后，又相继在德国和韩国出了德文版和韩文版，中文版的问世则在2003 年。一本薄薄的论述日本现代文学的批评随笔名副其实成了经典之作，受到世界性的关注。究其原因大概如上所述，在于透过文学现代性的批判来解构现代性文化思想这一写作策略，以及在世界史背景下阐释"日本"经验的方法论。当然，西欧和东亚的关注重心会有所不同。在欧美正如詹姆逊的英文版序言所述：该书以精彩的解构式分析透过明治时代中期文学诞生的历史，考察了在西洋至少经历了二百年间而在日本只需一个世纪便创生出来的现代性起源，更使西方读者从"外部"观察到在"内部"因年深历久而被隐

---

❶ 参见与关井光男的对谈《批评的形式与知识基础》，收入《国文学解释与鉴赏》增刊《柄谷行人》，东京：至文堂，1995。

蔽起来的现代化本身所带有的问题。而对文学的制度化性格（政治性）——与民族主义及现代民族国家在制度上的共谋关系之揭示，以至该书独特的文学批评风格，都会给西方以刺激与启发。[1] 这的确与稍后在美国出版的安德森《想象的共同体》所带来的冲击有异曲同工之妙。

在东亚的韩国，情况则又略有不同。日韩两国的现代史本身就具有难解难分的复杂关系，所以柄谷行人在韩文版序言中干脆直白地说：日本现代文学的起源也正是"现代日韩关系的起源"。加之韩国现代文学本身的发展直接受到来自日本文学的影响和压抑，他们接受该书会有一种别样的亲近感的。而日韩两国战后同为美国保护下的同盟国，其经济的同步发展与大众消费社会的相继到来，以现代文学为核心的精英文化的衰落，这些社会文化上的同时代性也都会有助于对该书的接受理解。中国的情形又与上述国家和地域大同小异。由于该书中文版的问世还时日较短，其接受和影响需要进一步观察。但据我所了解，至少在当下的文学界特别是中国现代文学研究界是很受欢迎并多有好评的。有学者就指出，该书若早翻译介绍若干年，我们对"五四"以来的"新文学"特别是其与民族国家的政治关系以及现代性本身的讨论，就不至于等到90年代末才开始进入思考视野。总之，该书在世界一些地区被接受的情况，足以说明从起源上颠覆"文学"的现代性，或"现代性批判需要从现代文学批判开始"[2] 这一写作策略的重要性和有效性。

以上，透过与安德森"想象的共同体"说的比照参证，阐述了《日本现代文学的起源》对"文学"的历史化处理方式和解构式

---

[1] 参见柄谷行人《日本现代文学的起源》中文版所收詹姆逊《重叠的现代性镜像》一文，北京：生活·读书·新知三联书店，2003。

[2] 《定本柄谷行人集》第1卷：《日本现代文学的起源》英文版序言。

批判。不过，需要指出的是，作为一本解构主义文学批评的经典之作，同时也是柄谷行人三十年来批评实践中奠基性的著作，随着它不断被介绍到世界各国，其原作者对之进行了不断的修改和阐释。这就使该书成了一棵仿佛不断生长而枝繁叶茂的树木，本身充满了多义性也具有多种解读的可能性。当然，我在这里并不打算进行版本学的考证，只是想进一步就其在不同时期不同语境下，原作者饶有意味的自我阐发做一个概括的追溯，以确认该书在柄谷行人的批评实践中所具有的特殊意义，及其对于我们认识"现代文学"（国民文学）提供了哪些值得深思而又需要进一步解决的课题。

我拿安德森的理论来与《日本现代文学的起源》比较是有原因的。柄谷行人本身对自己著作的理解大致以日文版初版（1980）、英文版（1993）和最新改版（2004）❶为分界经历了三个不同的阶段，其中 90 年代初在美国出版英文版之际所做"补注"和序言（第二阶段），就明显受到当时流行的安德森"想象的共同体"说，以及欧美新一轮"民族国家理论"研究热潮的影响，而对该书做了更靠近安德森理论的解释。《日本现代文学的起源》当初（第一阶段）是以"文学与政治"的问题意识进入历史语境，意在解释现代文学的制度化性格并将其历史化的。例如，1980 年的初版"后记"只是强调了作者写作此书的主旨在于批判"文学史"，对书名中出现的"日本""现代""文学"要打上引号提出质疑以颠覆其不言自明性，凸显了解构主义的方法论姿态。1988 年的"文库版后记"进一步指出，70 年代的日本社会转型使"近代文学"的价值开始失落，自己的著作则在解构"现代性"推动"后现代主义"的

---

❶ 2004 年岩波书店编辑出版的五卷本《定本柄谷行人集》，其中第 1 卷收录了《日本现代文学的起源》之最新修订本。

兴起方面发挥了作用。另外，在 1985 年的一次讲演中，柄谷行人更直白明晰地表示该书论述的主题是："我们认为不言自明的'文学''内面'不过是形成于 19 世纪末的东西而已。"❶ 显而易见，这里突出了该书反思现代性，将"近代文学"历史化的一面。然而，到了 90 年代初，正如柄谷行人自己所回顾："那个时期在考虑现代民族国家的形成过程中，文学特别是言文一致小说的重要作用问题，也许受到了本尼迪克特·安德森《想象的共同体》或当时形势的影响。因此，英文版序言等文中，我特别强调了这一点。"❷ 然而，"文学与民族国家"的关系虽然在最初还不是清晰显在的课题，但当初的问题意识既然是"文学与政治"，所谓"政治"本身就包含了文学与最大的现代政治即民族国家的关系问题，因此，柄谷行人在 90 年代参照安德森理论解释自己的著作，也是顺理成章自然而然的事情。我甚至觉得，在这种影响刺激下所做出的解释，实际上不仅显示了原作所具有的意义之丰富性和多种解释的可能性，同时也说明新的理论促成了作者对问题本身思考的推进和深化。从"文学与政治"再到"文学与民族国家"的关系，乃至第三阶段的90 年代末发展到对"语言与国家""民族与美学"等问题的提出和思考，在这个思考逻辑的演进过程中，不仅有来自安德森的刺激和影响，更重要的在于，后来甚至产生了对"想象的共同体"理论的"不满"、批评和超越。

2000 年 6 月，本尼迪克特·安德森应邀来日本法政大学与柄谷行人同台讲演。安德森的讲题是《被创造的"国民语言"——不存在自然生成的东西》(*Nothing Comes Naturally: The Creation of "National*

---

❶ 柄谷行人《语言与悲剧》第 92 页，东京：讲谈社，1989。
❷ 柄谷行人《重读旧作痛感"近代文学"的终结》，载 2004 年 7 月 18 日《朝日新闻》。

Languages"），柄谷行人的发言则是《语言与国家》。安德森的这次讲演与《想象的共同体》（1983）出版已有十几年的间隔，但其思考的框架依然是文学语言与民族国家的关系问题，只不过增加了有关泰国、菲律宾方面的资料，论证国语与国家民族的语言未必一致，实际上是长期的政治斗争的结果。❶ 就是说，现代国语、国民文学并非自然生成之物，而是民族国家形成过程中人工塑造出来的。作为民族国家"想象"的载体，国语保证了民族主义的兴起和发展。而柄谷行人则在 1991 年东京世界比较文学大会的发言《书写语言与民族主义》旧稿基础上，增加有关现代资本主义"三位一体"（资本、国家、民族）牢固结合的自创理论，实际上对安德森 1983 年所提出的"想象的共同体"说表示了某种程度的"不满"和质疑。❷

安德森"想象的共同体"说面世以来，在产生了广泛影响的同时，也不断有学者从不同的角度提出过批评和质疑。例如，旅美学者张旭东曾指出《想象的共同体》只关注西洋之外的现代性起源，却对西方本身的现代性宏大叙事避而不谈，认为"安德森在处理民族主义的意识形态和合法性的话语或'审美的'建构时，表现出了令人敬佩的批判的严厉精致，但是他对欧洲现代性及其笼盖迥然相异的广大地域的普遍化的宏大叙事却撒手不管。这种因循顺从的态度削弱了这本书原本具有的揭露民族主义观念（或非理性）的批判的含义"❸。柄谷行人则主要对安德森单纯强调民族国家形成过程中的情感"想象"即"表象"的方面，而忽略了现代民族国家与"资本"结合所构成的"实体性"方面感到"不满"。他从安德森所忽

---

❶ 见安德森讲演的日文版，载 2000 年《文学界》杂志 10 月号，东京：文艺春秋社。
❷ 柄谷行人《语言与国家》，载 2000 年《文学界》杂志 10 月号。
❸ 张旭东《东方主义和表征的政治——在他者的时代书写自我》，载《视界》第 6 辑，石家庄：河北教育出版社，2002。

视的地方思考下去，得出了现代资本主义由民族、国家与"资本"构成"三位一体"圆环而无法从一个方面打破的观点。

以上，我就《日本现代文学的起源》问世二十余年来原作者对自身著作认识的变化过程做了简要的追溯，进一步证实了该书的经典性和所提示问题的重要性。其实，还有一个重要的侧面值得我们留意，那就是柄谷行人在该书中还给我们提示出许多值得进一步思考的课题。比如，2003 年中文版"序言"指出："文学似乎已经失去了昔日那种特权地位。不过，我们也不必为此而担忧，正是在这样的时刻，文学的存在根据将受到质疑，同时文学也会展示出其固有的力量。"❶ 的确，无论在日本还是在中国，赋予文学以深刻意义的时代已经过去，但是文学向其固有力量的回归将是怎样一种状况呢？宣告了"近代文学"的终结，是否意味着诞生于 19 世纪中叶以小说为中心的国民文学，其意识形态的功能已然消失而会真正退出历史舞台呢？又比如，柄谷行人最近在谈论"文学与民族国家"关系时强调："今天，民族主义并不需要文学，新的民族之形成也不必文学参与。民族主义虽然没有结束，但现代文学已经终结。"❷ 确实，90 年代以来随着冷战格局的解体和东西两大阵营的土崩瓦解，新一轮的民族独立和少数族群分离运动已不再依靠文学的力量。那么，曾经具有"想象"民族创生国家功能的文学将被宗教完全取代吗？今天的"文学"是否只剩下了"审美""娱乐""游戏"——消遣的功能？在民族国家还远未能退出历史舞台的现在，"情感教育"——从感情上维系民族共同体的团结——是否还可能是文学的功能之一，虽然不必是以往那样唯一的功能？

---

❶ 见柄谷行人《日本现代文学的起源》中文版作者序。

❷ 柄谷行人《重读旧作痛感"近代文学"的终结》。

第 2 章

重返马克思的政治经济学批判
—— 柄谷行人的后期批评实践

—

《马克思及其可能性的核心》与《日本现代文学的起源》是批评家柄谷行人早期理论探索和批评实践上的两个原点，或者说同时代日本批评家所难以逾越的两个高峰。两部著作的思考运动分别标示着作者在理论上以"后马克思主义"的姿态来探讨现代思想问题，在批评实践上运用解构主义方式来反思现代性及其形而上学哲学基础的基本战略。如果说，这样的基本战略在上世纪 70 年代后期就已初步成型，那么，进入 80 年代以后则获得了全面纵深的发展和开掘。野家启一敏锐地注意到：从 1981 年开始在《群像》杂志上连载《作为隐喻的建筑》；在《现代思想》杂志刊出《形式化的诸问题》论文，以此为标志，柄谷行人突然之间大跨度地越出了"文艺批评家"的界限而呈现出"不羁"的思想理论家的风貌。[1] 这里，在进入柄谷行人的重要理论文本之前，我将先就其 20 世纪 80 年代以后的理论思考走向和针对日本问题的批评实践给出一个概括的描述。

---

[1] 参见柄谷行人《探究 I》所附解说，作者野家启一，东京：讲谈社学术文库版，1992。

"1980 年代以后"是柄谷行人思想理论上最为活跃的时期。在后现代理论思考和重返马克思政治经济学批判，并据此提出抵抗资本主义的社会运动新原理方面贡献卓著，而且产生了广泛持续的影响力。倚重马克思的批判性思想资源，又借用后现代的思考理路和分析工具以反思现代性及其当代问题，依然是其一贯的立场。不过，在对待马克思和"后现代"两方面，因侧重点的不同又明显地呈现出前后不同的两个阶段。从 1981 年开始写作哲学论文《作为隐喻的建筑》到 1989 年《探究Ⅱ》单行出版，可以视为侧重解构批评和后现代理论的探讨以寻找新的思想话语空间的阶段。其中，对于以"形式化"命名的哲学形而上学的解构批判，对于后现代的核心思想"他者""外部""差异性"等的纵深探索，成为最能代表80 年代日本后现代主义理论水准的高峰。而 90 年代以后，以杂志《批评空间》（1991）的创刊，哲学笔记《探究Ⅲ》（1992）开始在杂志上连载，以及集中阅读康德哲学为发端，理论思考重心从"后现代问题"逐渐转向民族国家、世界帝国和当代资本主义制度批判方面来，其中，透过康德的伦理学而重返马克思的社会批判理论即政治经济学批判，则标志着柄谷行人在个人思想理论上的一个重大演变。

　　这前后不同的两个阶段有理论侧重点的不同和思想关注点的演变，但并非前后割裂互不相干的两个时期，实际上，在其背后是有着内在的紧密联系且强韧有力的逻辑思考理路的。我们知道，以解构运动为核心的后现代主义其批判和颠覆的主要目标，是西方形而上学及其工业革命以来的启蒙理性。而打破这个由笛卡儿建立起来的主体与客体、感情与理性、自我与他人、中心与边缘，乃至文明与野蛮等二元对立思维模式的，则是以差异化的体系通过导入未知的他者与外部等，来摧毁传统形而上学的唯我论式同一性真理意义体系。这个意义体系虽然也曾不断遭到了来自内部的反叛和否定性批判（尼采、马克思、弗洛伊德、索绪尔、维特根斯坦），但直到20 世纪 60 年代的结构主义为止，依然是支撑人文社会科学或者现代知识构建的主要依据。特别是 19 世纪中叶以来，与数学、物理学、绘画、逻辑学的发展相呼应，形而上学以"形式主义"（形式化）的形态在整个知识科学中获得了特权化的地位，因此，也就成为解构主义运动的首要攻击目标。进入 20 世纪 80 年代以后的柄谷行人，其理论思考的工作重心也首先是从探讨西洋哲学自古以来的"建筑意志"，即构筑形而上学体系的欲望开始的。他的《作为隐喻的建筑》试图揭露柏拉图以来的形而上学思辨体系如何遮蔽了人类知识和实际科学的发展，说明 19 世纪后期开始席卷整个人文科学领域的"形式化"倾向，因哥德尔 1931 年发现"不完全性定理"，而被证实一切"形式化"（结构主义）的努力都无法达到完整的具有确定性意义的"真理"。以此，在确定了一切文本的意义阐释之不确定性的同时，也证实了"解构批评"的必要性和可能性。可以说，柄谷行人在思考"后现代"理论问题的时候，与欧美解构主义运动的成员们一样，首先是从颠覆哲学形而上学和解构人文科学领域中的"结构主义"倾向开始的。

当形而上学遭到了根本的质疑，"形式化"的倾向（结构主义）也被证明"此路不通"，接下来的理论问题便自然过渡到如何走出既成的思想观念系统，建立起拒绝回到二元对立结构的新的知识范式问题上来了。柄谷行人在完成对"作为隐喻的建筑"意志和"形式化"问题的"内省"之后，便迅速转移到在哲学和思辨层面上对"他者""外部"的考察阶段，其成果就是 80 年代后期那厚厚两册《探究》的出版。在日本，一般认为《探究》是柄谷行人作为日本批评家较有哲学深度和理论独创性的著作。书中所集中探讨的"他者""外部"等问题，不仅在哲学思辨上是颠覆以近代"唯我论"为核心的封闭知识体系的重要突破口，同时也是从后现代角度反省"现代性"，将知识批判从思辨层面转向社会伦理层面的重要通道。一旦人们挣脱了形而上学的封闭体系，其思考的视野跨出了同一性的"内部"和"唯我论"的主体的边界，便会不期然地与未知的他者、外部相遇。如何认识这个外部、如何与他者对话以建立新的关系性，就成为我们不能不面对的课题。用柄谷行人自己的话说"这不单纯是理论问题，同时也是生存的现实问题"。❶ 总之，这个他者和外部问题不仅与思维观念，而且与个人和民族国家共同体的生存状态大有干系。

　　1990 年前后世界史上一系列重大"事件"的发生（包括日本昭和天皇的逝世，年号改为平成），深刻地影响了人们思想观念的变化。柄谷行人自己也坦承：海湾战争的爆发，冷战格局的崩溃和柏林墙的倒塌导致欧洲一体化进程的加速，使他感受到现代民族国家表面上的瓦解，其理论思考也开始渐渐转向对民族国家历史的考察以预测未来的走向。❷ 于是，讨论古代城邦国家、世界帝国与近代民族国家的关系，近代国家的议会制、自由平等博爱的理念、书写语言、美学与民族主义的关系等等，便成了他 90 年代初写作与讲演的主要内容。❸ 这里，的确如柄谷行人自己所言，出现了一个重大的思想理论上的"反转"，即从注重哲学层面上的结构主义批判，中经维特根斯坦和马克思，最终发现"相对的他者"和"社会性的外部"这一走出形式化内省之封闭体系的出口，而转向"世

---

❶ 柄谷行人《探究Ⅱ》初版后记，东京：讲谈社学术文库版，1994。
❷ 参见 1996 年美国蒙特利尔大学召开的"柄谷行人研讨会"上柄谷的发言，载《新文学》第 5 辑，郑州：大象出版社，2006。
❸ 分别见下列文集所收文章：《作为幽默的唯物论》，东京：筑摩书房，1993；《"战前"的思考》，东京：文艺春秋社，1994。

俗批评"（社会历史批判，萨义德语）的演变过程。❶ 不过，在我看来，这种转变背后的逻辑思考理路依然与 80 年代以来极富个性化的哲学思考有着内在的联系。从颠覆形而上学的知识体系和解构人文科学领域中"形式化"（结构主义）倾向，到对于"他者""外部"问题的后现代哲学辨析，再由同时也是"生存的现实"之外部和他者问题进入到社会历史层面上的对于民族国家问题的思考。在此，柄谷行人的问题设定和思考理路始终没有脱离反思现代性、批判支撑启蒙理性之二元对立的形而上学体系这一基本轴线，其后现代乃至后马克思主义的立场始终一贯。可以说，对于社会的现实和历史问题的思考依然是前设理论问题的延伸。因此，将这种思考重心的转移，视为柄谷行人一贯的善于在理论与实践的两端往复运动之批评方式的体现更为合适也说不定。实际上，在稍后的 90 年代中期，柄谷行人又迎来了自己理论思考方面的一个高峰期，《跨越性批判——康德与马克思》（2001）的成书出版就是他几十年来理论思考的一个集大成。而依据对马克思和康德思想的独到理解所形成的抵抗资本主义的独创理论，于 2000 年正式发起"新联合主义运动"（NAM），则是最能体现柄谷行人在理论与实践的两端往复运动并达到高度融合的批评方式。

　　柄谷行人无疑是日本 20 世纪 80 年代以来后现代主义思潮最主要的代表性理论家之一。他的《作为隐喻的建筑》和《跨越性批判——康德与马克思》已经陆续被翻译介绍到英语世界，在国际上也得到了广泛的认知。但在此需要重申的是，与其说柄谷行人是一个后现代主义理论家，不如说他更是一位日本当代最重要的马克思

---

❶ 参见柄谷行人《〈作为隐喻的建筑〉英文版序》，1992 年作，收《定本柄谷行人集》第 2 卷，东京：岩波书店，2004。

主义左翼批评家。在他的后现代理论和解构主义方法论的背后，马克思始终是最大的思想资源和理论支撑。当然，从1974年开始发表《马克思及其可能性的核心》到2001年出版《跨越性批判——康德与马克思》的近三十年间，对于马克思文本的理解自然有一个转变、发展、深化的过程，这就是我在前面多次提到透过康德伦理学重返作为社会批判理论的马克思之政治经济学批判的原因所在。为了深入理解柄谷行人80年代以来的后现代思想，以及90年代末由他所发起的"新联合主义运动"这一日本重要的左翼社会批判运动，我们有必要进一步确认他与马克思主义的特殊关系。

如前一章所述，柄谷行人最初是在"68年革命"之后，针对"新左翼"运动中诞生的"新马克思主义"，从解构主义的途径出发进入对马克思文本的解读的。在《马克思及其可能性的核心》中，马克思已经不再是一个提出了明确的革命原理和构筑起伟大体系的哲学家，而是一位对自己赖以生存的现代资本主义社会给予深刻解读（批判）的文本解构大师，和充满矛盾而具有内在结构的思想家。❶
就是说，马克思的著作是对于整个西方形而上学哲学传统的深刻批判，这一点成了被强调的主要方面，而作为"解构大师"的马克思，在柄谷行人80年代侧重后现代问题思考的过程中，同尼采、弗洛伊德、索绪尔、维特根斯坦、哥德尔、德勒兹等一起，成为颠覆西方形而上学思维体系，讨论他者与外部等问题的主要思想资源之一。相对而言，马克思的社会革命论，特别是政治经济学批判的部分没有得到足够的阐发，或者说在后现代式的解读中，连同"从历史必然性中推导出革命主体"的幻想一起被悄悄地消解和遮蔽掉了。

柄谷行人重新关注被消解和遮蔽掉了的马克思这一方面的思

---

❶ 参见本书第1章"在后现代与马克思主义之间——柄谷行人的前期批评实践"。

想，或者说他的重返马克思政治经济学批判，大概发生在 90 年代初。他后来回顾说："那时，我发现了一个全新的思想家马克思。""对我来说，马克思不是一个所谓共产主义的思想家，而是对资本主义做了彻底考察的人。""我个人，也很想如马克思所做过的那样，从根本上重新思考资本主义，并找到一条走出资本主义的道路。"❶ 然而，回归被自己亲手解构掉的作为社会革命论和政治经济学批判的马克思，在理论逻辑上是需要一定的方法和手续的。柄谷行人主要是通过重新阐释康德哲学的"物自体"概念和"视差"理论，以及"以他者为目的"的伦理学价值，发现其与马克思历史批判的共通性，从而巧妙地回到马克思对于资本主义制度整体的"跨越性批判"。正如他自己所道，阅读康德根本的目的在于深入阅读马克思："我一直在研究马克思，为了解读马克思必须改变对康德的阅读方式，没有马克思作为根基的议论我是不承认的。"❷ 而正是在这样的相互阐释的双重阅读过程中，那个早年被解构主义式阅读所掩盖掉了的作为社会批判的马克思，再次成了柄谷行人批评实践和抵抗资本制的社会批判运动的理论灵魂。

那么，马克思的"跨越性批判"是怎样一种批判立场？柄谷行人是如何从马克思的政治经济学批判中，重新发现在货币流通领域阻止资本增值以抵抗资本－民族－国家三位一体制度的原理，并将其与"新联合主义"的社会运动实践连接起来的呢？这些问题，我将在下文结合《跨越性批判——康德与马克思》来详细讨论。这里需要一提的是，柄谷行人在普遍性问题的思考之外，还发表了一些

---

❶ 见柄谷行人《以马克思的视角思考全球化》（与汪晖的对谈），载 1999 年《世界》杂志 4 月号，东京：岩波书店。
❷ 参见《作为未来的他者》，收入《现代思想》1998 年 7 月增刊号《柄谷行人》，东京：青土社。

讨论日本问题的批评文章。如前所述，"在理论和实践的两端往复运动"是其一贯的批评方式，而且这两方面又是彼此交叉互相渗透的，其中包含着一种将理论思考直接应用于批评实践的明确意识。例如，对日本80年代后现代风潮的批判和70年代以来批评空间的历史分析（参见《批评与后现代》，1985；《关于终结》，1990）；还有40年代日本式的现代性批判即"近代的超克"论的研究；前现代的江户思想中"理性与自然"所包含的后现代要素分析（参见《语言与悲剧》，1989）；以及对于日本古代社会制度上既非单纯父系制也非母系制的双系制度、汉字假名混杂的日语文字形态的探讨（参见《"战前"式的思考》，1994），等等。我感到，柄谷行人在《日本现代文学的起源》（1980）之后，依然断续地从不同的视角和层面思考着日本文学、历史、社会问题。他试图在上世纪70、80年代盛行一时的以"文化特殊论"（本质主义）为思考框架的日本人/日本文化论之外，提出一套自己有关"日本"的整体分析框架。虽然，这个分析框架在理论系统性上并不很成功，但是，这些文字不仅为我们展示了不同时期里柄谷行人的理论思考重心和焦点，以及作为"文艺批评家"实践所留下的痕迹，而且从某个方面反映了当代日本"后现代背景下"文学、文化批评的走向，值得关注。

二

《作为隐喻的建筑》❶，旨在从"形式化"问题的内部颠覆形而

---

❶ 该书由日本讲谈社于1983年出版。书中除了与书名同题的长篇论文外，还收录了17篇散文、随笔、论文等。这里的讨论只涉及论文"作为隐喻的建筑"。

上学的哲学基础，是柄谷行人有关解构批评的重要理论著作。我们知道，解构主义所批判和颠覆的主要目标是西方形而上学及其近代形态的二元论模式，特别是人文科学中以主体、主语、理性、自我、真理（即二元对立中的第一项）等为中心的阶层秩序和排他体系（权力制度）。这种批判和颠覆常常上溯到西方思想的源头——古希腊哲学，而"解构"的直接对象则是于上世纪 60 年代取代了"二战"以后的现象学和存在主义而成为欧洲哲学思想主流的结构主义。但由于解构主义成员的个人知识背景和专业领域的不同，他们进入问题的方式或者说具体的解构途径也就各自有别。以德里达为例，其《声音与现象》的批判对象是胡塞尔的现象学，尤其是现象学中坚信日常经验可以还原到意识和语言，而日常经验与声音语言之间具有"一致性"的观念，德里达将其称为"语音中心主义"。《论文字学》则主要针对索绪尔结构语言学、列维－斯特劳斯结构人类学乃至整个形而上学中的"逻各斯中心主义"予以批判。再以保罗·德曼为例，他虽然与德里达同为"解构主义"运动的耶鲁"四人帮"之一，但其步入"解构"大门的逻辑思路又多有不同。德曼将自己的研究严格限定在文学语言性质的探讨方面，通过关注语法和修辞之间存在着的紧张关系，证实语法模式中符号和意义因修辞的介乎其间常常无法达到统一，而语法和修辞在文本中的相互交涉，共同导致了意义的不确定性。由此，他在《阅读的寓言》中得出结论：解构性并非我们强加于文本的什么东西，而是构成文本自身的特性。就是说，语言表意的不确定性决定了一切文本（文学、历史、哲学、批评）意义的模棱两可和多样阐释的可能性。在此，不仅解构的方法得以成立，而且以往那种追求唯一真理的欲望和围绕知识所建立起来的形而上学体系，也便遭到了根本的质疑。

柄谷行人《作为隐喻的建筑》所要证实和断定的也是解构方法

的可能性，但进入问题的方式不同。首先，在比喻的意义上用"建筑意志"来指称柏拉图以来西方哲学形而上学的基本特征，以"形式化"来概括19世纪后半叶到20世纪中期以来文学、艺术、知识（特别是物理、形式逻辑和基础数学）中的"形式主义"倾向。然后，在确认了这种"形式化"（结构主义）倾向与哲学形而上学的内在关联之后，从"形式化"思潮中挖掘和凸显出数学家哥德尔于1931年发现的"不完全性定理"，强调其宣告"形式主义"最终破产的意义和价值，以此作为"解构"之可能性的理论支持。同时，对19世纪后期的马克思、尼采、弗洛伊德、索绪尔、维特根斯坦等思想家从西方思想内部颠覆形而上学知识体系的努力予以关注。这里，柄谷行人使用的是解构主义的典型方法：从一个思想家的文本或者一个思想系统中同时抽取出其核心的思想和与这个核心思想矛盾对立的两方面要素，并用后者来攻击前者使其核心思想乃至整个体系遭到威胁和瓦解。

所谓"作为隐喻的建筑"这一说法直接来自古希腊哲学。柏拉图在定义"哲学家"时曾经将其比喻为"建筑师"，这意味着他把"哲学"看作一种知识的构建，或者说试图把知识塑造成一种"建筑物"。柄谷行人认为，柏拉图把各种自然"生成"视为"创作"，这种可以称之为"建筑意志"的思想不仅与前苏格拉底相异，而且也区别于当时的希腊主流思想，给后来的西方知识刻上了特殊的烙印。实际上，他们对"建筑意志"的刻意追求，是为了不至于使自己的思想淹没于希腊主流思潮之中而做出的有意为之的非合理性选择，❶ 正如尼采所说，这是否定自然生成之多样性的弱者之堕落，或对合理主义的逃避。面对"混沌"的多样化的自然"生成"，努力去构建一种不

---

❶ 柄谷行人《作为隐喻的建筑》第13—14页，东京：讲谈社学术文库版，1989。

亚于"自然"的秩序和结构,这就是"作为隐喻的建筑"。这种"建筑意志"更强烈地表现在基础学科的几何学中,直到哥德尔发现"不完全性定理"为止,欧几里得几何学特别是其中的第五公理(平行线定理)两千年来不曾有过动摇。近代以来,代表这种"建筑意志"最高峰的无疑是黑格尔的绝对理念体系。黑格尔以后,面对西方诸科学的普遍危机,一些思想家开始对形而上学知识体系本身进行反思。但是,柄谷行人注意到:"构成西方知识最重要特征的,不是仿佛深有根基的实有的构造体系,而是在危机中不断变化更新而长久不衰的'建筑意志'的存在。"❶ 胡塞尔在《欧洲科学的危机与超越论的现象学》中发现了这样的"危机":有着数学根基的理念世界取代了我们唯一的可经验的生活世界。这无疑是对形而上学的一个深刻批判。然而,在柄谷行人看来,胡塞尔所关心的并不在于近代科学知识的解构,而是在现象学所展示的多样性混沌世界中再次确认其"建筑意志"。当胡塞尔于历史本身发现"理性"的目的论,把"生活世界"作为哲学思考的新起点来重构哲学体系时,他不自觉地又回到了黑格尔。正如德里达《声音与现象》所批评的那样,胡塞尔的方法论本身往往背离他自己的意图,他在不断地批判形而上学,但实际上却试图重新恢复传统形而上学的真理主义和绝对主义。而最早看穿西方形而上学思辨哲学中这一根本病症并给予激烈批判的是尼采,他将这种病症与"权力意志"相对应而称之为"真理意志",柄谷行人则在"形式主义"批判的语境下称其为"建筑意志"。

《作为隐喻的建筑》共有五个章节。上面是第一章中对西方形而上学传统所做的一个概观。经过第二章讨论由克里斯朵夫·亚历山大《都市并非树状结构》(1965)一书引发的"自然都市"与"人

---

❶ 柄谷行人《作为隐喻的建筑》第18页。

工都市"在结构上不同的问题，❶ 以及结构主义发生的根源之后，进而过渡到第三章关于20世纪文学、艺术和科学各领域中普遍存在的"形式化"倾向的考察，并将问题最后归结到哥德尔的"不完全性定理"。到此，柄谷行人的思考渐次进入到最核心的部分。他指出：

> 20世纪开始逐渐明显化的文学和诸种艺术上的变化，如抽象绘画和十二音阶音乐等，相互之间不仅平行发展彼此关联，而且在根本上与物理学、数学、逻辑学方面的变化相呼应。一般来说，可以将此变化称之为形式化（formalization）。所谓形式化，是将所指对象和内容意义及语境打上引号予以悬置，而只考察那些没有意义的项与项之间的关系。前面说到整体上变化的特征，也正在于从自然、现实、经验剥离开来而构筑起自律性世界，这正意味着形式化倾向的出现。这种现象在各自的领域中得到了历史的考察，但如果从它们平行发展相互关联这一明确的事实观之，则其变化的性质必须到更为一般的"形式化"倾向本身中去寻找。❷

---

❶ 建筑家克里斯朵夫·亚历山大在其著作《都市并非树状结构》中，分析了自然发展而成的"自然都市"与有意识规划设计而建造的"人工都市"之间，在结构原理和功能上的不同。他认为，"自然都市"具有一种半结晶体网格状结构，而"人工都市"则呈树茎状结构。我们常常感到"人工都市"缺乏"自然都市"那样的生命力本质要素，前者的单调乏味衬托出后者的丰富复杂，而不喜欢"人工都市"。不过，柄谷行人在此关心的不是这两种都市结构上的孰优孰劣问题，而是亚历山大结构分析的方法。他发现，作为建筑家的亚历山大与众多试图建造更为富有生命力的都市空间之建筑师们不同，认为"自然都市"这一多样体是可以还原到数学结构即秩序上去的。就是说，他虽然对设计师们人工建造的企图予以批判，但实际上，在他的结构分析中最彻底地显露出了"建筑意志"。这与结构主义多有相通之处，即通过"思考"，重新改造"自然生成的东西"。在此，看上去似乎是在追求多样性，但实质上暴露了他们对多样性的根本敌意。雅各布森的音韵论，列维－斯特劳斯的结构主义都有一种将千变万化的事物简化为结构模型的倾向，反映了他们对混沌和无序的厌恶，以及强固的"建筑意志"。就是说，柄谷行人关注亚历山大的著作，意在引出结构主义问题。

❷ 柄谷行人《作为隐喻的建筑》第51页。

在此，柄谷行人针对形式化问题表达了自己两个重要的观点。一是20世纪文学艺术上的"形式主义"（尤其是诗歌、绘画、音乐和批评方面）与基础科学上的变化遥相呼应，实际上反映了人类整个知识科学特别是人们对于"知识"本身的认识发生了变化。二是这种变化发生的根源和意义需要从"形式化"倾向本身（内部）来寻找，或者从解构主义的立场出发，用一个通俗的说法表达，就是要深入敌后以瓦解敌人。从"形式化"倾向的内部去挖掘问题的根源，不仅可以找到20世纪的形式主义与千百年来形而上学传统，特别是其"建筑意志"上的内在联系，而且可以为接下来的"解构"工作，即挖掘和凸显哥德尔于数理逻辑（最形式化的领域）中发现"不完全性定理"的意义，为瓦解"形式化"的统治地位铺平道路。于是，在讨论了波德莱尔、马拉美的法国唯美主义纯粹诗歌，俄国形式主义批评及其保罗·德曼对此进行的批判，还有罗素的逻辑主义等等之后，哥德尔定理便成了讨论的核心和关键。柄谷行人将哥德尔1931年提出"不完全性定理"视为"20世纪最富戏剧性的一个事件"，认为这给予形式主义以致命打击：

> 从结论上讲，哥德尔的定理意味着任何形式化体系，如果它是不矛盾的，那么也就是不完全的。这一证明表明：在形式体系中，可以发现与该体系相矛盾、进而无法决定其正确与否的规则。不完全性定理还意味着，某种形式体系即使是完整的，其证明也无法在这个体系的内部获得，必须依靠更强有力的理论。这样，也就证明了纯粹数学的完整演绎体系一般是不存在的。❶

---

❶ 柄谷行人《作为隐喻的建筑》第57页。

我们知道，哥德尔（Kurt Gôdel, 1906—1978）是捷克出身的美国数理逻辑学家，在发表于 1931 年的论文《论〈数学原理〉及有关系统中形式上不可判定的命题 I》中，提出了震惊学界的以下定理：数论的所有一致的公理化形式系统都包含有不可判定的命题。据侯世达（Douglas R. Hofstadter）《哥德尔、艾舍尔、巴赫——集异璧之大成》一书介绍，哥德尔对数学系统中怪圈的发现涉及把一个古老的哲学悖论转化成数学上的说法。那个悖论就是所谓的"艾皮曼尼蒂斯悖论"，即说谎者悖论。艾皮曼尼蒂斯是一个克里特岛人，他说过一句不朽的话："所有克里特岛人都是说谎者。"这个陈述粗暴地违反了通常设定的把陈述分为真与假的两分法。因为，如果你假定它是真的，那么它会立刻产生相反的结论，使你认为它是假的。但是，如果你断定它是假的，同样会产生相反的结果，让你又回到它必须是真的这一点上来。哥德尔的想法是用数学推论探索数学推论本身。这种使数学"内省"的观念有巨大的威力，而它最丰富的含义就体现在哥德尔的"不完全性定理"中，即这个定理说了些什么与它如何被证明是两件不同的事情。哥德尔"不完全性定理"证明的关键在于能写出一个自指的数学陈述，就像说谎者悖论是语言中的自我指涉语句一样，尽管用语言来谈论语言似乎是很简单的，然而，要发现如何让一个关于数的陈述能够谈论它自身，可就不那么容易了。侯世达指出，"哥德尔不完全性定理直接给罗素和怀特海合著的《数学原理》中那个数论推理系统以沉重的打击，而更重要的是它使一切公理系统的可证性变得可疑起来"。❶ 哥德尔的证明适用于任何企图达到怀特海和罗素为自己所设定的那个目标的公理系统。简而言之，哥德

<hr />

❶ 见侯世达《哥德尔、艾舍尔、巴赫——集异璧之大成》中文版，北京：商务印书馆，1996。

尔展示了无论涉及什么公理系统，可证性总是弱于真理性的概念。

而在柄谷行人看来，"不完全性定理"的提出和被证实其最大启示意义就在于，哥德尔在最"形式化"的数理逻辑中试图给形式系统找到一个根本的可证实的公式，然而，结果却是从形式的内部（而不是外部）发现了一切公理系统的难以确证性，从而证明了"形式化"的缺乏基础和根据。❶ 就是说，从"形式化"问题的内部证实了"形式化"的不可能性，或者说证实了一切形式化、结构化的欲望（建筑意志）最终都无法达到"真理"和"意义"的确定性。这无疑是对 20 世纪盛行一时的"形式主义"（结构主义）的致命一击。柄谷行人认为，哥德尔在数理逻辑领域证实的"不完全性定理"，也正是保罗·德曼在语法与修辞的紧张关系中遇到的语言所指的不确定性问题，可以说，德曼是在文学批评的领域证实了哥德尔定理，虽然他此前并不知道哥德尔的存在。❷

《作为隐喻的建筑》到此为止的讨论似乎已经得出了结论，但是，柄谷行人在上述第三章的末尾提到保罗·德曼的文学批评，又引述日本学者佐藤信夫的文章，❸ 说明形式主义的破产必然引出"修辞的复权"问题。这样，讨论便过渡到第四章的"隐喻"和第五章的"修辞"上来。从表面上看讨论的中心有所转移，重提修辞的复权问题似乎暗示了一条走出"形式主义"危机，有望看到新的知识创造远景的路径，而实际上则是将哥德尔"不完全性定理"和"形式化"问题进一步推进到语言修辞的层面。而且这里的"语言修辞"绝不仅仅局限于文学批评，实乃涉及系统论（计算机语言）、科学哲学、精神分

---

❶ 参见柄谷行人《作为隐喻的建筑》第 58 页。
❷ 参见柄谷行人《作为隐喻的建筑》第 62—63 页。
❸ 佐藤信夫《消失了的修辞之意义》，载 1981 年《思想》杂志 4 月号，东京：岩波书店。

析学和数理逻辑哲学等知识科学的普遍问题。在此，柄谷行人集中讨论了各学科领域里遭遇到的"修辞和隐喻"的不确定性问题，并将其与哥德尔"不完全性定理"联系起来。他认为"隐喻"的问题并不在于类比和语词的相互作用方面，而是植根于语言乃自我指涉（self referential）的形式体系。总之，我们由此可以发现那个哥德尔式的问题。然而，柏拉图以来的西方哲学始终排除修辞隐喻的作用，实际上是为了"隐蔽"形而上学无法回避的"根本性悖论"即哥德尔"不完全性定理"。那么，重新恢复"修辞"的地位和作用就可以颠覆形式主义的危机吗？柄谷行人对此没有给出明确的回答。他更关心的是，如果把"修辞学"作为"形而上学哲学"的否定项予以强调，那么将再次陷入二元对立的怪圈。虽然西方的独创性思想往往出现于对二元对立中的第一项和第二项等级关系的颠倒，但不能否定的是，这样的颠倒依然会创造出新的二元对立结构，并隐蔽掉哥德尔那个"不可判定性"的难关。柄谷行人坦言："我要说明的不是发生在'对立'中的反转，而是第一项和第二项所构成的那个循环的怪圈，以及内与外、上与下、超越与内在这样一些'分割'的形成，最终必然在形式主义意义上遭到瓦解，仅此而已。或者借用尼采的说法可以将此称之为'永恒回归'，不过，不是在经常被解释的时间意义上。无可置疑，这个问题与哥德尔定理相关联。而我所强调的'哥德尔问题'绝不仅只限于数学，更是那个把与数学本身无关的'建筑性''确证性'问题设想为数学问题由此获得支撑的哲学。换言之，由此排除了内在于语言本身的自我指涉悖论的西洋哲学的问题。"❶

　　综上所述，柄谷行人的"形式主义"批判最终可以归结为两点：一、根据哥德尔"不完全性定理"，如果证明形式化体系没有矛盾，则

---

❶ 柄谷行人《作为隐喻的建筑》第 111 页。

这个体系一定是不完全的。形式由核心的公理和推演此公理的定理构成，但要追究形式体系的确实性去演绎某个公理的时候，一定会推导出与此公理相矛盾的定理而陷入悖论之中，结果遇到最终无法断定真伪的事态。可以说，完全充足的演绎体系一般是不存在的。因此，形式化的知识体系要回避这种悖论就必须以最终的公理、结论、真理的不可言说为前提。二、对形式主义予以批判可以有两种方法，或者走出形式体系的内部，或者重新去把握被形式化所排斥掉的知觉、直观、主体等等。但是，如果说形式有其外部，那也只是在形式体系的内部作为自我矛盾而展现出来。自然发展而来的"自然"是没有什么中心和必然性可言的，因此，无法以形式化的结构方式来把握。也因此，要批判和颠覆形式主义就必须以否定的方式从内部予以摧毁之。然而，以否定的方式从内部摧毁形式主义（结构主义）之后，我们会走出这个封闭的内部而与"外部"和"他者"相遇吗？这对解构主义来说是一个必然要遇到的问题，也正是柄谷行人接下来要思考的课题。

三

1995 年《作为隐喻的建筑》在美国出版了英译本，但内容上与 1983 年日本版多有不同，实际上是选取了下面要讨论的两本书——《内省与溯行》《探究》的部分内容而合成的一部著作。这一新的内容构成以及作者 1992 年所写"英文版序"，为我们了解柄谷行人 80 年代以来的解构主义思想战略，及后来从对"形式主义"的哲学探索重新回到"世俗批判"即社会历史批判的转向过程，提供了一个清晰的认识线索。简言之，英文版的内容构成显示了三部著作之间作者问题意识的连续性和统一性。如果说《作为隐喻的建筑》讨论的是 20 世纪形式主义（结构主义）的发展与西方知识构建中的形而上学即"建筑意志"的内在关联，并通过哥德尔定理从形式体系的内部瓦解其逻辑基础，那么，经过《内省与溯行》到了《探究》则主要是借助对维特根斯坦的"教学关系"理论和马克思商品与货币关系中"买卖结构"的"后现代"式阐释，去寻找走出形式主义自我指涉封闭体系的途径。就是说，两者乃是一个工作的两个阶段，前者的"解构"批判是后者"新的可能性"探索的前提和基础，反过来说，后者是前者的自然延伸和必然的结果，从而构成一个完整的连续性探索过程。在此，柄谷行人与解构主义思想家一样，基本上是把颠覆和瓦解形而上学形式体系的关键最终落实到了确立"他者"和"外部"的存在之上的。但是，与保罗·德曼对尼采的倚重和德里达对海德格尔、勒维纳斯的偏爱略有不同，柄谷行人更注重对维特根斯坦和马克思的创造性阐发，由此提出了"相对的他者"和"社会性的外部"概念，构成了其独特的后现代理论视角，这也是他对日本后现代思想发展的一个重大理论贡献。

《内省与溯行》❶，特别是其中的第二部分"语言·数·货币"，在语言学、基础数学和经济学等更为广阔的领域中，对《作为隐喻的建筑》中提出的形式主义问题做了进一步"内省式"纵深交叉的探讨。这种探讨的意义和结果，用柄谷行人"后记"中的说法，便是"使自己关闭在所谓内部之中"，通过将形式主义问题"彻底化"，即按照形式主义自身的逻辑推演到底，最后暴露其矛盾弊端和自我指涉体系（方法）的问题所在。❷ 这样一种"内省式"探索是解构主义的一个有效战略，"彻底化"的结果则"使自己破灭，

---

❶ 该书由日本讲谈社于 1985 年出版。

❷ 柄谷行人《内省与溯行》第 315 页，东京：讲谈社学术文库版，1988。

最后才有可能走出内部"。柄谷行人认为,《内省与溯行》中的"语言·数·货币"部分是自己"这十年来工作的一个总清算",而稍后的《探究》则是对前者的"批判",在逃离内部和"内省式"思考方式的同时,探讨足以将"形式主义"相对化的他者与外部,意味着作者在方法论上的一个重大"转换"。

以往的知识革命和创新,一般是通过颠倒形而上学二元论结构中等级化的对立两项之上下关系而实现的。比如通过强调"形式"的独立价值以颠覆"内容"的霸权,或者以"感性、知觉"去挑战"理性、意识"的中心地位等等。但是,由于这种颠倒依然是在二元结构中改变第一项和第二项之间的上下主从关系,因此,并没有对形而上学那个自我指涉体系本身构成真正的威胁。结果,知识革命和思想创新往往又会形成新的二元对立模式,而那个形而上学"知识结构"却毫无损伤地被保留下来。尤其是笛卡儿以来的近代哲学,以"我思故我在"牢固地确立起个人理性主体的优越地位,而以这个"理性主体"为中心构建起来的知识体系,最终成为一个排除"他者和外部"的"唯我论"封闭体系。所以,从形而上学批判和现代性反思的角度出发,重新发现和认识"他者和外部"的存在,就首先要质疑那个巨无霸式的"唯我论"自我指涉体系。

《探究Ⅰ》❶正是从有关"唯我论"的讨论开始的,而所依据的思想资源是维特根斯坦的哲学批判。我们知道,维特根斯坦前期哲学的一个主要方面是对以罗素为代表的数理逻辑学的批判。他拒绝任何数学上的模型理论,也因此不同意哥德尔的不完全性定理中的自我指涉方法。美国的维氏思想传记作家贾可·辛提卡指出:"这是因为他存在一个根深蒂固的信念,即一个人不可能以任何语言来谈论这种语言的

---

❶ 该书由日本讲谈社于 1986 年出版。

语义学，也就是说谈论这种语言与现实的关系。用当代逻辑学家的行话来说，这就是任何模型理论的想法对他来说都是令人讨厌的东西，因为模型理论的这种想法正是要研究逻辑或数学语言的不同解释。尤其是，任何企图应用逻辑和数学去研究它本身，也就是说，任何元数学的想法，对于维特根斯坦来说，都被认为是荒唐的。……维特根斯坦完全拒绝希尔伯特数学以及哥德尔用于他那著名的不完全性定理中的自我指涉方法。"❶ 柄谷行人则更注意到，1931 年哥德尔发表"不完全性定理"震撼了整个西方学术界，维特根斯坦的反应却很特异，他在《数学基础》（1937）中根本没有正面言及哥德尔理论，而是强调哥德尔对罗素的批判依然是形式化体系内部的批判，自己则企图从外部攻破罗素的逻辑学。如前所述，在《作为隐喻的建筑》阶段，柄谷行人看重"哥德尔定理"从内部否定形式主义的意义，如今则更注意到维特根斯坦"从外部进行的批判"。他认为两者的思想都与后来的"解构主义"有所关联，但维氏更进一步，质疑的是哥德尔的"无法确证"说的前提即"证明"的程序问题。维氏强调，数学的"证明"不是机械地"自动"完成的，而是依据一定的规则实现的。如果是在同一的规则中"证明"（对话），那么就不会遇到真正的"矛盾"（他者），正如哥德尔对形式化的批判因其是从内部根据同一的数学规则来实施的，他的批判依然对那个自我指涉性的形式体系本身没有构成真正的颠覆。在维特根斯坦看来，必须从外部找到与他者对话的可能性。自柏拉图直至黑格尔的辩证法，虽然也强调"对话"，但因为是在同一的"理性"原则下的对话，故最终只能成为将"他者"内在化（抹消掉）的自言自语式的"对话"。所谓近代哲学中的"唯我论"指

<hr />

❶ 贾可·辛提卡《维特根斯坦》中文版第 63－64 页，方旭东译，北京：中华书局，2003。

的正是将他者的他者性抹消掉，使与他者的对话变成与自己的对话这样一种思想模式。❶

　　柄谷行人激烈反对的也正是这个"坚信自己的观点一定适合于其他所有人"的绝对化"理性主体"观，即哲学上的"唯我论"。而要摧毁这个"唯我论"的霸权地位，就需要发现"相对的他者"之存在。这里所谓"相对的他者"乃是与"我"不具有共同规则的他者，或者无法被"我"内在化的、与"我"构成非对称关系的他者。柄谷行人认为，维特根斯坦于《哲学研究》中不断提到教孩子和外国人学语言的例子，其用意就在于透过"教学关系"来关注"他我关系"，这构成了维氏后期哲学思想的一大特征。所谓"相对的他者"就是从其"教学关系"论中引申而来的。这里要点有四。一、教授孩子和外国人语言乃是不具有共同规规者之间的对话，这种对话一定会形成一种"教学关系"，它并非特例而是常态的对话关系，孩子或外国人乃是作为"他者"出现并与"我"构成一种"非对称关系"的。二、教与学这一非对称关系是对话的基本形态，维氏将"他者"导入自己的哲学中来，实际上意味着把"非对称关系"引入了其方法论的思考中。在维氏那里，这个"他者"具有"方法论怀疑"的价值，足以对我们思维的"内在化过程"构成否定性的威胁。❷ 三、与笛卡儿的方法论怀疑比较，两者的不同在于笛卡儿通过怀疑证实了怀疑者的自我之存在，而维氏则通过怀疑彻底否定了自我的不证自明性。维氏的怀疑其真正重要处在于：那个足以使内在确定性崩溃的"他者"是绝不会以"神"（绝对的他者）

❶ 柄谷行人《探究I》第12页。

❷ 如维特根斯坦《哲学研究》所言："这就是我们的悖论：没有什么行为方式能够由一条规则来决定，因为每一种行为方式都可以被搞得符合规则。"（见中文版第121页，李步楼译，北京：商务印书馆，2004）

来表象的。它终归是孩子或外国人那样的存在，即相对的他者。维氏要引入自己哲学中来的是无法扬弃的非对称性关系，或者与相对的他者所构成的"关系的绝对性"。四、这个"相对的他者"是一个具有伦理性意味的哲学问题，而非如罗素那样的抽象逻辑思辨课题。由此使维氏对他者的哲学思考带上了"世俗性"，从而避免了在思辨层面上再次折回到二元论的自我指涉体系上去的危险。❶

我们知道，维特根斯坦后期哲学中有一个著名的"语言游戏"概念。最初是在《哲学的语法》第三部分中这样表述的："当我们研究语言时，我们把它想象成一种固定规则的游戏。我们将它比为使某个游戏是这种而不是那种的限度。"到了《哲学研究》中，则定义为"我也将把由语言和行动（指与语言交织在一起的那些行动）所组成的整体叫作'语言游戏'"。❷ 这个"语言游戏"概念的核心，是承认"规则"的存在，但又深刻地指出人们无须也无法明示这个"规则"。维氏认为，"当我遵守规则时，我并不选择，我盲目地遵守规则"。❸ 又说"一个词的意义就是它在语言中的使用"❹，人类的语言行为只是"我们的自然史的一部分"。❺ 而柄谷行人认为，维特根斯坦的"语言游戏"概念如此强调"规则"的不可明示性，强调与孩子和外国人的"对话"其"规则"的非同一性，关键就在于说明"与他者之关系的非对称性，并批判那种试图抹消这种非对称性的思考"。❻ 如果说近代以来的"唯我论"并非单纯的唯我独尊，而是"坚信自己的观点一定适合于其他所有人"这样一种排

---

❶ 参见柄谷行人《探究Ⅰ》第1章："何谓他者"。
❷ 维特根斯坦《哲学研究》中文版第7页。
❸ 维特根斯坦《哲学研究》中文版第128页。
❹ 维特根斯坦《哲学研究》中文版第31页。
❺ 维特根斯坦《哲学研究》中文版第19页。
❻ 参见柄谷行人《探究Ⅰ》第11—12页。

除"不同规则"之存在的思考方法，那么，维氏的"语言游戏"理论特别是"规则不可明示"及多种规则同时存在的思考，则是从"自然史"的事实这个根本的方面颠覆了"唯我论"的存在根据及其合理性。"唯我论"就是因为相信规则可以明示，最终才将与他者的对话变成了"与内在化了的他者之对话"即自我对话，从而为消灭异己排除他者的"启蒙理性"走向绝对主义开辟了道路。

那么，如何理解从维氏后期哲学中引申出来的那个"相对的他者"呢？柄谷行人概括道：维特根斯坦排除了从哲学的内部批判哲学的做法，他是从外部予以攻击的。这意味着不是从共同的"语言游戏"出发，而是站在并非以此为前提的场域上。只有在这里我们才能与他者相遇。所谓他者，即与我并不同质，因而也并非黑格尔所谓的另一个自我意识，或者人类学学者所谓的异人（怪物）。这个"他者"应该是普普通通的世俗性的他者。❶

这个"世俗性的他者"（相对的他者），同时也就是马克思所谓"社会性的外部"。或者说，"原本被共同体所拒绝的他者就存在于社会性的交通空间里"。❷《探究》接下来开始依据《资本论》，对马克思的"社会性"思想进行了"后现代式"的精彩解读。在此，柄谷行人首先区分"共同体"和"社会性"的交通❸空间之不同，认为

---

❶ 参见柄谷行人《探究Ⅱ》第236—237页。

❷ 柄谷行人《探究Ⅱ》第349页。

❸ 自20世纪70年代后期以来，柄谷行人便注意到马克思在《德意志意识形态》中使用的"交通"这一概念，并做了有趣的后现代式解读。他认为，"交通"英译为intercourse, 具有交易、对话、生产关系等意义。马克思是从历史中排除掉理念和目的之后，来使用这个概念的，因为实际上只有当世界被组合到"交通"的网络中时，"世界史"才得以成立。交通本身并没有必然性，是交通的结果产生了世界历史。马克思的"交通"视角排除了"历史的意义"，他的思考既非西方中心主义的，也非多元文化式的。"交通"这个概念没有排斥中心的存在，但这个"中心"是不断移动的、偶然性的东西。（参见柄谷行人《批评与后现代》，东京：福武书店，1985）

维特根斯坦所谓的语言对话只能是发生在"社会性的"空间中。而马克思的"商品交换是在共同体的尽头，在他们与别的共同体或其成员接触的地方开始的。但是物一旦对外成为商品，由于反作用，它们在共同体内部也成为商品"，❶ 则说明了商品之所以成为商品必须是在相异的共同体之间或者交叉之处才能实现。这正如维特根斯坦在不具有共同规则的"我"与孩子和外国人之间发现了语言对话的"他者"一样。如果说"共同体"是由一定的规则系统和价值体系所形成的具有同一性的封闭空间，那么，没有共同规则的共同体之间的商品交换，其性格则是"社会性"的，其使交换得以实现的"场所"便是社会性的交通空间。正如马克思所言："商品形式的奥秘不过在于：商品形式在人们面前把人们本身的社会性质反映成劳动产品本身的物的性质，反映成这些物的天然的社会属性，从而把生产者同总劳动的社会关系反映成存在于生产者之外的物与物之间的社会关系。"而"商品世界的这种拜物教性质，像以上分析已经表明的，是来源于生产商品的劳动所特有的社会性质"。❷ 在柄谷行人看来，马克思这里所谓"社会属性"或"社会性质"，必定是"生产商品的劳动所特有的"。因为，共同体内部的劳动不可能获得这样的"社会性质"，它是商品交换赋予劳动的属性。故而，我们必须通过商品的交换即在不同的共同体"之间"的交换去寻找这个"社会性质"（外部）。正如维特根斯坦那样，必须在不具有共同的语言规则的与"孩子或外国人"之间的对话中去寻找"他者"。而这个商品的"社会性"交换（对话）的场所（外部），用马克思在《德意志意识形态》中的

---

❶ 《马克思恩格斯全集》中文版第 23 卷第 106 页，北京：人民出版社，1972。

❷ 《马克思恩格斯全集》中文版第 23 卷第 88—89 页。

概念来讲，即包含了多种体系的"交通"空间。

柄谷行人还注意到，正如维特根斯坦在与孩子或外国人的"教学"对话中发现了"他我关系"的非对称性，马克思则是在价值形态论中展示了商品"卖与买"关系的非对称性。我们知道，《资本论》一开始讨论"简单的价值形式"时使用了"20码麻布＝1件上衣"的例子，并指出"相对价值形式和等价形式是同一价值表现的相互依赖、互为条件、不可分离的两个要素，同时又是同一价值表现的互相排斥、互相对立的两端即两极"。"一个商品究竟是处于相对价值形式，还是处于与之对立的等价形式，完全取决于它当时在价值表现中所处的地位，就是说，取决于它是价值被表现的商品，还是表现价值的商品。"❶柄谷行人在此发现了蕴含其中的"卖与买"关系的非对称性。一个商品要实现其自身的价值，必须拼命地将自己"卖出"（马克思所谓"惊险的跳跃"），由于买卖双方遵循的是不同的规则，买者具有决定买还是不买的绝对权利而卖者则处于"被动"的地位，故两者之间构成了非对称性关系。柄谷行人认为，马克思所说的"相对价值形式"是处在"卖出的立场"上，而"等价形式"则是处于"买入的立场"上。可以说，"简单的价值形式"凝缩了卖与买的非对称性关系。不同的商品所有者总是要回避"卖者"的立场而站到"买者"的地位上以争取主动。马克思由此开始了对只有一种商品处于排他性的等价形态上而其他所有商品则置于相对价值形态上的"一般价值形态"，即货币诞生秘密的分析，并揭开了资本运动乃至资本主义社会运作的基本规律。

如果说，柄谷行人从维特根斯坦的"语言游戏"概念中引出

---

❶《马克思恩格斯全集》中文版第 23 卷第 62—63 页。

"相对的他者"思想，是后现代解读的一个重要发现，那么，从马克思《资本论》对商人资本和信用体系的阐释中，他则进而找到了"社会性交通空间"（外部）的存在形态和理解资本主义制度的钥匙，并为自己此后走出"形式化探索"的内部而进入"世俗性批判"的外部空间提供了理论依据。简而言之，马克思的《资本论》其划时代的意义在于试图从"商人资本"的角度来考察资本的自我增殖规律，并在商人资本主义的根源上发现了"守财奴"即拜物教式的"货币神学"。而构成资本主义世界两大支柱的，除了货币之外，还有信用制度。柄谷行人依据《资本论》的分析，将信用制度的特征概括为以下五条。一、信用的本质在于回避商品交换中处于卖出立场所带来的"危机"，并将眼下的危机转移到未来。二、信用制度加速了资本运动的旋转速度并使之恒久化。三、信用形成于不同的国家或共同体"之间"而非国家或共同体的内部。四、资本的自我运动是为了确保剩余价值而不断差异化的运动。而在信用制度下，技术革新与其说是为了利润，不如说是因为决算的逼迫。作为不断谋求差异化的资本主义其时间走向不是面向未来的前进，而是不断地将决算拖延到未来的一种倒错性运动。五、资本主义经济并非所谓与"上层建筑"对应的"经济基础"，而是将"终结"不断拖延下去的"宗教性"过程。其深层蕴含着"与他者交换（对话）的根本危机"。❶ 这种从商人资本和信用制度的视角来观察和解剖资本主义制度危机的方法，来自于对马克思《资本论》的独到解读，同时也成为后来柄谷行人批判当今的资本主义制度，并谋求抵抗资本制国家之社会运动原理的主要思想根据。

---

❶ 以上参见柄谷行人《探究Ⅰ》第6、7章。

四

到此，以《作为隐喻的建筑》和《探究Ⅰ》《探究Ⅱ》为中心，对于柄谷行人 20 世纪 80 年代以来有关解构主义后哲学思考做了历时性的梳理和阐发。这之后，即 80 年代末 90 年代初，他的理论思考路径和批评实践出现了新的变化，或者说，在经历了 70 年代的解构式马克思解读和 80 年代的形式主义批判之后，逐渐过渡到了一个新的更为广阔的理论批评层面，即"跨越性批判"的阶段。在此，我们有必要再次结合当时日本批评的实际状况，对柄谷行人以上的理论工作做一个概要的归整和定位，并透过"柄谷行人"这一"个案"去触摸日本后现代主义思潮的发展脉络及所达到的思想理论边界。

如前所述，进入 80 年代以后，柄谷行人针对解构主义批评的核心课题——结构主义乃至形而上学批判，采取了独自的思考战略。那就是把结构主义问题放到更广阔的 20 世纪以来知识科学上占主导地位的"形式主义"或"形式化"倾向当中，在比喻的意义上用"建筑意志"来指称柏拉图以来西方哲学形而上学的基本特征，并倚重数学家哥德尔"不完全性定理"，通过从内部进行"内省式"批判，揭示结构主义与形而上学的内在关联，特别是其中那种形式化的自我指涉方法与近代哲学上的"唯我论"观念，如何构成了知识科学上的封闭体系，如何造成了支撑近代启蒙理性霸权的二元对立思维模式。同时，通过对维特根斯坦哲学和马克思"社会性"思想的后现代式解读，推导出克服形式主义自我指涉体系的新的思考目标——相对的他者和社会性的外部。我们知道，以寻找和确立"超越论"意义上的他者和外部的存在，来瓦解结构主义乃至形而上学的二元论封闭系统，颠覆逻各斯中心主义，反思西方工业革命以来的启蒙理性神话，乃是后现代主义的基本课题。而柄谷行人作为非西方的日本批评家，能够站在世界理论发展的前沿，与同时代的德里达、保罗·德曼等解构主义思想家一样，以世界特别是西方整个知识体系和思想资源为对象，从而提出自己独到的解构主义主张。这本身就具有不同寻常的意义，不仅使柄谷行人的理论批评带上了国际主义的色彩，同时也大大提升了日本后现代主义的思想深度。总之，柄谷行人的理论批评实践为历来比较封闭的日本思想界开拓了一个广阔而开放的思考空间，对此，不论是赞成还是反对他的后现代主义倾向的人都会承认的。

20世纪80年代前后的日本批评界呈现出一种新旧交替的态势。一方面，60年代"新左翼"运动的精神代表如吉本隆明，或者前一个时期的批评界领袖如江藤淳等，依然在马克思主义和现代性的理论预设内部讨论知识分子与大众文化的关系及非主流文化的问题，[1] 或在"文学与政治"论争的历史语境下谈论文学的制度化。[2] 另一方面，自70年代以来至80年代中期，文化人类学方面有山口昌男《文化与两义性》(1975)、《文化的诗学》(1983)，哲学方面有中村雄二郎《共通感觉论》(1979)、《西田哲学的解构》(1987)；文学批评方面有前田爱《都市空间中的文学》(1982)等为代表的结构主义、文化人类学和文本批评的迅速发展。同时，与小说创作方面村上龙的《无限透明的蓝色》(1976)、村上春树的《倾听风吟》(1979)、田中康夫的《水晶首饰》(1980)等陆续出现同时期，以浅

---

❶ 参见吉本隆明《大众印象论》，东京：福田书店，1984。
❷ 参见江藤淳《自由与禁忌》，东京：河出书房新社，1984。

田彰（1975— ）、中泽新一（1950— ）为代表的一批更年轻、华丽乃至轻佻的"后现代青年"，则不仅以知识消费甚至游戏的方式解构并逃离"主体""革命"和资本主义现代性叙事，提倡一种游牧式的反真理反中心反主体式的后现代姿态。原本作为反思现代性的批判思想的"后现代"大有越出学术圈成为青年大众知识消费的符号之势。而一些成长于 60 年代的"团块世代"（思考比较坚硬、比较有集体主义志向的战后一代）的批评家如竹田青嗣等，则视 80 年代"后现代主义"思想的崛起为"外来"的"新学术"而予以挖苦和抵制。❶ 在这样新旧交替的状况下，柄谷行人从哲学和知识科学层面对形式主义（形而上学）的纵深批判，特别是从维特根斯坦和马克思那里引申出来的"相对的他者"和"社会性的外部"观点，无疑强有力地推进了当时后现代批评的深入发展，在日本当代观念思想史上留下了重要的痕迹。深入的理论思考和原理性探索，影响于观念的革新相对而言往往比较长久。我们看 90 年代以后日本后现代批评的长足发展，包括一批学者、知识人（如子安宣邦、小森阳一等）的由后现代转向知识左翼批判乃至政治参与，其后现代立场得以深入到日本本土的社会历史语境，其中"他者"和"外部"的观念发挥了传统社会批判理论所不能替代的功能。在此，柄谷行人的理论贡献和影响不可低估。

而在柄谷行人本人，对于自己的形式主义批判路线和后来转向对他者和外部之理论探索的意义，也是有着明确的自觉意识的。在1992 年为英文版《作为隐喻的建筑》所做"序言"中，他为我们提供了两条重要的信息。一是 80 年代初的形式化批判，其针对性或者批判的目标不仅仅是一般的结构主义或形而上学，还包括对当

---

❶ 参见竹田青嗣《梦想的外部》，东京：河出书房新社，1989。

时美国的解构主义运动的共鸣和反省。柄谷行人说:

> 1970 年代后期, 代替建筑, 文本作为一种隐喻逐渐成了占统治地位的存在, 那时, 我一面感到共鸣, 一面也产生了某种抵触情绪。写作《作为隐喻的建筑》的 1980 年, 我正在耶鲁大学。那时我也以自己的方式思考着后结构主义的问题, 而感到美国语境下的解构主义运动过于倾向文艺批评的方面。比如, 德里达的早期工作是对胡塞尔《几何学的起源》(1962) 的注释等, 却完全没有得到重视, 他本人也太迁就美国文艺批评的语境了。我个人虽说是个文艺批评家, 但想对这种文学化的倾向提出异议。因为, 实际上解构只能通过建筑 (形式化) 的彻底化才有实现的可能。否则, 最终将以语言的游戏而告终的。❶

二是指出自己对解构主义问题的思考, 没有直接面向文学而是从探讨形式化诸种问题开始的, 原因在于日本特殊的思想风土。"我虽然是文艺批评家, 或者正因为如此, 我必须努力与文学拉开距离。因为, 在日本'建筑意志'这样的东西是不存在的 (故后现代主义得以通过独特的方式盛行起来), 相反, 解构的力量则不断地发挥着威力, 在这样的文化土壤里文学化的解构批评不具有批判的意义, 反倒是'建筑的'(理论的) 更激进、更带有政治性。我当时不得不一个人扮演一场'双簧戏', 在追溯建筑意志之倒错的起源同时, 追究日本文化土壤里所有的那种解构的力量之起源。"❷

---

❶ 见《定本柄谷行人集》第 2 卷第 6 页, 东京: 岩波书店, 2004。

❷ 见《定本柄谷行人集》第 2 卷第 18 页。

如果说，柄谷行人在前一点中强调的是自己的解构主义批评包含了对美国解构主义运动过分文学化倾向的纠正，并选择了更为哲学化思辨性的形而上学批判的路径，那么，后一点则主要是针对日本的特殊文化语境的。正如人们普遍认为的那样，日本文化一直缺少抽象思辨和宏大理论体系建构的传统，古来多受惠于中华思想和印度佛学，近代则不断从西方输入各种理论，但除了作为"完整的世界观"和"具有逻辑性结构的思想"❶之马克思主义在日本扎下了根外，真正的思想理论和逻辑体系建构，或者用柄谷行人的说法其"建筑意志"是相当稀薄的。❷ 因此，要在日本确立和推进解构主义批评，就不能不首先对解构的目标——结构主义乃至形而上学思想进行"原理性"的"构筑"，就是说，柄谷行人要采取一种先"建构"再"解构"的思考路线，这也便是他所谓的必须扮演一场"双簧戏"。尤其是，当我们看到 1984 年前后，随着日本消费社会的发达，由浅田彰、中泽新一等一批"后现代青年"刮起的"后现代"风潮几乎毫无抵抗地流行起来的盛况，就会理解柄谷行人的解构主义思考战略必然是"原理性"❸ 的意义所在了。可以认为，以"内省"的方式从形式化的内部解构 20 世纪以来的结构主义，这种独特的思考路径不仅在"世界性"的解构主义运动中具有独自的特色，而且，对于日本后现代批评的发展起到了别人不能替代的特殊作用，使其获得了坚实的理论深度。

还有一点值得注意。作为走出"形式化"封闭体系之后新的逻辑

---

❶ 见丸山真男《日本的思想》第 79 页，东京：岩波书店，1961。
❷ 柄谷行人认为，结构主义与数学关系密切，而在日本所讲的结构主义已经是后结构主义了，数学化的结构其意义是不甚明了的。所谓结构意味着在非常多样化的东西当中发现同一性，是一种科学。列维－斯特劳斯便认为自己的工作乃是科学。而日本人是没有这样的信念的。（参见《后现代批判——从据点走向空虚》，东京：作品社，1985）
❸ 参见柄谷行人《批评与后现代》。

前提和思考目标，柄谷行人所提出的"他者"和"外部"两个概念，分别带有"相对的"和"社会性的"这样一种严格的限定，这种限定具有特殊的思想方法论上的战略意义。我们知道，后现代主义有一种视一切知识思想的逻辑前提和理论预设都可以加以质疑和颠覆的倾向，而具有"作为一切皆可批判之方法的解构"性格，常常被称之为"否定的神话"。然而，思考一旦失去了逻辑前提或理论预设将是非常困难的，完全否定性地谈论哲学问题最后将危及自身的存在根据。后现代哲学思想也不能例外，它必须找到某种"超越论"的预设，必须确保思考得以实现的场域的存在，这便构成了悖论。正如尼采所尖锐指出的那样，近代哲学思想历经二百余年与经院哲学的"超越论"前提——神的斗争而取得了巨大的胜利，但到了 19 世纪末提出"真理""革命"等概念以代替"神"，结果"超越论"概念的预设或者"超越论"式的思考本身依然没有得到克服，形而上学的思维架构依然被保留下来。其实，包括尼采本身在内，20 世纪以来的批判哲学也都难以逃脱这个难关。尼采的"永恒回归"，海德格尔的"生活世界"，勒维纳斯的"无限他者"，福柯的"人民记忆"，德里达的"原书写"往往成为无法落实也"难以言说"的新的超越论预设。因此，为了不至于使"他者"和"外部"成为又一个"绝对真理"和"超越论"概念，不至于重新陷入形而上学的陷阱，必须对此加以祛魅而还其"世俗性"。柄谷行人一再强调维特根斯坦的"他者"是"相对的""世俗的"，即如孩子和外国人那样的与"我"不具有共同思维"规则"的普通"他者"；马克思的"外部"是社会性的，是最世俗的商品其"买卖关系"得以成立的多个共同体之间的交界处，即社会性的交通空间，其目的正在于避免新的绝对化。从而保证了自己的后现代思想探索得以绕开"超越论"的逻辑预设危机，为此后回归到具体的社会历史批判语境中来开辟了通道。

从 1989 年出版《探究 II》到 1992 年续写《探究 III》的连载文章，这期间柄谷行人暂且搁下理论探索，开始注重当下的时代课题和具体的文学交流活动。1989 年创刊《季刊思潮》（出至第 8 期，于 1990 年 3 月停刊），1991 年改为《批评空间》（持续了 10 年之久，至 2004 年停刊），团结一批青年共同探讨新的理论问题和现实课题。1991 年参与组织反对海湾战争的"文学者讨论集会"并积极推动反战签名活动。1992 年开始与韩国的"政治与文学""创作与批评"等文学团体组成"日韩作家会议"，实行定期的交流。另外，从 1990 年开始出任美国哥伦比亚大学比较文学客座教授，每年有半年时间到哥大讲课，往返于日美之间而加深了与美国知识界的交往。不过，这期间的暂时搁置理论探索并不意味着理论思考的结束，而是在走出"内省式"形式化批判的内部之后，沿着"相对的他者"和"社会性的外部"这一新的思考路径，回到"世俗性"的具体批评实践中来。实际上，我们看他在此期间出版的三部重要批评文集的主要内容和问题意识，就会知道，依据他者和外部的观点从反省现代性的角度出发，考察传统共同体、世界帝国和近代民族国家的结构性差异，以及近代资本主义制度的内在危机，文学与民族主义或美学与民族国家想象的关系，分析日本的近代思想和话语空间的构造等等，其中一条与 80 年代以来的理论思辨课题紧密相连的线索依然清晰可见。或者可以说，这是柄谷行人一贯的理论思考和批评实践交叉互动往复运动中的一环，为接下来的康德研究和《跨越性批判——康德与马克思》的写作，为走出形式化批判的"内部"而重返马克思的社会批判理论——政治经济学批判，或者说从后现代主义向左翼批判的"转向"，并直接投身社会抵抗运动，铺设了过渡的桥梁。

这三部批评文集分别是《关于终结》（1990）、《作为幽默的唯物论》（1993）和《"战前"式的思考》（1994）。虽然都是某一时段批评文字或者讲演文稿的汇集，但其中依然能够看到柄谷行人这一时期思考的主要课题和关注要点。我们可以简单地归纳为两个问题系列：一个是随着冷战的结束，围绕福山的"历史终结论"所引发的有关现代性与资本主义制度内在矛盾的问题系列，另一个是针对90年代以后伴随经济全球化和民族国家出现解体危机的征兆，从文学、美学与民族主义关系入手思考民族国家历史与未来走向的问题系列，它同时还与对日本近代化的历史反思相关联。这些重要的课题和关注要点，均在下一阶段即有关"跨越性批判"的理论思考当中得到了深化和进一步的理论升华。因此，在这里有必要对其基本内容做一个概要的分析。

发表于1990年的《关于历史的终结》❶一文旨在说明，作为世界体系的资本主义是一个绝对性的现实制度存在，自由主义和社会主义乃至法西斯主义都是这个资本主义世界体系内部的一部分。资本主义是通过无限地拖延其"终结"的到来而维持自身存在的一种制度，共产主义（包括社会主义）则是马克思所谓的"扬弃现状的现实运动"。因此，两者都是没有"终结"的运动。显而易见，这篇文章是以世界体系理论为参照分析资本主义体系的内在矛盾危机及其复杂性，用以回应福山为代表的新黑格尔主义者的"历史终结论"的。1992年于早稻田大学的讲演《议会制的问题》，❷从民主主义与自由主义的区别谈起，提出民主与自由的制度安排即近代议会制的两个隐含的危机：议会选举的代表有时并不能代表人民而表现出马克思所说的代表与被代表者的乖离状态；而自由主义（以不

---

❶ 收入《关于终结》，东京：福武书店，1990。
❷ 收入《"战前"式的思考》，东京：文艺春秋社，1994。

记名投票达到个人言论表现自由）与民主主义（多数表决）的两极化则容易导致大众专制即法西斯主义或极左意识形态独裁统治。民主与自由的这种暧昧性和微妙的区别，导致建立在此基础上的资本主义政治制度即议会民主制度的脆弱和危机四伏，绝非倡导“历史终结”者所说的，是什么世界史的理念已然完成和实现的东西。1992年于上智大学的讲演《自由、平等、博爱》❶，则从考察法国大革命的历史入手，分析“自由”与“平等”两个近代观念的区别甚至矛盾背反。如果说“自由”根本上来自对财产“私有权”的承认，那么“平等”则首先意味着财富的均等即分配的正义。确保自由就会造成不平等的产生，追求平等均富就会限制甚至丧失自由。因此，1871年巴黎公社失败后，为了缓解自由与平等的矛盾而出现了国家对经济运行和政治生活的介入，但依然无法完全消解这个伴随资产阶级革命而与生俱来的矛盾。至于资产阶级革命的三大口号之一“博爱”，则是革命导致封建的家族、部落共同体或者传统宗教共同体的解体之后，通过“想象”在独立的个人之间重新恢复其虚拟的“共同性”而连带的一种情感。因此，这个“博爱”属于文学、美学与民族国家想象的范畴而无法制度化，但一旦获得了民族主义的形态则可以长期存在下去，并成为克服自由与平等之矛盾危机的一个契机，虽然这只是在“想象”层面上的克服。

　　沿着这样的思路，柄谷行人进而关注到文学、美学与民族主义关系的问题。1990年在美国普林斯顿大学的讲演《帝国与国族》❷，参照安德森“想象的共同体”说和汉娜·阿伦特对古代“帝国”与近代“帝国主义”概念的区分，提出理解“近代国家”的形成不仅

---

❶ 收入《“战前”式的思考》。

❷ 收入《“战前”式的思考》。

要重视其政治经济的因素，同时还要关注文学、美学与民族主义关系的问题。因为只有使国民感到为国牺牲意味着永生，这时候才可以说民族国家真正建立起来了，而生与死的观念除了依靠宗教外，更多的是通过文学、美学"想象"而实现的（特别是在宗教已然解体的近代）。按照这样的观点来反观日本近代的民族国家建设，柄谷行人于 1991 年东京世界比较文学大会上的发言——《书写语言与民族主义》，❶ 则考察了 18 世纪以来日本的"语音中心主义"和文化独立意识（从中华思想中脱离出来）的发生，以及近代国语与日本民族国家建设乃至帝国海外殖民地经营的复杂政治关系。这也是在文学与民族主义，或美学与民族国家想象的框架内对上述思考的纵深推进。1993 年于横滨朝日文化中心的讲演《近代的超克》，❷通过回到座谈会本身而避免过多依靠日本浪漫派或京都学派来论述座谈会，结果发现，与会者在对"近代"以及如何超越和克服的问题上分歧很大，没有统一的结论，这是因为与会者的知识背景不同（文学界的法国批评和京都学派的德国哲学背景）。但是，对近代认识的结论虽然不同，两派看待问题或克服"近代"的方式却是一样，都是"美学式的"。柄谷行人认为，他们忽视从近代科学和物质文明的角度或者社会学的方法来认识"近代"。因此，所谓的"超克"只能是一种消极的超越，即以"断念"或"绝对矛盾的自我统一"（西田几多郎语）来扬弃矛盾，这不过是文人墨客美学式的梦想而已。问题是这种美学式判断，一旦应用到对现实问题的"解释"上来，就会变成对一切矛盾的扬弃，那么也就成了对既成事实的肯定和美化。

---

❶ 收入《作为幽默的唯物论》，东京：筑摩书房，1993。

❷ 收入《"战前"式的思考》。

五

在上述关于柄谷行人 20 世纪 90 年代前后思想变化的介绍当中，还有一个未曾提及的重要"变化"，那就是自 1992 年开始阅读康德哲学并续写《探究 Ⅲ》。❶ 这意味着他经历了三四年短暂的间歇再次回到"理论思考"，并在历经十年的艰苦思索之后，终于完成其集大成的理论著作《跨越性批判 —— 康德与马克思》的写作。这个"变化"之所以重要，不仅在于他透过康德的批判哲学完成了从解构主义向作为"跨越性批判"的马克思思想的"重返"，而且还推动了他在 90 年代后期急速转向"左翼批判"。2000 年由他主导的社会抵抗运动 —— 新联合主义运动（NAM）的正式启动就是一个例证。

我们知道，随着东西冷战的结束和世界格局的巨大变动，90 年代以后国际理论思想界出现了两个值得关注的现象。一个是柏林墙倒塌和东欧民主化以来，在西方政治学界流行起来的康德热。这股热潮给我们带来一种特定的、具有强烈时代感和具体政治目的的康德哲学的解读，特别是康德从"道德形而上学"普遍性层面对个人权利、理性与好的政府的界定，和将国家视为自然和理性之间的和谐产物的观点，在一直以来占统治地位的具有西方特殊世界历史性和自我意志之实现的黑格尔国家理念之外，为人们提供了一种新的国家社会观。在此，康德从黑格尔的传统里恢复过来，并被尊为当

---

❶ 《探究 Ⅲ》共有 24 节，陆续连载于 1993 年 1 月号至 1996 年 9 月号的《群像》杂志。由于 1996 年前后柄谷行人的思考发生了重大变化，故中途放弃了《探究 Ⅲ》的写作，也没有出版单行本，而是最后于 2001 年改写成《跨越性批判 —— 康德与马克思》。

代自由主义的又一个思想源头。❶ 另一个是西方知识界中一些具有后现代主义倾向的思想领袖，面对世界资本的跨国移动带来的全球化和所谓国际新秩序（新自由主义的普遍化运动），开始关注或重返马克思的社会批判立场和左翼政治参与传统。比较典型的例子是法国解构主义思想的代表雅克·德里达和美国后现代哲学的重镇理查德·罗蒂。德里达自 1989 年发表《针对正义的权利 / 从法权利到正义》❷ 到 1993 年发表《马克思的幽灵 —— 债务国家、哀悼活动和新国际》，❸ 开始渐渐越出思想哲学层面的解构批判而关注起法和政治问题。特别是《马克思的幽灵》明确宣布：作为马克思幽灵政治学和谱系学中的一员，我们要在马克思的精神之下联合起来实行一种新的国际主义运动，以抵制自由市场经济的全球化和资本主义社会历史一统天下的局面 —— 保守政治所主导的国际新秩序。❹ 德里达本人也在其后针对法国的难民问题提出"国际避难城市"的设想，从具体行动上实践其"新国际主义运动"的宣言。而政治上比较保守的罗蒂从自由主义左派立场出发重新挖掘美国的左翼遗产，强调知识阶级的政治参与而受到关注的，是 1997 年于"麦西美国文明史系列讲座"上所做《筑就我们的国家》系列讲演。罗蒂的重提"左翼批判传统"，其思路当然与德里达的倚重马克思而倡导"新国际主义运动"不同，目的在于实现把民主原则转化为社会物质和文化财富的

❶ 参见张旭东《全球化时代的文化认同 —— 西方普遍主义话语的历史批判》第 71 页和第 96 页，北京：北京大学出版社，2005。
❷ 该文是在 1989 年纽约卡多佐法学院组织的"解构与正义的可能性"讨论会上的发言。
❸ 该文是在 1993 年加利福尼亚大学"思想与社会中心"举办的"马克思主义向何处去"国际讨论会上的发言。
❹ 参见德里达《马克思的幽灵 —— 债务国家、哀悼活动和新国际》中文版，何一译，北京：中国人民大学出版社，1999。

公正合理的分配，即民主的实质化。他认为，这需要知识阶级像传统美国自由主义左翼那样，依据民主理念积极参与国家政治生活。❶

柄谷行人的关注康德哲学，不仅与上述国际上的"康德热"有所关联，他甚至还注意到较早时候的 20 世纪 80 年代，从汉娜·阿伦特《康德政治哲学讲义》到利奥塔尔《热情：对于历史的康德主义批判》乃至哈贝马斯的"交往理性"等的重归康德现象，认为他们"对于康德的再估价，其政治含义是明显的"，"那就是对作为形而上学之共产主义的批判，其归结则是社会民主主义"。而自己的康德解读采取了与上述"康德热"相反的路径：在"休谟批判"这一语境下来理解康德，所探索的目标是"如何重构共产主义这一形而上学"。❷ 另一方面，柄谷行人作为具有世界主义倾向和一向关注国际理论界走向的批评家，他的"重返"马克思和急速转向"左翼批判"，也无疑与上述国际上的新动向有共时性的联系。或者可以说，全球化和新自由主义保守政治以及日本国内社会的整体保守化倾向，是柄谷行人"转向"的根本原因。因此，下面将在上述国际大背景下，以《跨越性批判 —— 康德与马克思》为核心，结合对编著《NAM 原理》（2000）的解读，概要地阐述柄谷行人 90 年代以来进入"跨越性批判"阶段，其对现代资本主义制度的原理性批判及其在此基础上所倡导的社会抵抗运动。

有必要把《跨越性批判 —— 康德与马克思》❸ 放到《马克思

---

❶ 参见罗蒂《筑就我们的国家》中文版，黄宗英译，北京：生活·读书·新知三联书店，2006。

❷ 见柄谷行人《跨越性批判 —— 康德与马克思》第 12—13 页，东京：批评空间株式会社，2001。柄谷行人所谓"共产主义这一形而上学"的说法，意指作为理念、理想或超越论前提的共产主义，以区别于 20 世纪作为社会运动和政治目标的"实体化"共产主义。

❸ 该书成稿于 90 年代末，1998 年 9 月开始在《群像》杂志上连载。2001 年 10 月由批评空间出版部出版，2002 年在美国发行了英文版。

及其可能性的核心》（1978）以来柄谷行人的马克思认识的演变发展过程中，来确认其理论价值和实践意义。在此，以下四个问题将成为关注的重点：一、柄谷行人在康德与马克思的比较研究中发现了两者哪些方面的共通性。二、这种共通性的发现如何深化了其对马克思思想的理解，并从前期的"后现代式"解读重新转到马克思的政治经济学批判上来。三、在重新恢复了马克思政治经济学批判的理论意义之后，柄谷行人是如何在《资本论》中进而发现了抵抗资本主义制度的革命其"主体"生成的逻辑根据，据此推导出自己的批判原理——"资本 - 民族 - 国家三位一体"说，并将其批判原理落实到实际的社会抵抗运动——新联合主义运动的。四、尝试说明柄谷行人的理论与实践在 90 年代以后的国际背景和日本社会思潮变化的特殊语境下，其思想史的意义何在。

《跨越性批判》首先注意到康德和马克思在"批判立场"上的共通性，并将其称之为横向的、移动的"跨越性批判"。柄谷行人认为，从表面上看两位思想家似乎是建立起了稳固不动的原理体系，但是深入阅读之后就会发现，他们始终在不断地反复"移动着"。如《德意志意识形态》时期的马克思从"外部"来批判黑格尔左派，而滞留英国时期的马克思则自称是"黑格尔的弟子"。就是说，在德国他批判唯物论，在英国则批判经验主义。这里，重要的是马克思的不断"移动"和批判性。康德也是一样，他一生没有地理空间上的"移动"，但在拒绝都市诱惑的意义上他是一个流亡者。一般认为，康德是站在唯物论和经验论"之间"进行先验主义式批判的。但阅读他的《灵验者之梦》就会知道，康德也是在不断地以经验论来批判独断的唯物论，同时又用唯物论来批判独断的经验主义。由此，柄谷行人将两者这种不断的"移动"和"批判性"

称为超越论式"跨越性批判"。❶而自己在该书中对康德与马克思的解读也采取了这样一种"跨越性批判"的方法:"在伦理学和政治经济学,或者康德式批判和马克思式批判之间往复移动,也就是透过康德来阅读马克思,同时透过马克思来阅读康德。我要实现的目标则是重新恢复两者共通的'批判'性。"❷

通过这种"跨越性批判"阅读法,柄谷行人发现康德与马克思之间的最大共通性在于:马克思的"批判"不仅是对资本主义和古典经济学的批判,更主要的是揭示了资本运动的实质和局限,并发现了其背后人类交往行为中必然遭遇的困境。《资本论》并没有向人们提示一条走出资本主义的捷径,而是通过揭示这种捷径的不可能存在,暗示了一种在实践上予以干预的可能性。同样,康德的"批判"与其说是针对形而上学的批判,不如说是通过彻底揭示人类理性的局限从而暗示了理性实践的可能性。从这个意义上讲,只有《纯粹理性批判》能与《资本论》相提并论。也正是在这里,柄谷行人发现了康德与马克思这两位伟大哲学家的思想结合处或者交叉点。就是说,康德和马克思的"批判"最终都归结为对道德实践之可能性的探寻。正如康德对形而上学的定位以及对信仰与理性之间不可分离的联系给出了明晰的说明一样,马克思始终拒绝把共产主义视为康德意义上的"建构性理念"(constitutive idea),而称其为"消灭现存状况的现实的运动",同时坚持把共产主义作为一个

---

❶ "跨越性批判"的英文是 Transcritique,为柄谷行人自创的一个术语。他解释说:先是有"transedental"一词,含有康德所谓"超越论式"的意义。这是一种垂直的东西。然后,还有一个词"transversal",表示横向的、跨越的意思,是一种水平的东西。这两重意义的"trans"与表示"批评""批判"意义的"critique"相合成,即"Transcritique"一词。(参见柄谷行人《再谈马克思及其可能性的核心》"访谈",载1998年《文学界》杂志8月号,东京:文艺春秋社)

❷ 见柄谷行人《跨越性批判——康德与马克思》第8页。

"统整性观念",一个类似于康德"绝对命令"那样的实践性和道德性问题❶来把握。

柄谷行人对康德和马克思在"跨越性批判"立场和重视道德实践性上的"共通性"的发现,是独具特色的。这种理论"发现"主要来自于对康德哲学的独特解读,特别是对至今没有受到广泛重视的"视差"和"物自体"两个概念的理解和阐发。由此,使柄谷行人的康德研究与哲学史上的"新康德派"明显地区别开来。所谓"视差"问题,出自康德的早期著作《灵验者之梦》(散文集,1766)。在此,康德将灵验者是否可信的问题与自己更关心的形而上学问题联系起来,谈到"通过理性进行理性批判"如何可能的"超越论"问题。文章指出:"刚才,我从自己的悟性立场考察了一般的人类悟性,现在,我则把自己放到并非自己的外在位置上,从他人的视角来考察自己的判断及其最隐蔽的动机。而把这两种考察放在一起比较的确会产生强烈的视差,它将避免光学上的欺瞒,是把各种概念放到关乎人的认识能力的真正位置上的唯一手段。"❷柄谷行人敏锐地注意到,这里所谓"强烈的视差"并非一般所认为,是那种同时通过自己和他人的视角来观察的方法,而是如同人们第一次看到照片中自己的面孔、第一次听到磁带中自己的声音而产生一种惊讶(这是我自己吗?!)那样,是通过自我与他人视角的比较而出现的"视差",将始于内省的哲学"自我"客观化、他者化从而获得"超越论"的位置(参照物)。这个有关"视差"的观点到

---

❶ 如青年马克思在《〈黑格尔法哲学批判〉导言》中所说:"对宗教的批判最后归结为人是人的最高本质这样一个学说,从而也归结为这样一条绝对命令:必须推翻那些使人成为受屈辱、被奴役、被遗弃和被蔑视的东西的一切关系。"(《马克思恩格斯选集》中文版第1卷第9页,北京:人民出版社,1972)

❷ 此处引文据日文版《康德全集》第3卷译出,东京:理想社。

了《纯粹理性批判》中则表现为"物自体"概念，作为康德哲学内省的独特方法，"物自体"的提出无疑是哲学史上一个革命性的"事件"。

我们知道，康德在1783年8月7日致克里斯蒂安·伽尔韦的信里，回顾自己批判哲学的形成过程时说道：

> 解决问题的关键终于被找到了，尽管在最初的使用中是生疏的，因而也是困难的。这一关键在于，所有给予我们的对象（all objects）能够按照两种方式得到说明：一方面是现象（appearances）；另一方面是物自体（things in themselves）。如果人们把现象看作是物自体，并要求在现象中，从条件的序列去推知绝对无条件的东西，人们就会陷入矛盾之中。然而，只有当人们明白，在现象之中，不可能存在任何完全无条件的东西，无条件的东西仅仅是物自体时，这些矛盾才会被消除。此外，如果人们把物自体（能够包括世界上某些东西的条件）看作是一个现象，也会造成没有任何东西是必要的这样的矛盾，举例来说，自由问题就是如此；一旦人们注意到对象可能具有不同的意义，这种矛盾也就自行消除了。（此处采用俞吾金的译文）

一直以来人们受笛卡儿主义影响，对"物自体"概念多有误解。黑格尔《小逻辑》第44节中就认为，康德的物自体乃是思维抽象化的一个产物，实际上并不存在。就是说，并不存在意识和认识所无法把握的对象。恩格斯《路德维希·费尔巴哈和德国古典哲学的终结》举人们能从煤焦油中提炼出茜素为例，说明物自体可以被我们认识，故康德的"物自体"也就终结了。这些误解概来自于没有认识到"物自体"在超验的认识论和道德实践上的真正价值。实际上，把对象区分为现象和物自体的观点在康德批判哲学形成过程中具有决定性的意义。中国学者俞吾金解释说，"在康德看来，现象关涉到自然的必然性，属于思辨理性、理论哲学或自然哲学的范围，在这个范围内起立法作用的是知性；而物自体关涉到人的意志和自由，属于实践理性、实践哲学或道德哲学的范围，在这个范围内起立法作用的是理性。要言之，现象领域关系到自然概念，由知性立法，是认识论问题；而物自体领域则关系到自由概念，由理性立法，是本体论问题。"❶ 柄谷行人则更认为，"物自体"与"视差"概念一脉相承，我们可以将两者都作为"他者"或者更准确的"他者性"来理解。由于康德把"物自体"概念带入了《纯粹理性批判》，使他的超越论式反思成为既是自我感悟同时又具有了他者的视角，"物自体"作为理性的"立法者"，从而避免了本体论上的绝对先验论和绝对经验主义。以这样的方式和视角来审视"假象"，批判"欺瞒"，最后成就了康德的"横向跨越性批判"（实践哲学和道德哲学）。

六

从《灵验者之梦》的"视差"到《纯粹理性批判》的"物自体"，把它们作为"他者"来理解，并最后扩展到对其他两大"批判"的考察，这便是柄谷行人独特的康德解读战略。而在获得了对于康德实践哲学和道德哲学的全新理解之后，再回过头来阅读马克

---

❶ 见俞吾金《从康德到马克思》，桂林：广西师范大学出版社，2004。

思，使柄谷行人不仅发现了康德与马克思之间的诸多共通之处，而且重新"恢复"了马克思思想固有的"批判"意义，特别是《资本论》之"政治经济学批判"的实践价值。与此同时，也微妙地改变了自己早期著作《马克思及其可能性的核心》的立场。这种立场的微妙转变，可以称为从"解构式阅读"到重归"从资本逻辑出发分析资本主义社会及其生产关系和意识形态"。于是，如前所述[1]，一个现代资本主义最深刻的批判者和包含了抵抗资本社会的革命资源的思想家马克思，又出现在了柄谷行人的视野之下，先前有意无意间解构掉了的"从历史必然性中推导出革命主体"的意识，如今在《资本论》的深度解读中得到了恢复。同时，先前刻意强调《资本论》对现代资本制度内在矛盾和资产阶级意识形态话语权之解构（知识批判）的阅读立场也有了改变，转而注意从《资本论》中寻找抵抗和扬弃现代资本－国家制度的原理和革命主体生成的逻辑依据，并在此基础上致力于"重构共产主义这一形而上学"（变革的理念）。[2]

在此，柄谷行人通过对《资本论》的深度解读，并结合本尼迪克特·安德森"想象的共同体"说，提出了有史以来人类社会经济活动基于四种交换形态，和现代"资本－民族－国家"构成三位一体圆环结构的独创理论。《跨越性批判——康德与马克思》的序言，概要地阐释这一理论的逻辑理路。与以往的古典经济学相反，《资本论》重视对流通领域的考察，马克思看到了产业资本所获得的剩余价值来自流通领域中价值体系的差异，而带来这种差异的是生产领域中不断的技术革新。资本必须不断地发现并创造差异，这正是

---

[1] 参见本书第 1 章"在后现代与马克思主义之间——柄谷行人的前期批评实践"。
[2] 柄谷行人《跨越性批判——康德与马克思》第 13 页。

技术革新的根本动力。柄谷行人认为，马克思所揭示的"追求剩余价值、发现差异、技术革新"这样一种资本主义经济运作的规律不可能自动停息下来，也难以靠理性、国家的强制干预来阻止。《资本论》中讲到的资本主义痼疾——经济危机，乃是资本制度持续发展过程中的一个环节。资本主义经济无法消除这个危机，但也不会因此自行消亡。工业资本主义的发达，使人们得以从生产的角度来考察资本主义的历史。但是，资本主义绝非所谓的"经济基础"，而是超越人的意志并规定着人们行为的某种"宗教性"力量，马克思一生要探索和阐明的正是这种宗教性"力量"的根源。

需要指出，与资本的情形相仿佛，国家也是具有某种自律性的"力量"。国家和民族并非如有些唯物主义者所认为的那样，是"上层建筑"并由经济基础所决定。原因在于资本主义根本不是什么"经济基础"，由货币与信用制度所建立起来的世界毋宁说更是一个宗教性的幻想世界。与资本相同，国家和民族作为"共同性幻想"也是一种不可避免的存在，它基于和商品交换不同的"交换"关系。因此，不管怎样强调这是一种"想象的共同体"，依然无法真正将其消解掉。《资本论》在分析了"价值形态"之后，又考察了商品的"交换过程"。马克思在谈到商品于共同体之外被"交换"，同时又反作用于共同体的内部，使产品得以商品化的时候，是以存在着多种"交换形态"这一认识为前提的。在此，柄谷行人获得启发，提出了自己的"交换四形态说"：一、传统共同体内部的交换——馈赠与回礼式的互酬制度。这种制度具有相互扶助的性质，同时也带有共同体的强制约束力和排他性。二、共同体与共同体之间的掠夺。这种掠夺也是一种交换形态，为了掠夺得以持续不断，必须对被掠夺者实施保护并建立产业体系，在此便产生了国家的原型。因此，可以说掠夺与再分配也是一种"交换"。三、马克思所说的共同体与共同体之间的商品交换。这种交换形态虽以相互之间的协定契约为依据，但可以产生剩余价值即资本增殖，而与第二种的掠夺－再分配交换关系构成根本的不同。四、最后是合作联盟的交换形态，也就是柄谷行人所谓足以克服资本自我增殖，并最终扬弃资本主义制度的新型交换形态。它具有相互扶助的性格，但不受共同体的束缚也没有排他性。合作联盟是只有经过资本主义市场经济之后才得以出现的"伦理－经济化的交换关系"。蒲鲁东曾将这一原理理论化，而它的萌芽早已包含在康德的伦理学当中。❶

　　安德森曾经指出，性质不同的民族和国家之间的"结婚"产生了近代民族国家这一制度安排。这是一个非常重要的发现。但是，柄谷行人提醒人们注意，在这之前还有一个更为根本的国家与资本的"结婚"。国家、资本和民族在封建时代是清晰地区分开来的，而且各自依据着不同的"交换"形态。其中，民族的形成有赖于因市场经济和都市启蒙而宣告解体的农业共同体。这个已经遭到解体的农业共同体在"想象"的层面上得以恢复和重建，从而形成了现代意义上的民族。因此，柄谷行人提出一个新的概念：近代国家可以称之为资本－民族－国家（capitalist-nation-state）相互依存相互补充的三位一体制度，正如法国大革命所倡导的自由、平等、博爱一样，三者不可分离地结为一个坚固的整体。也正如资本不可能自行消灭一样，国家和民族共同体也是不会轻易消亡的。我们要反抗资本制度，就同时也要否定国家和民族共同体。发生于《共产党宣言》

---

❶ 柄谷行人的四种交换形态说，明显受到了鲍德里亚象征交换理论的启发。莫斯通过考察太平洋诸岛的原始部落，认为原始社会的经济是以礼物交换为中心的经济，这是一种相互回应而又具有文化象征意味的交流过程。鲍德里亚吸收莫斯的上述研究提出了象征交换理论，强调一种相互回应的、非经济计算理性意义上的交换过程，作为走出经济学理性主义的替代性体系。（参见鲍德里亚《象征交换与死亡》中文版，车槿山译，南京：译林出版社，2006）

诞生之后的各种反抗资本主义的社会运动并没有从根本上颠覆具有世界性的资本主义体系，社会民主主义或福利国家的理念不仅没有构成对于民族国家的扬弃，反而被收编到资本－民族－国家这三位一体的圆环体系中去。而列宁以来发生在落后地区的各种社会主义革命，实质上是一种变形的资产阶级革命，其民族独立和解放的诉求导致了现代民族国家制度的建立。因此，20世纪的社会主义革命不仅没能阻止资本主义的发展，也没能扼制帝国主义战争的发生。

那么，走出这个三位一体的制度圆环是否可能？21世纪抵抗资本主义的革命其逻辑依据在哪里？柄谷行人坚定地相信，这可以在马克思的后期著作特别是《资本论》中找到。归结起来，其核心有两条：一是在合作联盟制中蕴含着共产主义的可能性，即扬弃资本－民族－国家三位一体制度的原理；二是在资本流通或商品消费的场域中有劳动者成为真正"主体"的可能性，即阻止资本的自我增殖——剩余价值的产生，并最终颠覆资本主义体系的革命主体存在。第一条依据的是马克思《法兰西内战》中下面一段话："如果联合起来的合作社按照总的计划组织全国生产，从而控制全国生产，制止资本主义生产下不可避免的经常的无政府状态和周期的痉挛现象，那么，请问诸位先生，这不就是共产主义，'可能的'共产主义吗？" ❶ 第二条则基于《资本论草稿集》第2卷中的下面一段："将资本从支配（隶属）关系中区别开来的，正是劳动者作为消费者及交换价值假定者而面对资本的情况下，成为在货币所有者、货币形态中流通的单纯起点——无限多样的起点之一，在此，劳动者之所以成为劳动者的规定性将消失掉。" ❷ 而实践马克思所暗

---

❶ 《马克思恩格斯选集》中文版第2卷第379页。

❷ 此段文字根据日文版《马克思资本论草稿集》第2卷译出，资本论草稿集翻译委员会译，东京：大月书店。

示的颠覆资本主义体系，实现人的彻底解放——可能的共产主义，我们每个人只有在资本流通——消费领域获得抵抗的主体性，通过地区交易制度（LETS）的建立，才能最终阻止资本的自我增殖，从而扬弃资本主义制度本身。这也正是柄谷行人倡导的"新联合主义运动"的理论基础。

在经过多年的理论准备之后，以柄谷行人为中心，有经济学家西部忠、高濑幸途和文艺批评家山城睦等参与的"新联合主义运动"正式启动，并于 2000 年 6 月 30 日在日本"大阪府劳动中心"举行发起总会。而柄谷行人为此拟定的《NAM 原理》也于稍后出版，❶ 其中 B 项"程序编制"共五条，揭示了运动的基本原则、目标和途径：

1．NAM 是一个伦理性的－经济的运动。因此，模仿康德的话说，即没有伦理的经济是百叶窗，没有经济的伦理则是一种空虚之物。

2．NAM 要组织起对抗资本和国家的运动。这是一种横向跨越式的"作为消费者的劳动者"运动，将在资本制经济的内部和外部实施。当然，我们无法置身于资本制经济的外部，这里的外部，是指组织起非资本制性的生产和消费的合作联盟；这里的内部，则意味着把对抗资本的场域置于流通（消费）过程之中。

3．NAM 是"非暴力的"。这不仅是否定所谓暴力革命，还意味着对通过议会获得和行使国家权力这种志向的否定。因为，NAM 的目标在于扬弃以国家权力所无法扬弃的资本制货币经济，乃至国家本身。

---

❶ 该书由日本太田出版社于 2000 年 11 月出版。

4．NAM 以其组织形态本身体现其运动应该实现的东西。即通过选举乃至导入抽签方式，来阻止代表大会制的官僚化，保证广泛参与的民主主义。

5．NAM 是扬弃现实矛盾的实践性运动，以现实的诸种条件为前提而生成。换言之，这是以信息资本主义阶段带来的诸种力量来超越信息资本主义阶段所带来的社会诸矛盾。因此，这个运动在体味历史经验的同时，还必须面向未知的一切做出创造性挑战。

这五条"程序编制"简练而明确地体现了柄谷行人对当代资本主义制度的根本认识，以及抵抗这种制度最终实现"可能的共产主义"目标的方案与实践途径。第 1 条，将"新联合主义运动"定位为"伦理性的－经济的运动"，不仅厘定了"运动"的性质，而且揭示了其思想原理的渊源。所谓"伦理性的"，来自对康德下面这一思想的认同，即《道德形而上学总导言》中所强调："对于你自身及其所有人的人格中存在着的人性，无论何时何地都要将其视为目的而不能单单作为手段来使用。"❶ 就是说，新联合主义运动的道德伦理基础不是由国家或共同体外在地规定的道德，而是源自追求人的主体自由这一自律的目的。柄谷行人认为，社会主义运动在其出发点上本是以人的自由和全面解放为伦理目的的，而不仅仅是追求经济上的平等和富裕。然而，后来的马克思主义者丢掉了这个伦理目的。今天的运动，首先要重视这个"伦理的契机"。马克思在《资本论》第 1 版序言中强调"社会经济形态的发展是一种自然历史过程，不管个人在主观上怎样超脱各种关系，它在社会意义上

---

❶ 转引自柄谷行人《NAM 原理》第 25 页，东京：太田出版，2000。

总是这些关系的产物"。**❶** 我们需要从上述观点中看到马克思思想的伦理性，即不是要从主观上超脱各种关系，而是要有一种试图扬弃资本主义"关系结构"的态度。资本与工资劳动这种"自然历史过程"不可能自行消亡，如果没有我们伦理性的介入和抵抗，以市场原理（把他人视为手段）为核心的资本主义制度就会永远延续下去。从这个意义上讲，社会主义不是"自然史的必然"，而是一场道德伦理的运动。**❷**

然而，强调运动"伦理性的"性质，并不是要以超然的态度对待资本与国家。实际上，在资本主义无孔不入的当今世界，任何抵抗运动，其方式、途径和斗争场域都无法脱离资本主义体系本身。因此，第 2 条明确规定这是一种横向跨越式的"作为消费者的运动"，它要组织起非资本制性质的生产－消费合作联盟，而将斗争的场域置于流通领域。如前所述，柄谷行人根据马克思《资本论草稿集》中"将资本从支配（隶属）关系中区别开来的，正是劳动者作为消费者及交换价值假定者而面对资本的情况下"，"劳动者之所以成为劳动者的规定性将消失掉"的观点，得出只有在资本流通——消费领域中才能获得抵抗的主体性的结论。因此，新联合主义运动必须把流通领域作为自己斗争的主要场域。这同时也就与1848 年革命之后的各种社会抵抗运动明确区分开来了。在此，我们必须改变以往马克思主义者把资本制度下的阶级关系理解为主人和农奴关系的变形这样一种主流观念，因为这种观念遮蔽了资本制榨取"剩余劳动"的秘密，并根据"主人与奴隶的辩证法"将社会主义革命简化为劳动者打倒资本家的斗争，而把抵抗的场域设定在

---

❶ 《马克思恩格斯全集》第 23 卷第 12 页，北京：人民出版社，1972。
❷ 参见柄谷行人《NAM 原理》第 25—27 页。

劳动生产领域。另一方面，"68年革命"之后出现了各种否定"劳动运动中心论"的市民运动。但由于缺乏从资本逻辑出发分析资本主义社会及其生产关系和意识形态的视角和立场，结果被收回到承认"市场经济"并试图通过国家权力实现财富的再分配以解决资本主义各种弊端的社会民主主义中去了。据此，柄谷行人指出，阻止资本不断运动的根本方法有两个，一个是奈格里所说的"不劳动"，另一个是甘地强调的"拒买资本制产品"。而为使"不劳动"和"拒买"成为可能，必须在资本运作体系之外准备好劳动和购买的场域，这就是生产－消费合作联盟。如果说前者是跨出资本经济的"横向斗争"，那么，后者则是促使资本制企业变为非资本制企业的"内在斗争"。新联合主义运动就是要同时组织起这两种斗争。❶

"程序编制"的第3、4条具体规定了新联合主义运动的运作方式和组织原则，其中关键在于"地区交易制度"❷的实施和抽签制方式的导入。所谓"地区交易制度"是在国家发行货币的制度之外建立一种主动的开放式劳动互酬性交换方式，以记账或者地区货币的形式实现劳动交换，从而阻止以货币为媒介的资本自我增殖乃至资本主义商品经济的无限循环运动。而"抽签制"作为运动的组织原则则是以不记名投票选举选出多个候选人，再通过抽签来最终决定代表者。抽签制导入偶然性，可以防止权力的官僚化和组织结构

---

❶ 参见柄谷行人《NAM原理》第34—36页。

❷ 地区交易制度的英文缩写是 LETS，即 Local Exchange Trading System。根据 NAM 运动的参与者之一西部忠的解说：LETS 作为地区通货的一种，由加拿大人马克·林顿创始于 1983 年。它主要在银行开设账户并通过记账方式来实现互酬性劳动的交易，记账的同时也可以自行发行货币。其特征有四，一是完全根据自愿来决定参加或者退出；二是合作和共有，即货币本身是大家合作制作并共同拥有，而不是国家或特定机关的所有物；三是没有利息，即同时具有经济性和伦理性的两个侧面；四是信息公开，即公开交易和账户的信息，每个参加者可以根据公开的信息做出是否交易的判断。（参见柄谷行人《NAM原理》第110—136页）

僵化的弊端。从以上分析可以看出，新联合主义运动是在深入反省1848革命以来各种反体制运动的经验教训基础上，旨在重新恢复早期社会主义理念的运动，同时如第5条所示，也是一场面向未来创造性地迎接各种挑战的实践活动。因此，尽管实际的操作可能难度很大，但正如柄谷行人所强调：新联合主义运动首先要给出对抗国家和资本的明确的未来展望，并思考如何聚集起各种分散的抵抗运动的力量。❶

七

以上分析表明，以丰富的理论想象力"从根本上重新思考资本主义，并找到一条走出资本主义的道路"，以回应全球化－新帝国时代的新课题，此乃柄谷行人透过康德重新解读马克思，并恢复其"政治经济学批判"之固有意义的大胆尝试。从思想谱系上讲，这依然属于"后现代"或者"后马克思主义"的思考路径，同时也包含了他对19世纪以来的社会主义运动的反省，特别是20世纪后期一些"后现代"思想家改革方案的不满和超越。我们知道，20世纪60年代以降，福柯和德勒兹对作为权力和符码自动编成的资本主义之批判；萨义德通过揭露"西方中心主义"对现代知识制度的批判；还有沃勒斯坦对于世界资本主义体系和罗尔斯从康德的普遍立法的立场出发对平等主义的资本主义体系的批判等等，都曾对现代社会产生过很大的冲击。而意大利左翼马克思主义者安东尼奥·奈格里则在80年代提出，作为一个整体的世界资本主义十分

---

❶ 参见柄谷行人《NAM原理》第12—16页。

强固，以一国为单位由共产党代表其无产阶级实现革命几乎不再可能发生，只有各种特殊性的个人和集团跨越国境的联合才是目前共产主义运动唯一可行的道路。最近，他又以"帝国"和"普众"（multitude）进一步突破旧概念体系的框架来重述世界性问题，并试图以一种横切面方式解构民族主义，从而提出颠覆新帝国形态下的资本主义制度的国际主义运动新方案。❶

对于上述来自后现代立场的资本主义制度批判和马克思主义反思，柄谷行人认为，自己先前虽然也曾参与其中，但面对 90 年代以后的世界新格局，深深感到这种批判只是在马克思主义支配了许许多多的人和国家的那一段时期里才具有意义。到了 90 年代则失去了冲击力，演变成单纯为资本主义自我解构运动的代言人，正可谓成了"占统治地位的思想即统治阶级的思想"。正是在这样的时刻，有必要重新回归马克思的政治经济学批判，并思考"如何重建共产主义之形而上学的问题"，❷ 从资本逻辑出发分析资本主义社会及其生产关系和意识形态，在此基础上提出新的变革方案，并付诸实际的抵抗。上述"新联合主义"运动便是基于这种认识基础上的实践。就是说，柄谷行人充分意识到 70 年代以来各种后现代主义和后马克思主义对制度批判的成就和不足，由此提出自己的对现代资本主义和民族国家制度的批判原理。如果再简要地做出归纳，我们可以把这个批判理论概括为以下四条：一、资本主义体系不是一个实现自由的合理体系，而是一种由货币这一"超越论式假象"所支撑的神学形态。二、资本 - 民族 - 国家三位一体的现代制度体系已非实现人类"自由"的途径，而成为一种"强迫反复"（弗洛

---

❶ 参见麦克尔·哈特、安东尼奥·奈格里《帝国——全球化的政治秩序》中文版，杨建国、范一亭译，南京：江苏人民出版社，2003。

❷ 参见柄谷行人《跨越性批判——康德与马克思》第 12—15 页。

伊德语）的制度。即与人们的愿望相反，资本主义体系（循环的）本身已成为使人们的愿望无法实现的"幻想的制度"。三、摆脱这个"幻想的制度"之关键是如何克服"货币悖论"——"不能没有货币同时又必须消灭货币"。解决这个"悖论"的关键在于"地区交易制度"的建立。四、柄谷行人还有一个呼之欲出的"国家悖论"——"不能没有国家同时又必须消灭国家"。克服这个悖论和国家权力的过分集中化，根本的改革方案是在选举制度中引进"抽签制"，以及组成与国家和资本对抗的生产－消费合作联盟。❶

"新联合主义运动"在理论预设上并非要直接超越现代资本主义制度，也不是要在资本运动的外部实行革命和制度颠覆。柄谷行人清醒地认识到，我们必须把世界资本主义的现实存在作为先决条件来思考所有问题，因为，根据马克思的分析，世界资本主义的形成真正促进了"人类"的出现。"马克思不曾单纯地否定资本制经济，而是在彻底性的方向上来思考共产主义的。马克思说人类的形成是通过现实的世界交通的出现才得以实现的。就是说，是通过在世界中建立起人们相互的分工关系，才形成了世界资本主义。"从这个意义上，柄谷行人认为，马克思肯定了资本主义的存在。这种"肯定"启示我们无论面对什么问题都应该基于伴随资本主义的深化而产生的现实诸条件、诸矛盾来思考。❷ 因此，新联合主义运动是在承认资本制经济的存在并在资本运行的内部实行抵抗的运动。

已有学者指出，在阿多诺《否定辩证法》（1966）之后，作为一种哲学逻辑的狭义西方马克思主义已经终结。20 世纪 70 年代以后，欧美左派理论又表现出新的动向，且与"西方马克思主义"有

---

❶ 参见柄谷行人《跨越性批判——康德与马克思》第 4 章"跨越性的抵抗运动"。

❷ 参见柄谷行人《以马克思的视角思考全球化》（与汪晖的对谈），载 1999 年《世界》杂志 4 月号，东京：岩波书店。

着千丝万缕的联系，可以称之为"后马克思主义"或"晚期马克思主义"。在阿多诺笔下，整个工业文明遭到了内在拒绝，作为资产阶级解放话语的启蒙思想被判定为人奴役自然、人支配人的工具理性之翼，一切仍要寻求以同一本质为基础的自由解放逻辑，都成了资本主义总体性的隐性共谋。至此，马克思历史唯物主义最重要的生产力增长基础和人的解放逻辑都被否定了。可以说，客观上阿多诺开启了一种走向后现代思潮的理论端点和一种新的面对马克思的态度，即从根本上否定了马克思主义哲学中最关键的理论基础，但在方法论和基本立场上又承袭了马克思的批判传统。例如，比较有代表性的"后马克思主义者"詹姆逊、德里克、华勒斯坦、德里达等人，在他们的思想理论中便显示了以下三个共通的立场：一、强调经典马克思主义已经失去了其历史语境，但资本主义在当代的发展（晚期资本主义）依然需要马克思对资本主义的批判精神。二、取消对真理、目的论、原教旨的终极追求，马克思主义依然可以作为适应当代社会理论的一种重要的研究方法。三、后马克思主义者与一般的后现代主义者的不同在于，坚持从资本逻辑出发分析资本主义社会及其生产关系和意识形态，所提出的变革方案亦与后现代的多有不同。他们对社会民主主义普遍表示怀疑。❶ 我们也可以把柄谷行人大致归入到这个"后马克思主义"的思想谱系中来，而他所特别强调的马克思《资本论》作为从资本逻辑出发批判资本主义制度的重要价值，坚持作为理念的"共产主义之形而上学"重建的道德实践意义，坚持从资本运行的"内部"实行抵抗的运动，则成为自身理论的特征从而与一般的"后马克思主义者"明

---

❶ 参见张一兵等《20世纪70年代以来国外马克思主义的重大理论趋势和表现》，载 2000 年《福建论坛》第 4 期。

显地区别开来。在今天我们这个世界变得越发难以解释，批判理论渐渐失去了明确目标的时代，柄谷行人的重返马克思原理所提出的批判理论，就具有了特别重要的意义。虽然单纯的政治经济学批判不可能是唯一的"普世真理"，也无法全面解释当今全球化新帝国主义时代的所有问题，但至少可以是一种解释方式。它最大限度地恢复了马克思主义作为资本主义制度批判的思想资源的可能性。

综上所述，作为日本后现代思想和后马克思主义的代表人物，柄谷行人始于《马克思及其可能性的核心》而终于《跨越性批判——康德与马克思》的长达二十余年的艰苦探索过程，同时也是一个寻找新的知识空间和解释当今世界的新话语方式的历程。从对马克思的解构主义式阅读，到于内部对形式主义（结构主义）进行"内省"式批判，透过哥德尔"不完全性定理"揭示形式化思维路线的危机；再到依据维特根斯坦和马克思找到突破形式主义（形而上学）的出口——相对的他者和社会性的外部；最后经由康德的伦理学而重返作为社会批判的马克思主义。在这个相当长的哲学思辨历程中，柄谷行人穿越了形式批评的陷阱，完成了从解构主义向政治经济学批判的后马克思主义的"转移"，最后找到了自己作为"世俗批评"的理论家的位置。他与后面将要论述的具有后现代思想背景的子安宣邦、小森阳一、高桥哲哉等一样，也有一个从后现代转向左翼批判的思想历程。但相比之下，他的"向左转"来得更复杂更具有理论性，与欧美一些后现代知识领袖在90年代以后重新关注马克思和左翼传统具有同时代性，因此，在日本也更具有其代表性。他三十年来的理论探索和批评实践，为我们了解日本后现代主义批评的发展演变进程，提供了一个不可多得的参照。

第 **3** 章

思想史和文化研究视野下的
日本与东亚
—— 子安宣邦的近代日本知识考古学

一

　　1996 年，岩波书店出版了日本思想史学者子安宣邦❶ 最具批判
锋芒的著作《近代知识考古学 —— 国家、战争与知识分子》。该书
的出版在学术界和社会上产生了相当大的冲击力和不同的反响，清
晰地显示了一位学养丰厚的研究者其深邃的学理思考，和作为一个
公共知识分子强烈的政治关怀与批判意识。在他个人的学术思想历
程中，这部著作作为一个分水岭，标志着子安宣邦从研究江户儒学
的思想史学者向近代日本思想问题批判者的重心转移。换言之，他
是在总体把握了三百年江户思想之变动发展的历史脉络之后，逐渐
将思考的视线转向了近代日本，并以近世以来四百年间东亚地缘政
治变化的长时段视角来逼视问题重重的当下日本和东亚。因此，在
上世纪 90 年代以来传统左翼批判势力日渐衰退的日本知识界，他

---

❶ 子安宣邦，1933 年生于日本川崎。早年毕业于东京大学文学部法文科及伦理学科。曾
任教于大阪大学等高校，担任过日本思想史学会会长，是著名的思想史和文化理论学
者。至今出版著述已近 20 种。

以思想批判的深刻和尖锐成为广受关注的对象。而作为日本思想史研究领域的专家，子安宣邦80年代后期便注意将后现代主义和文化研究的方法与历史批判精神融化于自己的学术当中。他从思想史学者向批判型知识分子的重心转移，也首先是通过出版于1990年的《作为"事件"的徂徕学》一书，在挑战日本思想史研究奠基人丸山真男的近代主义思想史研究体系的同时，逐渐构筑起旨在解构日本近代❶知识制度的思想史方法论的。以下，将主要针对其90年代以后具有思想批判性的著作进行分析和梳理，以透视日本后现代主义和左翼批判思想在当下日本的最新发展走向。

子安宣邦的日本思想史研究起步于上世纪70年代，至90年代初期为止其研究主要集中于江户时代的近世儒学，尤其是针对被近代日本学术话语所反复叙述、不断重构的荻生徂徕、本居宣长等研究方面，以及对"古义学"上激进主义思想家伊藤仁斋的深度挖掘和持续解读，展现了独特的风格和批判力度。❷ 在这一时期的多种著作中，已经显示出他试图颠覆日本近代知识话语所构建起来的江户思想家群像，从"近代性"视角之外来观照日本近世思想的学术指向，但还没有作为一个涉及整个知识制度的方法论问题鲜明地提示出来。而出版于1990年的《作为"事件"的徂徕学》和1995年的《何谓"宣长问题"》两书，❸ 则是在思想史方法论上讨论此问题的重要著作。特别是前者，由于其发难的对象是日本学术思想界极具权威的丸山真男，遂演变成一场不小的

❶ 英语的 Modern 在中国大陆译为"现代"，在日语中则是"近代"。目前学术界也有"现代""近代"并用的情况。为在书名、固有名词上保持日语的原貌和行文方便，本书主要采用"近代"来表述 Modern 一语。
❷ 参见子安宣邦的早期著作《宣长与笃胤的世界》（中央公论社，1977）、《伊藤仁斋——人伦世界的思想》（东京大学出版会，1982）等。
❸ 两书均由日本青土社出版。

"公案"，由此，子安宣邦在不断质疑近代主义思想史研究方法的过程中也逐步形成了自己的思想史方法论。90年代中期以后，他的学术关注进一步延伸到对近代日本知识制度的解构性批判上来。上面提到的《近代知识考古学》和后面将详细论述的《"亚洲"是如何被叙述的》《国家与祭祀》《福泽谕吉〈文明论概略〉精读》《何谓"近代的超克"》等，便是这方面的代表性著作。

子安宣邦对丸山真男（1914—1996）思想史研究的挑战，主要针对其写于战争期间而出版于1952年的《日本政治思想史研究》[1]一书。这是一部影响巨大的著作，一般认为它的影响所及甚至规定了战后日本思想史研究的方法论框架。该书主要讨论江户时代的"朱子学"和"古学派"思想，而理论上的独特之处在于，整个论述中始终贯穿一个昭然若揭的研究动机或者说预设的前提，那就是要于日本"近代化"以前的近世思想里，寻找在未受西欧近代影响的条件下作为"无意识的结果"而自然发生的日本"近代性思维"。这里，"朱子学"是代表德川幕府官方意识形态的政治儒学。丸山真男认为它展现了将自然与人、公与私、政治与伦理共同拥有一个原理的"连续性思维"。而古学派特别是荻生徂徕的思想则被赋予了具有近代"非连续性思维"的特征。于是，通过对荻生徂徕圣人观的解读，来描述近世"正统的"自然秩序观念（朱子学）在遇到古学派的挑战后一步步走向解体，和公与私、政治与伦理分离的"人为"秩序观念（徂徕学）逐渐得以确立起来的过程，便构成了《日本政治思想史研究》的叙述主体。这样一种借鉴了卡尔·曼海姆的知识社会学和马克斯·韦伯的社会学理论而建立起来的思想史叙述，显而易见，是以源于西欧的"近代主义"为不证自明的前

---

[1] 由东京大学出版会出版，中译本见生活·读书·新知三联书店2000年版。

提和价值基准，并且对应着中世纪的"社会＝国家制度观"与近代市民的"社会＝国家制度观"之间相互对立的"世界史课题"，目的是在本民族的思想资源中确认自发的"近代性"思维萌芽。在战后日本学术思想界民主主义得到恢复，重新肯定近代主义及其价值成为社会主潮的背景下，丸山真男上述思想史叙述的巨大理论影响力是可想而知的。但尽管如此，仍有一些包括丸山弟子在内的专业领域的学者❶对这一思想史叙述提出了质疑：18世纪的江户思想真的像丸山真男所描述的那样，呈现出一个"正统"意识形态"朱子学"不断走向瓦解和民间"古学派"与之相"对立"而逐渐确立起"近代思维"的清晰过程吗？他对徂徕的解读是不是有偏离"史实"而迁就于其"历史哲学"或"世界史课题"的弊端呢？对此，丸山真男于1974年为该书英译本所作"序"中，曾经就"为什么要一味运用'近代意识'成长的观点来叙述德川思想"这个"现在的读者一定难以理解"的问题，做了一个自我解释：这就是要在自己的专业领域中与当时的"近代的超克"论相对抗，并称此为"学术方法"以外的"动机"。然而，在做出上述解释的同时，丸山对构成该书核心部分的徂徕学研究的正确性深信不疑："本书中的一些分析，如徂徕学的内部结构、徂徕学中公的领域与私的领域相分歧的意义、有关徂徕学同国学在思想上的联系所说的前者对私的领域的解放被后者所继承等，作者可以毫无愧色地说，它们在今后的研究

---

❶ 例如，丸山的弟子东京大学教授渡边浩就曾指出：幕府德川时代思想史上的许多论争，并非都是朱子学到古学再到国学的思想史演变，而是儒学信条与周围环境的矛盾所引起的冲突。他认为，朱子学在德川时代并非如丸山真男所论已经成为意识形态的主轴。日本不曾吸收中国的科举制度，因此，不是士大夫阶级而是世袭武士统治着当时的日本社会。那么，可以知道，朱子学与古学派及国学派的论争冲突，未必就是日本近世思想史的中心线索。（参见渡边浩《近世日本社会与宋学》，东京：东京大学出版会，1985）

中仍有一定的活力。"❶

　　子安宣邦的挑战，首先质疑的就是这个丸山真男所深信不疑的对徂徕学的解读，并称此为一个"思想史的虚构"："不用说，《日本政治思想史研究》是以对徂徕学的解读为轴心构成的。……然而，丸山关于徂徕公、私概念的恣意解读，因依据的是上述叙述故其解读的可信性大可质疑。"他"通过徂徕的圣人观解读出自然秩序观念的解体和人为秩序观念得以确立的过程。但是，导致这种解读的作者之狂信（近代的'非连续性思维'——引用者注），将人为秩序观念偷换成绝对主权者，而且基于这样的解读把徂徕所谓的圣人勉强比附为绝对主权者之神，这是没有什么说服力的。……如果说把徂徕的圣人比附为绝对支配者是一种错误，那么，丸山此书所叙述的便只是关于绝对支配者、人为的逻辑和绝对主权者的赘语了"。❷就是说，《日本政治思想史研究》对荻生徂徕的解读，其可信性完全是建立在作者对自己的历史哲学立场之自信上的，这种恣意的解读不过是一个以预设的理论构筑起来的"叙事"而已。

　　这里，子安宣邦是从荻生徂徕研究专家的角度揭示了丸山真男的研究严重地偏离史实，发现他在理论预设和研究对象之间出现了明显的错位。当然，如果丸山真男思想史研究的问题只是表现在不顾徂徕学的历史"原貌"，恣意将自己的"历史哲学"和坚信不疑的"近代意识"强加于历史上的思想家，那么，这还主要是一个专业学术领域的问题。但是，当我们回顾明治维新以来思想观念的发展脉络，就会注意到：自福泽谕吉《文明论概略》（1875）以来，在以欧洲近代理性特别是黑格尔"历史哲学"为思维构架，将日本

❶ 丸山真男《〈日本政治思想史研究〉英文版作者序》，现收《丸山真男集》第12卷，东京：岩波书店，1996。
❷ 子安宣邦《作为"事件"的徂徕学》第44—45页，东京：青土社，1990。

从"中华文明"的笼罩下剥离出来，强调其与西欧的同一性这样一种思想史或文明论的话语叙事中，明显地存在着一条"近代主义"以及与"欧洲中心主义"互为表里的"日本主义"思考路线。而丸山真男于思想史研究中所暴露出来的"近代主义"普世价值观，如果与上述日本的文化思想联系起来观之，则他对徂徕学的解读就不仅仅是一个专业学术领域中的问题，而更代表了一种普遍的思想文化倾向。子安宣邦所说的"思想史的虚构"便是在指出其徂徕学解读有失历史"原貌"的同时，强调"在丸山笔下，徂徕被描述成'近代知识的体现'者"，而"丸山思想史就是近代主义者丸山重构近代思维的先驱——徂徕——的过程"。❶ 那么，这个"近代主义"其症结在哪里呢？子安宣邦认为，就在于把"近代"视为不证自明的逻辑前提，而对"近代主义"本身不曾真正予以质疑。

1994 年，在题为《近代主义的错误和陷阱——丸山真男的"近代"》❷一文中，子安宣邦把几乎写于同一时期的霍克海姆、阿多诺的《启蒙辩证法》拿来与《日本政治思想史研究》相比较，以观察他们在对待"近代"上的态度之不同。他指出，丸山真男的近代主义"话语"确实具有他自己一再强调的批判战争期间"近代的超克"论的一面。但是，丸山并非要维护或者反思"超克"派所讲的那个"近代"，他把对"近代"的质疑置换成"近代性思维"成熟与否的问题，从而构筑起"近代主义"的知识话语。为什么会这样呢？子安宣邦强调指出：问题就在于"近代主义本来就不具有质疑和告发'近代'本身的视野"。因此，这个与"近代的超克"之历史哲学话语相抗争的"近代主义"，也就未能建立起对发动了那场

---

❶ 子安宣邦《思想史方法再思考》，收台湾中文版《东亚儒学：批判与方法》，陈玮芬等译，台北：喜玛拉雅研究发展基金会，2003。

❷ 载 1995 年《现代思想》杂志 1 月号，东京：青土社。

侵略战争的日本国家所依据的"近代"理念进行有效批判的视角。而面对挑起战争的日本国家，近代主义者丸山真男只是将日本的权力结构和权力行使的病态，视为日本社会的结构性病理而描述出来罢了。❶ 我们知道，这里所针对的是丸山真男于战后不久所写《超国家主义的逻辑与心理》一文。这篇著名论文旨在从学理上剖析天皇制与日本军国主义产生的权力构造和社会心理的原因，在当时产生了巨大的、远远超出了学术领域的社会影响，反映了政治思想史学者深刻的分析力量和作为社会良知的批判精神。子安宣邦只是强调，该文反省日本的战争体制却缺乏对"近代"本身的批判视角，也因为它的影响巨大，甚至规定了战后日本人对国家社会的认识架构，从而遮蔽了人们对"近代性"的反思。正是在这个意义上，他称此为丸山真男所代表的日本"近代主义"思想的缺失和陷阱。

二

如果说丸山真男的思想史方法论以及明治维新以来的日本知识话语体系，可以称为"在近代思维中思考近代"，那么，子安宣邦在挑战丸山的过程中所强调的方法论则与此针锋相对，可以称为"在近代视角之外思考思想史"，其核心就在于跳出"近代思维"的框架，去反省和解构"近代性"本身及以"近代"为核心所形成的日本知识制度。这也便是两人在方法论上的根本分歧所在。弄清楚了这一点，我们就比较容易理解子安宣邦的思想史方法及其对日

---

❶ 参见丸山真男《超国家主义的逻辑与心理》，收《现代政治的思想与行动》，东京：未来社，1956。

本"近代"的历史批判了。

子安宣邦后来回顾说:"我对宣长《古事记传》的重新解读始于 20 世纪 80 年代。收在《作为'事件'的徂徕学》中的论文那时开始在杂志上连载。这些连载文章促成了我对思想史方法论的自觉转换。这便是可以称为'向话语论转换'的思想史视角的转变。即,将分析视角落实到文本的话语层面上,从文本外部的由多个话语构成的空间上来探索文本的意义。"❶就是说,成书于 1990 年的《作为"事件"的徂徕学》,是子安宣邦在挑战丸山真男的同时全面推出自己的思想史方法论的标志性著作,而源自解构主义的"话语-事件"理论和福柯"知识考古学"的制度批判是其核心。它至少由以下三个理论要素构成。

一、把思想史上的某个学说或理论论争视为话语"事件",以颠覆后人的学术叙事对之进行的历史本质论式的解读和重构。比如,18 世纪的荻生徂徕讲"孔子之道乃先王之道也"(《论语征》),是为了对抗伊藤仁斋倡导的"古学"而发出的带有故意标新立异味道的话语行动。我们把荻生徂徕的这个思想学说作为"事件"(event)来把握具有两层含义,"首先是把出现在日本近世中期的徂徕学看作一个'事件' —— 一个发生在 17 世纪末到 18 世纪初社会空间中的事件;其次是把徂徕学视为徂徕对近世中期言论思想界所发的'话语'"事件。❷这样处理思想史上的问题,可以在复杂多层的话语关系中厘清其思想学说的意义。把历史上的诸种思想学说作为一个个发生在当时话语环境中的"事件",分析它们何时又是怎样浮出地表而成为我们关注的焦点的,把这样一个变动的历史

---

❶ 子安宣邦《平田笃胤的世界·序》,东京:鹈鹕社,2001。

❷ 子安宣邦《作为"事件"的徂徕学》第 10 页。

过程呈现出来，这本身就构成新的思想史。又比如，研究本居宣长就是要将他的《古事记传》作为发生于18世纪思想空间中的一大"事件"来观之。这样，我们就可以看到《古事记传》是如何出现在人们眼前的，又是怎样被后人所重新发现和解读的。这种不断的发现与解读作为一种新的关于"神"的话语而出现。它是与18世纪的话语空间中原有的言说尖锐对立的东西。就是说，后人对此所进行的思想史叙述已经离开了当时的特定话语环境，成了一个指向现在的某种意识形态的话语建构。于是，透过对这种后世不断重构起来的解读进行分析和解构，我们就会发现，本居宣长的《古事记传》是通过对《古事记》的注释，试图建立起"日本"或者"日本人"的同一性认同。特别是《古事记传》与"大和言叶"（日本固有的语言）这一"国语"的神话建构有着深深的联系。❶ 而子安宣邦在这部著作中就是要从"话语分析"和知识谱系学的视角，来揭示近代日本自我同一性话语建构的秘密，颠覆以往从近代视角出发建立起来的思想史叙述。

二、要进行这样的解构式阅读和思想史研究，就需要改变丸山真男那种"在近代思维中思考近代"的思考方式，"必须认真地将我们自己的视角设定在近代话语机制之外"，因为近代话语机制总是在内部不断地再生出关于"日本""日本人"之民族国家同一性的神话。如前所述，丸山真男的思想史方法论把"近代性"作为不言自明的前提，"在近代思维中思考近代"是不可能对"近代"本身提出根本性质疑和反省的。因此，子安宣邦后来针对"江户思想史研究"，提出了"作为方法的江户"这一命题。他解释说："其意思是：批判性地把近代所建构起来的江户像，转变为源自江户的

---

❶ 子安宣邦《何谓"宣长问题"》第14—15页，东京：筑摩书房，2000。

解读。这里的江户是设在近代以外而以历史批判的方法所建构起来的概念。透过这一视点，批判性地捕捉近代，同时也重新解读江户。"❶ 所谓"设在近代以外"的江户，意味着摆脱连续性发展史观，回避"近代思维"对思想史的恣意解读和重构，如此，作为方法的"江户"才能成为"近代批判"的一个参照。

三、要摆脱近代知识话语的束缚，建立起反思和解构"近代"的思想史方法论，还需要克服黑格尔以来的历史主义本质论。对此，子安宣邦提出用"话语性意义论"挑战"本质性意义论"的策略。他解释说，自己的徂徕学研究是"话语性意义论"，与探讨徂徕或其文本内在意义的"本质性意义论"针锋相对。"一般而言，探讨徂徕文本的意义者所努力的，就在于寻找文本背后的思想家徂徕，诸如他真正表达了什么？其中蕴含着徂徕的何种思想本质等等，或是史学家们一再追究徂徕文本中表现的历史性本质为何？丸山就是在徂徕文本中发现了令近代性思维得以萌芽的历史本质。"这种"本质性意义论"实际上是一种"内在意义的解读过程"，即在文本内部解读文本的本质，或在专业解读集团内部解读文本。这样的解读只能是一种封闭的、没有与他者对话交涉的、自我生产并自我消费式的解读。就是说，按照解构主义的思想方法，所谓事物的"本质意义"、所谓"绝对真理"是不存在的，我们现在所接受的思想、信仰，认为是"常识"的天经地义的东西，很可能是后世逐渐被"建构"起来的。因此，追究一个思想家其思想的原始意义和内在本质，是没有什么意义的。我们要把历史上的思想学说看作一个个"话语事件"，放弃追求"本质"和"真理"的欲望，重新确认这一个个"话语事件"在某一时期的话语空间中所处的位置和

---

❶ 子安宣邦《东亚儒学：批判与方法》中文版第 58 页。

所具有的事件性"意义"。这样才能打破近代知识话语所建构起来的"历史主义本质论"的思想史叙述，才能达到质疑"近代"本身的目的。

子安宣邦的上述思想史方法论，明显地受到了来自福柯的知识考古学和话语／权力理论的启发。我们知道，米歇尔·福柯是法兰西学院的思想史教授，他研究思想史与以往建立在近代性即科学、理性和真理基础上的历史学或观念史不同，他用"考古学"的方法考察现代人普遍接受的知识、思想和信仰被建构起来的过程。在他看来，本真的历史是不存在的，历史都是人为建构起来的知识体系，并且这个作为话语被建构起来的知识体系与权力息息相关。思想史研究就是要用"考古学"的方法和"系谱学"的相关知识一层层地挖掘出知识、思想、信仰被建构起来的历史，以揭露权力操纵和支配知识话语的秘密。不如此就无法摆脱启蒙理性知识系统对人类身体和思想的压迫，就不能实现人的真正解放。这样的方法无疑是对近代主义历史学乃至西方形而上学的根本性颠覆。子安宣邦把自己出版于1996年的重要著作题名为《近代知识考古学——国家、战争与知识分子》，无疑是参照了福柯的思想方法。正如福柯研究历史注重的不是"客观事实"而是"观念""知识""话语"的产生机制以及与权力的关系，不是去发现人文科学中的所谓"客观真理"而是注重对"理性话语"操纵知识和真理这一隐蔽的事实之批判和颠覆一样，子安宣邦注意在特定的思想史话语空间中，确定某一个思想学说出现的"事件"性，即这个思想学说是针对什么而发的，何以这样言说，它与当时的社会意识形态构成怎样一种关联，后人又是怎样解读和重构这个思想学说的。与此同时，这种不断被重构的知识话语（思想学说）一旦体系化制度化，便会成为压迫、遮蔽其他思想学说的权力桎梏而束缚人们的思考视野，知识考古学的任务就在于揭穿一切唯我独尊的思想学说，特别是"近代主义"话语的霸权。福柯在《知识考古学》中强调：近代科学具有意识形态的功能。因此，"同科学的意识形态功能作斗争的唯一方式，不是揭露其哲学前提，也不是指出其谬误和矛盾，而是批判其话语构成，其'对象构成'系统，其陈述类型和理论选择，也就是说揭示话语实践如何产生知识或'真理'"。❶ 福柯认为："问题是要在没有一种目的论能够预先限制的不连续性中分析思想史；在没有一个预先的范围能够封闭的扩散中测定思想史；……问题在于剥离思想史的一切先验的自我欣赏的成分。"❷ 子安宣邦也注重日本近代知识制度的建构过程，而不是思想学说的"本质性意义"。因此，我们可以说，他的思想史研究是对"江户近世思想"的一种"还原"，也是对日本近代学术用"近代主义"解读和重构"思想史"的一种解构，更是对近代知识制度的一种批判和颠覆。而福柯的知识考古学，无疑给子安宣邦独特的"话语分析"方法的建立提供了重要的参照，为他的内含反思近代性的"历史批判"带来了思想穿透力和理论深度。

当然，子安宣邦也并没有忘记参考日本的思想理论资源。他的"作为方法的江户"说，或者用通顺的汉语来表示，即"把江户当作方法论视角"，就是直接取法竹内好（1910—1977）的。我们知道，中国思想史研究者沟口雄三有一本著作叫作《作为方法的中国》，子安宣邦也有一本文集名为《作为方法的江户》。这里的"中国"和"江户"都不是实体性的存在，而是把指称某一国家地域或

---

❶ 参见刘北成《福柯的思想肖像》第199页，上海：上海人民出版社，2001。

❷ 米歇尔·福柯《知识考古学》中文版第261页，谢强、马月译，北京：生活·读书·新知三联书店，1998。

某一时段的历史空间当作一个方法论上的视角，以摆脱 20 世纪笼罩于日本思想界的"欧洲中心主义"和"近代主义"的思维桎梏，建立一种新的思考基点。无论是沟口雄三还是子安宣邦，他们这种方法论视角的转换，都直接来自从鲁迅和中国革命获得思想资源建立起"亚洲原理（视角）"的思想家竹内好。

竹内好于上世纪 60 年代初，将自己多年来认识和观察世界的立场称为"作为方法的亚洲"。他认为平等、自由等普遍性文化价值由西欧渗透到整个世界，是通过帝国主义及其殖民侵略而实现的。在这个过程中普遍价值因其传播方式的野蛮性而大大地打了折扣。那么，今天要在全世界贯彻这个普遍价值，就需要再一次通过东洋来改造西洋，"从东洋的角度来变革西洋本身，通过这种文化上的或者价值上的转守为攻而创生出普遍性"。但是，"当转守为攻之际，在我们自己的内部必须具备独自性的东西。这个独自性的东西是什么呢？想来，这不可能是实体性的。不过，作为方法即主体形成的过程还是有可能的，我将此称为'作为方法的亚洲'"。❶ 这里，在竹内好的思想构造中，尽管有一种将源自西欧的平等、自由等价值观念视为普世性原理和自明前提的倾向，但是，他试图摆脱"近代性思维方式"，确立独立于西欧的"亚洲视角"的努力，在日本当代思想史上无疑是具有先驱性和异端色彩的。子安宣邦便认为：这个"作为方法的亚洲"是要在西欧的外部确立观察欧洲近代及其向世界扩张过程的批判性视角，"是留给我们的贵重遗产，也即面向历史的批判性视角"。而自己的"作为方法的江户"便是接受了竹内好的宝贵启示而形成的。重要的是，把"江户"作为方法论视角与竹内好"作为方法的亚洲"一

---

❶ 竹内好《日本与亚洲》第 469—470 页，东京：筑摩书房，1993。

样，其意义不在于要重新构建一个与近代相抗衡的"作为实体的江户"即德川日本，而是要在"日本近代史"的外部确立起"重新认识和把握近代的历史批判之方法论视角"。❶ 简单地说，子安宣邦的"作为方法的江户"就是要摆脱压迫和恣意解读历史的近代主义话语叙述，而使江户思想史研究成为批判"近代"的视角与方法。

不过，需要指出的是，子安宣邦在思想史方法论上对竹内好的有所继承和借鉴，并不意味着对日本当代思想史研究对象的竹内好予以全面的肯定。实际上，在反近代主义和历史、民族问题等方面，子安宣邦对从宫崎滔天到竹内好的日本"亚洲主义"谱系怀抱着一种矛盾的心情。他在一篇文章的"前言"中就曾指出："亚洲主义，或者应该说中国主义的立场，即将自己的改革志向与中国一体化而予以实践的立场，这是留给我们的另一个重要课题。对我个人来说，这不仅是研究上的课题，也是自己思想上的课题。从宫崎滔天到橘扑再到竹内好的中国主义者谱系，或许是一个未能免于败北，最后自我崩溃的理想主义者，乃至妄想者的谱系也说不定。但是，他们作为日本近代'脱亚'论历史过程中的反日本近代的谱系，恐怕会给我们面对 21 世纪的全球化，重构作为批判性视野的'亚洲'以重要的历史启示。"❷ 就是说，一方面，面对今日全球化即以美国为中心的新帝国主义正在重新宰割世界并形成新的统治世界的话语霸权，当我们试图在西方中心主义和近代主义之外寻找历史批判视角的时候，这个日本"亚洲主义"的传统在方法论上作为一份贵重的遗产，足以为我们提供

<hr />

❶ 子安宣邦《江户思想史讲义》第 1—2 页，东京：岩波书店，1998。

❷ 子安宣邦《巨大的他者——近代日本的中国像》，收《"亚洲"是如何被叙述的——近代日本的东方主义》，东京：藤原书店，2003。

借鉴和参考。但是，另一方面，作为"自我崩溃的理想主义者，乃至妄想者的谱系"，竹内好及其追随者们往往过分投入和倚重本该是"方法论上"的"亚洲"或"中国"，结果是方法论问题转换成了民族主体性建构的问题，从而导致他们在激烈批判西方近代主义的同时，失去了对"近代就是我们自身"的本民族历史的反省立场，而无法超越民族主义的束缚。❶ 如后面所述，子安宣邦曾对竹内好的近代论、"近代的超克"论乃至他对日本殖民战争历史的暧昧态度提出过严厉的批评。关键在于，不能把方法论上的"江户""亚洲""中国"等实体化，这样才能确保对我们自身也包括其中的"世界和近代"之历史批判的立场。这恐怕是子安宣邦思想史方法论——历史批判立场的核心所在。也因此，他亦对自己的同行和畏友沟口雄三的"作为方法的中国"提出过尖锐的批评，认为他虽然也在强调把"中国"作为自己认识世界的一个视角而不仅是一个专业研究对象，但是，由于他将"作为方法的中国"放到与"作为目的的中国"（如近代日本的支那学那样）之对立的位置上，即把中国作为与欧洲同等的世界构成要素之一，而将从前以中国为目的的支那学转变成"以世界为目的"的中国学，❷ 结果失去了以中国为方法论视角的立场所应该具有的意义，"即批判性的历史视角之意义"。❸

---

❶ 参见《竹内好问题试论——"文学"之根本的政治性》。这篇文章是子安宣邦 2005 年 9 月访学中国时，在《书城》杂志社主办的座谈会上的讲演，中文翻译文本载 2005 年《书城》杂志第 10 期，上海：上海三联书店。

❷ 沟口雄三说："以中国为方法，也就是以世界为目的。……以中国为方法的世界，即把中国视为世界的构成要素之一，换言之，即欧洲也只是一个构成要素的世界。我们的中国学以中国为方法，就是以将日本也要相对化的眼光来相对化中国，并以这样的中国来充实对其他多元世界的多样化认识。"（见《作为方法的中国》序言，东京：东京大学出版会，1989）

❸ 参见子安宣邦《作为方法的江户》序言，东京：鹈鹕社，2000。

三

将上述挑战丸山真男而建立起来的思想史方法论贯彻到对日本近代知识制度的批判性研究中来，便产生了子安宣邦上世纪90年代以来一系列有关"日本近代思想"和"东亚论"的著作。这里，首先来解读最具代表性的两部著作：《近代知识考古学——国家、战争与知识分子》和《"亚洲"是如何被叙述的——近代日本的东方主义》。前面已经提到，这两部著作分别出版于1996年和2003年，而实际开始构思和以单篇论文形式公开发表则分别是在1995年和2000年前后。我提示这两部著作的写作时间，是要引起读者的注意：1995年为第二次世界大战结束即日本战败50周年，而2000年作为20世纪的终结则标志着始于1868年的明治维新，即日本的近代化已然走过了近一个半世纪的历程，两个历史时间在提醒有良知的知识分子，对150年间日本的成功与失败、历史与现状、本国与世界的课题，特别是其中作为时代核心课题的"近代化"做出回顾与反省，不如此，就无法展望全新未知的21世纪。如果说《近代知识考古学》面对的是检讨"战后50年"的课题，分别就柳田国男"一国民俗学"、内藤湖南为代表的京都学派"支那学"、丸山真男的"近代主义"、国语教育问题，还有教科书与历史认识、战争记忆等话语叙述问题，进行了知识考古学式的解构批判，那么，《"亚洲"是如何被叙述的》则是越出一国内部的界域，通过剖析出现于上世纪初，与帝国日本的东亚战略相伴而生的有关"东亚"的话语叙事，在将此概念施以历史祛魅的同时，力图建立起超越全球化－新帝国主义文化霸权的区域公共对话空间，也即方法论意义上的"东亚"概念。

近代日本知识话语,作为一种学术制度是怎样在不断排除他者的过程中被建立起来的?这个学术制度在叙述什么?它和近代民族国家的制度建设,与战前帝国日本的东亚战略乃至世界认识,还有战后的所谓民主主义意识形态以及"日本文化特殊论"(文化本质主义)构成怎样一种关系?什么是这个学术制度的不证自明的前提?它怎样规定了日本人的思维模式并制约了战后多元视野的展开?《近代知识考古学》便是在确立起"从近代视角之外思考近代"的思想史方法论后,带着上述追问对日本近代知识制度所做的批判性解读。思考一旦摆脱了"近代性"这个不证自明的前提,原来被认为是理所当然而无可置疑的东西便显露出多层的问题截面,其学术话语所掩盖着的意识形态性和以本国为中心的民族主义的暴力性就会凸显在人们的面前。

柳田国男(1875—1962)是备受日本人尊敬的民俗学家和思想家。他早年供职明治政府,官至法制局参事官、贵族院书记长官,后毅然辞官致力于以"乡土研究"和固有信仰为中心的民俗研究。经由他一手创建的民俗学研究所培养了大批后学俊才,并在20世纪30年代的日本建立起有别于西欧民俗志和人类学的柳田民俗学,也称"一国民俗学"。他强调关注被正史所遗忘的"常民""凡人""平民"的生活世界和习俗信仰,其足迹遍及日本列岛的民俗调查和"乡土研究"等理论建树,使这位"布衣学者"得以确立起一整套独特的民俗学叙述。战后,虽然进步知识界中有人曾指责他的思想学说只关注本土和民间而具有保守主义的色彩,但从来没有动摇其学说的根基和巨大影响力。只是到了90年代初,船木裕《柳田国男外传》(1991)、村井纪《南岛意识形态的发生——柳田国男与殖民主义》(1992)、川村凑《"大东亚民俗学"的虚实》

（1996）的出现，才从柳田国男作为日本国家官僚的身世经历、其学说对国家的政治意图及实现过程的隐蔽，以及他的"大东亚民俗学"构想与日本帝国殖民主义的互动关系等方面，揭露了柳田民俗学作为一个民族国家叙事的意识形态性。而子安宣邦站在"近代批判"立场上对柳田学说的解构则更具有理论上的颠覆性。

首先，柳田国男强调关注"平民""凡人"的日常生活世界，他本人在这个世界里常常有令人惊奇的民俗发现。然而，在子安宣邦看来，这种刻意强调的"常民""凡人"实际上是一种抽象化的存在，他很少讲到"国民"，但实际上在他那过于诗化的有关"常民""凡人"生活的叙事文章里，隐蔽着一种有关近代"国民"的话语叙事。"历史学家们的错觉使他们在柳田'一国民俗学'中看到对国家主导的近代化和西洋的抵抗，却没有发现柳田这些有关平民的话语正是强有力的日本国家近代化的话语。"柳田所谓"平民"的日常生活世界，永远是在他的叙事语境中被捕捉到的东西。

其次，柳田国男关注方言、土语的形成和历史变迁，期待从中体察"平民"的感情、心理的微妙变动及生活意趣。同时也希望方言、土语研究有助于"国语的将来"发展，他认为"平常讲日语者也就是作为国民在讲国语"，把"国语"的存在视为自明的前提。而子安宣邦则尖锐地指出，柳田的"这一言论彻底隐蔽了将平常说日语者视为国民这一国家权力上的政治意图及其实现过程。说日语者的大众根本不是自明的国民，他们并没有成为国民"。在建设近代民族国家比较落后（与西欧比较而言）的日本，乃是按照安德森称之为"官方民族主义"的模式，即帝国伪装的，通过无所不在的政策而将大众规定为国民，从而创造出国民来的（《想象的共同体》）。柳田关于"国语"的叙事却完全隐蔽了现代国语背后的政治性。

第三，经由柳田亲手建立起来的"一国民俗学"，强调只有具备"亲密的视线"的同胞同民族的人，才能真正理解和研究日本"常民"的习俗和心理，才能把握"平民""凡人"的固有信仰和心意世界。而子安宣邦在与列维-斯特劳斯比较后指出，这个"一国民俗学"是指向"内部"排斥他者的、封闭的学问体系。关于"固有信仰"的话语也是以"内部的人"之亲密视线来解读民俗资料的一种叙述。在这个没有他者和外部存在的民俗学世界里，不断生产出来的只能是关于"日本""日本人"之民族同一性的话语叙事。❶这里，通过对"柳田民俗学"，即在与西方现代民俗学及文化人类学相抗争过程中建立起来的日本"一国民俗学"的叙事进行"考古学"式的话语分析，子安宣邦要批判的乃是这个看似与国家近代化意识形态保持距离的"民间学问"，实际上作为一种近代知识制度其话语叙事背后所隐蔽的政治性，即以"民俗学"的方式建立起关于"日本人""日本"民族同一性来。这个话语叙事对明治以来的国家政策（"神社国教化"的宗教政策、强制统一国语的方言政策、义务征兵和统一的国民教育政策等等）虽多有批评，但根本上是为构建统一的国民、国语乃至近代民族国家服务的知识制度，它与近代化的国家意识形态有一种共谋关系。不了解这一点，我们就会被"布衣学者""民间学问"的表面形态所蒙蔽，从而忽视其作为知识制度的话语霸权。

以内藤湖南（1866—1934）为指导者的京都学派"支那学"，作为一种学术制度从建立初期开始，就是在将"中国""中国文化"他者化（将日本与中国差异化，从而确立日本文化的独立性），在

---

❶ 以上参见子安宣邦《一国民俗学的确立》，收《近代知识考古学——国家、战争与知识分子》，东京：岩波书店，1996。

彻底贬抑和排除这个"他者"的过程中，构筑起与巴黎"中国学"双峰对峙的日本中国学。这个学派观察中国的视线，和日本帝国蔑视中国的视线交叉重叠在一起。以往人们很少注意到这个学术话语的政治意识形态性，原因在于他们使用的文献批判方法，乃至源于黑格尔历史哲学的把中国视为东方"停滞的帝国"之象征的认识架构，作为近代学术认识东洋的不证自明的前提，不曾受到怀疑。另外，这个诞生于日本帝国殖民主义时代的学术话语，虽然在战后名称改换成了"中国学"，但那种深藏其中的观察中国的超越性（优越）视线，仍然存在于一些独善其身式的日本中国研究学者当中。

子安宣邦在《近代知识与中国观——支那学的确立》❶一文中，通过解读"支那史学"方面代表性学者内藤湖南、武内义雄（1886—1966），以及并非京都学派的文化史学家津田左右吉（1872—1961）的中国观，首先思考的就是："以内藤湖南为重要指导者的耸立于近代日本人文科学世界的京都学派，其'支那学'的确立与他（内藤）所谓'代替支那人为支那着想'这样一种面对中国的超越性视野的建立，有着怎样的相互关联性。"1914年出版的《支那论》具有强烈的关乎时局的政论色彩，内藤湖南在书中对于晚清和民国初年动荡不安的中国时局指手画脚，多有不堪入目的惊人之论。后来，人们谈到内藤的思想学问时对这本在当时被广泛阅读的著作有意无意地予以回避，认为那是针对时局的评论，与作为学术的内藤"支那史学"及其中国观没有多少关系。子安宣邦则从学理和政治两个认识范畴观察过去，尖锐地指出：《支那论》观察中国的视角，那种对老大帝国中国的蔑视和贬抑态度，是贯穿内藤湖南思想学问始终的中国观。同时，"《支那论》象征性地显示

---

❶ 该文收入子安宣邦《近代知识考古学——国家、战争与知识分子》一书。

了'支那学'乃是在注视着濒临危机的中国的同时，形成于近代日本的学术性话语"。就是说，《支那论》根本不是什么一般的时事政论，它就是"支那学"这一学术话语本身。这个新的学术话语于明治维新以后逐渐确立起来，在与传统的日本汉学区别开来而转换成近代知识的过程中，黑格尔历史哲学所谓处于历史幼年期，即奠基于家长制氏族关系上的国家——"停滞的帝国"这一中国观，实乃构成日本"支那学"理论基础和认识构架的关键因素。内藤湖南《支那论》中的中国观，不过是对黑格尔"停滞的帝国"之中国认识的再生产而已。

如果说，黑格尔历史哲学为日本"支那学"提供了逻辑框架，那么，现实中帝国日本的东亚战略和大陆政策则是影响作为"学术"的"支那学"的主要因素。或者反过来说，内藤湖南观察中国的超越性视角是与帝国日本的立场同步的。"我们必须看清楚，与帝国主义的立场同步的内藤湖南，是在如何低级野蛮的描写中来把握现代中国的。那种将中国视为需要从外部施以处方的国家这一视角，本来就要求对对象施行彻底的贬抑。我们有必要清楚地认识到，这种低级野蛮的政治性话语是与学术性的'支那学'一起，发自那些具有同样观察中国视角的人们口中的。"❶ 这种观察中国的超越性视角表现在"支那学"方法论上，便是京都学派乃至其他历史学家如津田左右吉等的"文献批判学"。这种"文献批判学"要将中国的"史典""经典"文本化，彻底否定其与历史上的史实之直接关系，从而使《论语》等经典成为可以随意解读的文本。而以这样的方法论建立起来的近代知识制度——"支那学"，在将"中国""中国文化"差异化或他者化的同时，也从"历史学"和文化史上建立

---

❶ 子安宣邦《近代知识考古学——国家、战争与知识分子》第68页。

起了"日本文化"同一性的话语叙述。❶ 因此，我们也就可以理解，为什么出自"支那史学"家（内藤湖南）和汉学家（津田左右吉）之手的《日本文化史研究》（1911）与《文学上我国国民思想研究》（1916—1918）等会在日本知识界中有如此广泛的影响。

批判性地解读日本近代知识制度，还有一个不能绕过的问题即发生于战争期间的"近代的超克"论，及其战后人们对此进行重新解读所形成的有关"近代"的话语叙述。我们知道，所谓"近代的超克"狭义上指 1942 年夏，由同人杂志《文学界》发起的一次座谈会。其宗旨在于讨论日本知识分子如何面对太平洋战争的时局，确立新的精神目标。其中反省明治维新以来追求近代化的思想路线，重新认识东洋哲学，并以东洋精神文明克服和超越西洋物质文明的危机，是一个清晰可见的思考主线。不管自觉与否，"近代的超克"其思想核心在于为日本的"大东亚战争"和对英美宣战（太平洋战争）提供理论论证。也因此，直到日本无条件投降的 1945 年，它仿佛咒语一般在知识界广为流传。❷ 即使在战后日本，这个战争意识形态色彩浓厚的"超克"论依然没有被忘记，无论是在"战后民主主义时期"，还是在步入后现代时期的 80 年代以后，都不断有人重新提起它。❸ 究其原因，就在于这个战火弥漫中提出的"近代"论涉及整个日本近代化的路线乃至"国家、战争与知识分子"关系问题。而围绕"超克"论形成了一个贯穿战前与战后日本

---

❶ 子安宣邦《近代知识考古学——国家、战争与知识分子》第 104—105 页。

❷ 参见竹内好《日本与亚洲》第 159 页。

❸ 例如，1952 年《文学界》主持召开了可谓"近代的超克"续集的座谈会，题为"现代日本知性的命运"；1959 年竹内好对"近代的超克"论的批判性解读，1960 年荒正人发表《近代的超克》连载文章，对竹内好的重读进行批判；1974 年又有广松涉《"近代的超克"论》问世；80 年代以后，虽不见有专门的著作出现，但这个话题，从来没有在知识界和思想学术领域消失过。

思想界的"近代"论话语叙述，又说明其中隐蔽着的重大理论课题依然没有得到清理和真正解决。当然，1942 年提出的"超克"论，在形式上与今天的"后现代主义"思潮有着某种相互重叠的地方，也是 80 年代后不断受到关注的一个因素。

那么，隐蔽着的重大理论课题是什么呢？子安宣邦在《日本的近代与近代化论——国家、战争与知识分子》❶一文中开宗明义，首先便追问这个座谈会讲的是怎样的"近代"。他通过对与会者发言的解读，发现除了科学史研究者下村寅太郎以外，所有与会者所指陈的"近代"，或者"成为他们批判和应该超克的对象，或者作为克服的前提而被理解的'近代'，不是别的正是西洋的近代。被这个西洋近代所侵犯，使之陷入混乱而备尝艰辛的则是近代日本"！就是说，座谈会上人们口口声声要"超克""近代"，却几乎没有人能够认识到：正是将"近代"化为己有而成功实现了"近代国家化"的日本，作为其自然归宿而有了那场战争。因此，作为有关"近代"论的一个话语叙事，"超克"论在战前只能成为一个"无思想"的咒语。而在战后也没有得到有效的清理和认识，虽然不断地被人们重新提起，却没能成为有意义的思想资源，毋宁说反而证实战后的"近代"论叙事同样缺乏"近代就是我们自身"这一认识论视角。在最具思想深度的竹内好对"超克"论的批判性解读中，这一点也得到了证实。子安宣邦指出：远比萨义德深刻得多的竹内好，早在 50 年前所著《何谓近代》中，就认识到了东洋的存在有赖于欧洲的东方主义，因抵抗欧洲而节节败退才有了东洋对"东洋的近代"之自我觉醒。然而，"竹内要讲的是，如果有实现了世界史的近代欧洲，有抵抗而败北的东洋存在的话，不断抵抗

---

❶ 该文收入子安宣邦《近代知识考古学——国家、战争与知识分子》一书。

不断使之感到败北，只有在此尝试找到自己的主体，除此之外别无他法"。❶ 当竹内好痛斥无抵抗的日本乃既非西洋又非东洋的"什么也不是"的国家时，已然证实，在这位抑郁的文学家之反讽式否定意识中，也没有"近代就是我们自身"这样一种认识论视角。与丸山真男对日本军国主义产生的权力构造和社会心理原因的剖析代替了对"近代"本身的反思相仿佛，竹内好试图颠覆以资本主义经济和生活方式为基础的文明社会之欧洲先进于亚洲的历史构图，期待从败北而抵抗的亚洲深层建立起使"东洋的近代"成为可能的"自我"或"主体"，结果"近代"问题抽象化为"主体"问题了。从这个意义上讲，竹内好和丸山真男都是将"近代"视为自明前提的"近代主义"者。作为战后日本知识界极具代表性的思想家，他们的近代化论中缺乏"近代就是我们自身"的认识视角，从某个方面也昭示了日本战后知识话语的问题所在。

以上，就《近代知识考古学》中最重要的三章，即有关一国民俗学、支那学和"近代的超克"论的部分，做了简要的梳理。我们注意到，子安宣邦的日本思想史批判有一条清晰的逻辑理路，那就是"在近代思维中思考近代"构成了战前、战后日本知识话语的重要特征，而那个最关键的"近代性"本身却没有获得真正深入的反思。如果说柳田民俗学有意遮蔽了近代民族国家的政治意图和实现途径；支那学有着与帝国日本殖民主义的东亚战略同步的意识形态性；而"近代的超克"论则是在大东亚战争激发下发出的超克"欧洲近代"的诳语，那么，战后对"超克"论的重新解读因对导致日本国家走向战争的根本依据之"近代"本身不曾做深刻的检讨和质疑，对柳田民俗学和支那学未能做出及时有效的反省，而暴露出

---

❶ 子安宣邦《近代知识考古学——国家、战争与知识分子》第 175 页。

日本近代知识话语的重大缺失。不过，我注意到，子安宣邦在提出"近代就是我们自身"这一重要命题，揭示日本知识话语"在近代思维中思考近代"的症结时，侧重的是"历史批判"，而对下面这个问题没有给出明确的答案：跳出源自西欧的"近代思维"来反观"就是我们自身"的近代，这是否可能？如何创造这种可能性？子安宣邦提示的"把江户作为认识视角"，或者沟口雄三的"中国"视角和竹内好的"亚洲"视角，如果没有"欧洲近代"这个视角的参照，能否真正认识"就是我们自身"的近代？换言之，在消除了欧洲中心主义的偏见和对"近代主义"的盲从之后，祛除了魔性的"欧洲近代"是不是也可能成为我们今天思考自身近代性的一个参照系呢？或许，这是子安宣邦"方法论"留给我们的一个思考课题也说不定。

四

2000年，子安宣邦在杂志《环》上开始连载他的新作《关于东洋》，2003年结集出版定名为《"亚洲"是如何被叙述的——近代日本的东方主义》，受到了日本知识界的普遍好评。这里集中考察的是相当于 Orient 的东洋，相当于 Asia 的亚洲和相当于 East Asia 的东亚三个概念的历史发生，特别是对起源于欧洲的上述概念中的"东亚"，如何在20世纪初的日本，从作为文化上的概念逐渐转化为帝国日本地缘政治上的话语，而由日本首先提出并流通于东亚地域的历史过程，进行了"知识考古学"式的清理和解构。促使子安宣邦做这项艰巨考察的，不仅在于"东亚"是日本近代知识话语的一个重要组成部分，与帝国日本的经营亚洲和殖民侵略的暴力血肉相连，更在于自上世纪 90 年代初出现的新一轮"东亚论"，在中、日、韩三国迅速成为一个知识界关心的话题。而无论是韩国还是中国，甚至日本的学者都少谈它的话语编制和历史生成过程，个中原因或者出于国际间知识交流的"客气"，或者是日本人有意回避其难堪的历史。总之，如果不对"东亚论"的历史成因进行解构和祛魅，就不能指望它成为 21 世纪具有生产性的公共知识。作为亲身经历过大东亚战争的日本思想史研究者，一个有社会良知的知识分子，子安宣邦说："在历史中看到了'东亚'已然死灭的人，是不能容许人们以模糊其死灭历史的方式来重构这个'东亚'概念的。"❶

　　子安宣邦对"东亚"话语的历史考察是从黑格尔历史哲学的"紧箍咒"开始的。他说："数年前，我有机会重读《武士道》，发现其中黑格尔历史哲学的强烈阴影而感到震惊。如今用东方学等理论所重构起来的历史批判视野来重读这一著作，使我发现了以前不曾注意的问题。"❷ 这个"不曾注意的问题"表现在两个方面。一是黑格尔"停滞的亚洲"这一东洋观影响及于日本近代学术思想，仿佛"紧箍咒"一般，构成了"东亚"话语构建的逻辑基础，特别是其中文明史论上的"西洋与东洋""文明与野蛮"二元对立模式，成了日本"东洋学"和"东亚"话语将自己规定为"文明国"，而把亚洲其他国家规定为于文明边境之外的落后国家的思考依据。就是说，这个二元对立的思考模式是把他者视为异己和对立面，通过对其压抑和排除来建立起"我们"的文明史、民族国家同一性的逻辑工具。这个包含于启蒙理性之内的二元对立模式在为强势文明提

---

❶ 参见子安宣邦《昭和日本与"东亚"概念》，收《"亚洲"是如何被叙述的——近代日本的东方主义》，东京：藤原书店，2003。

❷ 子安宣邦《"亚洲"是如何被叙述的——近代日本的东方主义》第 56 页。

供主体性构建依据的同时，也为消灭异己排除对立面，进而为帝国主义和殖民主义争霸世界开辟了道路。上世纪 20 年代出现于日本的"东亚"概念，就具有一种文明论和政治意识形态上帝国霸权的双重内涵。我们从新渡户稻作的《武士道》、福泽谕吉的《文明论概略》、竹越与三郎的《二千五百年史》等著作中，都可以找到这个黑格尔"文明论构图"。二是 20 世纪 30 至 40 年代的日本社会科学工作者，特别是其中的马克思主义系统的学者，直接从受到黑格尔历史哲学影响的马克思那里继承了"亚细亚生产方式"的理论，而构建起他们关于东洋社会或者中国社会的认识视角。更重要的是两种知识话语在结构和逻辑思路上都与日本帝国主义的亚洲战略，以及知识分子和广大的日本国民对东亚和中国时局的认识相一致。例如，社会史研究者秋泽修二的著作《支那社会构成》(1939)，就是全面接受了"停滞的亚洲"这一认识中国的视角，形成了这样一种逻辑：把在中国大陆推行的日本帝国主义战争行为理解为是将中国社会从停滞性中解放出来，通过中国的自立而走向东亚协同体之结成的世界史实践。子安宣邦指出："支撑明治日本脱亚入欧国家战略的中国观，也就是作为'停滞的亚洲'或'东方的专制'的中国观，使昭和时代的日本知识分子构建起这样的逻辑：将对中国的侵略性军事介入正当化为带来中国旧社会解体和革新的历史实践。"❶

可以说黑格尔历史哲学中的"停滞的亚洲"和马克思的"亚细亚生产方式"给日本知识分子提供一个认识东亚和中国的视角，也使他们在关于"东亚"的学术话语中据此形成了将日本帝国主义侵略中国的战争行为正当化的逻辑。也就是在这里，上世纪 30

---

❶ 子安宣邦《"亚洲"是如何被叙述的——近代日本的东方主义》第 141—142 页。

年代以后汗牛充栋的作为学术话语的"东亚"（东洋社会、支那社会）论，与作为权力的日本帝国之"东亚协同体"乃至"大东亚共荣圈"理念有了内在的联系。于是，我们通过子安宣邦的"知识考古学"，看到了下面这样一个史实：包括上面提到的"支那学"，20世纪前期日本的"东亚"学术话语，不单是因时局的逼迫而成为军国主义所利用的御用学问，它在确立当初就包含着一种指向与帝国主义对外策略相重合的内在逻辑。而那个时代的众多社会科学工作者为什么会积极地参与从理论上论证帝国的东亚战略乃至"大东亚战争"的正当性中来，这一严重的历史事实，也就比较容易理解了。

这里，子安宣邦不仅向人们昭示了黑格尔"亚洲观"给日本学者造成的重大影响，更让我们感到：一个顽固的理念一种固定的思维模式是怎样穿透人们的思想心灵，成为一个紧箍咒而蒙蔽我们观察现实的双眼。因此，针对今天一些学者回避"东亚"概念形成的历史过程，及其与帝国日本殖民主义的深刻关系，子安宣邦不无危机意识地疾呼：

　　"东亚"绝非不证自明的地域概念。……它于1920年代的帝国日本作为文化的地域概念被建构起来。从1930至1940年代，伴随着帝国日本对以中国为中心的亚洲地区展开的政治、经济、军事，还有知识上的经营策划，"东亚"成了一个具有强烈政治意味和地缘政治学色彩的概念。众所周知，这个概念构成了"东亚协同体"乃至最后扩大到"大东亚共荣圈"的概念。……为了得以重构这个"东亚"概念，我们必须弄清楚与帝国日本一起诞生的此概念的谱系，必须看清楚它的消亡过程。不如此，我们就无法保证新兴的"东亚"概念，不会成为

由帝国日本主导的亚洲广大区域之幻想的死灰复燃，不会再出现帝国亡灵式的话语。❶

当然，历史上日本的"东亚"话语也并非完全都是负面的遗产，前面提到的作为文化上的"东亚"概念，即考古学家滨田耕作（1881—1938）在《东亚文明的黎明》（1939）中所阐释的文化上之区域概念的"东亚"，作为将中华文明一元化指向相对化而构成的，立足于以中国为文明起源的广大地域之共通性上，同时又是试图继承地域内多元文化发展，并在某种程度上保留一些本国、本民族中心主义的概念，是可以作为我们今天重构"东亚"概念时参考的思想资源的。在此，子安宣邦的知识考古学或者说"历史批判"终于有了一抹光亮。他认为，作为文化概念的"东亚"，是"一条将'East Asia'地域概念放到使该地域生活者多层次交流成为可能的地域概念，通过这个概念的广域性不断把本国、本民族中心主义相对化，又将此概念放到经济及文化的多样化生活领域，进而在空间上亦构成多层次交流关系架构的路径。……恐怕这才是从被帝国日本霸权主义污染过的'东亚'走出来，于我们手中建起新的'东亚'概念的途径"。❷ 无疑，上述子安宣邦从历史中引申出来的提示，将为我们重新开启有关"亚洲"的讨论，对于消除西方中心主义的话语霸权，建设新的公共知识空间，将是一个有益的参考和启发。他那深度的历史批判，使我们在看到历史上"东亚"话语的残酷政治性的同时，也会发现作为"文化上"的"东亚"概念是可以成为我们思考当今"东亚"问题的思想资源的。

---

❶ 子安宣邦《"亚洲"是如何被叙述的——近代日本的东方主义》第 177—178 页。

❷ 子安宣邦《"亚洲"是如何被叙述的——近代日本的东方主义》第 103—104 页。

五

　　以上，从子安宣邦的思想史方法论入手，分别就其上世纪 90 年代以来的主要著作《近代知识考古学》和《"亚洲"是如何被叙述的》进行了梳理和阐释。其中对日本近代知识制度和学术话语所作的"历史批判"如此深刻，是令人震惊的。我理解，之所以能够达到这样深度的历史批判，除了来自后现代主义的知识考古学、"话语分析"和"在近代之外思考近代"的思想史方法论外，还有赖于子安宣邦那广阔的历史视野，即以近四百年来东亚地缘政治变化的长时段历史视角来逼视问题重重的当下日本和东亚。以及在此基础上对一百五十年来日本近代化历程的整体把握，而这种整体把握是通过可以称之为"历史视线重叠法"来实现的。

　　在分析日本的文化自我意识觉醒和近代"国学"的兴起过程时，子安宣邦注意到，17 世纪东亚地缘政治的大变动是一个重要的因素。他指出："17 世纪中期中国从明朝向清朝的王朝交替带来了日本对中国认识的变貌，其中有着日本国学话语成立的关键要素。关于在中国作为异族王朝的清朝帝国，其成立给东亚带来了怎样的政治性波动，还有待于历史学家的研究，但中国的异族王朝的出现使中华帝国传统的权威下降，这大概是确实无疑的。清朝的成立促成了中国周边地区的文化自我觉醒及其对本身独自性的强调。"❶ 的确，中华帝国的文物制度及其汉字文化在历史上作为东亚秩序的权威中心，包括经济政治上的"朝贡制度"曾经起到了维持地区内部平衡

---

❶　子安宣邦《"亚洲"是如何被叙述的——近代日本的东方主义》第 157 页。

发展的作用。但明清之际的王朝更迭不仅造成了中国内部的传统汉文化的衰退，而且影响及于周围汉字文化圈的各国，促成了其文化上的自觉意识，并逐渐带来原有秩序的松动、变易乃至瓦解。正如罗马帝国及其拉丁文文化的衰退，造成了欧洲各国文化上的独立乃至近代民族国家的出现一样，中华帝国的衰退无疑是东亚各国发生近代历史变动的远因之一。如果以此为基点观察下去，我们还可以把朝鲜壬辰倭乱（1592），日本统一武家政权的确立（1603），以及耶稣会的进入东亚和英国东印度公司的成立等 16、17 世纪东亚历史变动的诸多"事件"纳入视野之内。以这样四百年长时段的历史视角来观察"近代"，就会看到局限于 19 世纪"西力东渐""被迫开国"（如西方现代化理论中的"冲击与回应"说）的历史视野所看不到的许多东西。

作为日本江户思想史学者，当子安宣邦把目光转向 19 世纪以来的近代日本和东亚时，便能够自觉地用这个四百年长时段的历史视角来观察分析而深化其"历史批判"。这种视角不仅有效地应用到了江户思想史的描述，以及伊藤仁斋、荻生徂徕、贺茂真渊、本居宣长等思想家的研究方面，❶ 而且在对竹越与三郎的《二千五百年史》、福泽谕吉的《文明论概略》、内藤湖南的《支那论》，乃至战争期间的"近代的超克"论和京都学派"世界史的立场与日本"等的解构中，都发挥了积极的作用。由此，子安宣邦对日本近代知识制度的颠覆，就有了广阔的视野和以历史为支撑的深度，这是一般专业学者很难企及的。

如果说，四百年东亚地缘政治变动的长时段历史视角作为一个纵向的历史参照贯穿于子安宣邦的日本近代思想批判之中，那么，

---

❶ 参见子安宣邦《江户思想史讲义》等著作。

"历史视线重叠法"则是立体地观察问题重重的当下日本和东亚的横向坐标。所谓"重叠"也就是一种比较和参证,在历史与现实、过去的"事件"与当下的课题相重叠中,发现现实问题的来龙去脉以加重批判的深度和厚度。这样的"历史视线重叠法",还与知识考古学中谱系学的方法有着某种内在的关联。我们知道,福柯意义上的作为思想史方法的"谱系学"旨在从今天习以为常的思想、观念、认识范式向"断裂"着的历史深处一层层挖掘下去,以查明其出身、来源和被构建的历史过程,以及这一层层"地表"的相互关系,从而颠覆那些不言自明的先在前提,并质疑其理所当然的合法性。当这个"谱系学"的方法运用于透过历史的现实批判,也便是这里所说的"历史视线重叠法"。而子安宣邦本人把这个"重叠法"又划分成两个,一个是"江户视角"和"亚洲视角"的重叠,另一个是日本战前和战后两个六十年历史周期的重叠。

子安宣邦在《"世界史"与亚洲、日本》一文中指出,要考察1850 至 2000 年这一百五十年间世界史中的日本,分析日本近代的肇始,以及由此与世界发生关系的日本其自我表象是怎样重新创造出来的,就需要把最早由竹内好提出的"亚洲视角"和自己的"江户视角"重叠起来。他解释说:如同竹内好的"作为方法的亚洲"意味着从亚洲出发,对归结为欧洲近代之胜利的世界史给予批判性反思的视角一样,"作为方法的江户"亦是从江户出发,对日本近代史和近代知识构成做批判性反思的视角。更直白地说,"作为方法的江户"乃是从日本近代史的外部之江户来观察近代日本。发自江户的批判性视线自然要与以往构成江户像的近代视线发生严重的撞击。正如"作为方法的亚洲"这一视线要与以往构成亚洲像之近代欧洲的视线 —— 东方主义发生严重撞击一样。当观察"1850 至 2000 年"的日本时,把"作为方法的江户"和"作为方法的亚洲"

重叠起来，将构成有效的批判性视角。❶ 这里，无论是"江户视角"还是"亚洲视角"，关键在于它们都是与近代西方的东方主义视线根本不同（严重撞击）的历史视角。而两个视角的重叠则意味着把"近代日本"这个观察对象，不仅要放到以欧洲为中心所形成的"世界史"过程中，而且还要从四百年长时段的东亚历史变动背景下和未被西方近代化之前的日本近世历史脉络中来加以审视。

在这样"重叠"的视角之下，子安宣邦首先提出了与一般日本近代史不同的历史断代新说。他认为，日本近代的肇始应该是发生在 1850 年前后，而不是"尊王攘夷""大政奉还"即明治维新这一政治事件发生的 1868 年。做出这样的断代其依据就是世界近代资本主义体系的确立与亚洲整体历史的变动，都发生在 1850 年前后。子安宣邦指出，1850 年象征着由于欧美发达国家以军事实力要求开埠，使亚洲卷入所谓"世界资本主义体系"的时期。一般认为，发源于欧洲的资本主义这一经济、政治体系正是在此时期作为世界性体系得以完成的。在这样的历史时刻，亚洲特别是东亚和日本才开始与世界资本主义体系即"世界史"发生了必然的关系，以此为契机而有了日本近代的发端。可以说，由于"亚洲视角"的导入，使子安宣邦关注到 1850 年的"世界史"意义，从而改变了仅仅从日本自身的近代化过程及与欧美单向关系的视角来阐释"近代日本"肇始的历史叙事。也由此形成了反思、追问"背负着东亚这一地缘政治学上的区域划分的日本"是"如何被组合到世界史中，而不久又是怎样自己积极地参与到这个世界史中来的？"这样一种新的问题意识。于是，在《"世界史"与亚洲、日本》一文中，子安宣邦对始于 1850 年的一百五十年间日本近代化历程做出了新的三个时期划分：

---

❶ 子安宣邦《"亚洲"是如何被叙述的——近代日本的东方主义》第 23 页。

首先，第一个时期当然是始于 1850 年。东亚被组合到
"世界秩序"中来，通过对"世界史"的历史性体验，日本把
自己构筑成近代国家。与"世界史"相关的第二个时期，我
认为始于 1930 年。这是通过参加第一次世界大战积极主动地
进入"世界史"、成为"世界秩序"的重要成员的日本，面向
世界要求重构"世界史"、重组"世界秩序"的时期。日本是
"世界史"的积极参与者、"世界秩序"的重要成员的这一时
期，我认为一直延续到 1980 年代。因为，从"世界秩序"重
要成员的位置来看世界和亚洲这样的认识图式，即 1930 年代
由帝国日本所建立起来的认识图式，并没有因为 1945 年日本
的战败而得到本质上的改变。从战败到 1950 年代的战后日本，
难道不是应该变化而未曾去改变的日本吗？从 1930 年到 1980
年的时期，大致相当于霍布斯鲍姆所说的"暂短的 20 世纪"，
即"从第一次世界大战爆发到苏联解体"的时期。而第三个转
折期即 1980 年代，则不单单是日本，同时也是这个世界的大
转折时期。这个"转折"恐怕意味着"世界史"的终结和新的
历史之开始。❶

这种三个时期的历史划分最关键最核心的地方，便把以往一
般认为 1945 年的战败是日本近代化历程中的重大转折标志的观
念颠覆掉了。人们通常是以"二战"的结束作为标志而强调"战
前帝国主义日本"和"战后民主主义日本"的根本区别。但在子
安宣邦看来，从日本人对"世界史"关系的认识图式观之，则
1930 到 1980 年期间并没有发生根本的改变。这一尖锐的观察意

---

❶ 子安宣邦《"亚洲"是如何被叙述的——近代日本的东方主义》第 26—27 页。

味着什么呢？那就是形成于 20 世纪 30 年代的帝国日本对于世界和亚洲的认识图式延续至今，它依然在束缚着日本人对本国近代历史的认识，依然阻碍着日本与东亚邻国的关系修复。子安宣邦明确地指出："对于 1930 年以后日本在世界中的地位的认识图式，虽然经历了战后却由于日本国家没有明确的清算意识因而被暗中维持下来了，难道不是如此吗？对于与旧殖民地和被侵略国家的亚洲诸国的关系，日本国家除了一点儿一点儿地做出关系修复的表明之外，根本没有表示出对其错误的清算和建立新关系的国家意志。由于这种关系修复意识的缺乏，从日本权力机构的高层不断发出有关靖国神社参拜问题，还有历史教科书问题等修正历史的要求。可以说，帝国日本这种具有连续性的要求贯穿整个战后过程而一直由日本国家保持下来了。'日之丸'（日章旗）、'君之代'（国歌）的法制化，便是日本国家与过去那个帝国日本具有连续性的露骨而不知羞耻的认知要求。"❶ 到此，我们终于得以看到，子安宣邦的"日本批判"之所以如此尖锐深刻而发人深思的原因所在了。"历史视线重叠法"不仅深化了他对日本近代思想史的观察，同时也使他看到了现实问题背后，当代日本和帝国日本对于世界和亚洲的认识图式上的连续性，从而加深了现实批判的历史深度。

　　另一个历史视线重叠法是将日本战前、战后两个六十年重叠起来。如果说前一个历史视线重叠法即亚洲视角和江户视角的重叠，是站在 2000 年这一时刻来回顾东亚及日本的"近代"而提出的一个思想史视角，那么，两个六十年的重叠则是立足于现在即 2005 年这一当下的时刻，面对日本在东亚外交上四面楚歌的被动局面，

---

❶ 子安宣邦《"亚洲"是如何被叙述的——近代日本的东方主义》第 38 页。

以及国内保守政治上升的严峻状况，而提出的一个"真实政治"批判的视角。两个"重叠法"目的都在于通过发自现实和历史的视线之交会和重叠，来透视当下问题的来源，激活其与历史的深层联系，从而确立起"现实政治批判"的稳固基点。本来，历史时期划分并非目的，也不是一成不变的认识框架，重新提出与以往不同的历史分期自然可以提供新的认识视角，甚至可以暴露出以往的分期所遮蔽的历史背景和问题所在。

2005 年 7 月，子安宣邦在《两个六十年与日中关系》的讲演中初次提出了两个六十年重叠法。❶ 这里的"两个六十年"，指的是从明治十四年（1881）通过政变确立萨长藩阀权力统治，并选择普鲁士式君主立宪的天皇制国家而由此开启了日本帝国的征程，到昭和十六年（1941）太平洋战争爆发的整整一个甲子，和 1945 年至今所构成的另一个六十年周期。将两个六十年重叠起来思考，首先使子安宣邦感到"对于见证了帝国日本六十年之终结的我们这一代人来说，战后日本六十年的终结更给予我们一种暗淡的预感"。就是说，帝国日本六十年的历史终结于 1945 年彻底战败的灰烬之中，但彻底失败反而给日本国民带来了起死回生和再造民族历史的机遇，于绝望的深渊中得以看到些许希望之光。这对于当时还是中学生的子安宣邦来说，应该是刻骨铭心的了。然而，战后六十年即"55 年体制"的终结，带给人们的却是整个日本国家失去了方向，在"历史认识问题""靖国神社问题"和与东亚邻国外交关系上团团打转这样一种严峻的局面！那么，问题出在哪里呢？在子安宣邦看来，问题就在于"日本的战后过程，实际上

---

❶ 这个讲演曾于 2005 年 7 月日本立命馆大学召开的"历史中的现在 —— 志在日中思想文化的共有"学术讨论会上宣读。日文文本还未见发表，中文翻译文本载 2005 年《读书》杂志第 10 期，赵京华译，北京：生活·读书·新知三联书店。

完全是依存于日美安全保障体制的，只不过自己标榜和平主义国家的立场而已。其实，所谓的战后过程正是日本实现经济大国化的过程。更需要补充的是，日本现在能够成为一个大国，在于它拥有处于世界前茅的自卫队这种军队，同时在远东把最重要的军事基地——冲绳提供给美国"。结果，日本的战后体制便存在于下面这样一种现实与认识的乖离错位之中：一个明言基于宪法的和平主义国家且自己也如此认为的日本，同时又是一个经济上世界第二的大国和霸权国家美国在亚洲最有力的合作者，以及作为美国在远东最重要的军事基地的日本。

在对日本战后体制做出以上判断之后，子安宣邦注意到，这种现实与认识上的乖离错位，使战后的日本人与战前的帝国日本在意识上保持了一贯的联系。这个帝国意识在战后作为大国意识依然存在于日本人的认识世界的思考构架之中，从而阻碍了其与东亚各国从根本上建立起共生关系，并在亚洲找到自己新位置的努力。结果是"中国、韩国与日本国家关系的恢复总因有被搁置起来未解决的问题而具有不确定的性格。虽然国家层面上经济优先的关系恢复在先，但国民层面的相互和解问题依然没有得到解决"。可以看出，子安宣邦对目前日本与东亚关系的诊断是相当深刻的，而两个六十年的重叠法，无疑是使问题的复杂性得以呈现出来的有效的批判视角。

了解到上述子安宣邦那阔大的历史视野，即以近四百年来东亚地缘政治变化的长时段眼光来逼视问题重重的当下日本和东亚，又对一百五十年来日本近代化历程以整体把握从而形成的"历史视线重叠法"，我们再来解读他最近极具政治批判色彩的著作《国家与祭祀》和《福泽谕吉〈文明论概略〉精读》等，就会对其问题意识和作为批判型知识分子的立场，有一个更加深入的理解。

六

如上所述，子安宣邦的著作一贯以学术研究与政治参与意识的融会贯通和对当下问题的高度关注为特征。出版于 2004 年，在知识界引起强烈反响却遭到大众媒体刻意默杀❶的《国家与祭祀——国家神道的现在》❷一书，其写作动机亦首先来自对现实日本政治的严重关切和忧虑。在上世纪 90 年代以来保守主义风气和民族主义情绪弥漫日本社会的状况下，受到国内外激烈批判的政治家参拜靖国神社，已经成了日本当下问题的一个死结。前首相小泉纯一郎及一部分自民党右翼政要放弃对关乎日本的历史认识、政教分离的宪法理念和未来国家走向的重大问题——靖国神社问题的学理讨论和思想交锋，仅以广告式的政治话语将参拜问题解释为"个人信念"和"心灵问题"，而反复不断地祭祀供奉着"二战"甲级战犯的靖国神社。这不仅造成了日本与东亚周边国家外交上的紧张局势，而且在国内刺激起新一波民族主义情绪和国民内部的分裂。把重大的历史和政治问题简化为"个人信念"和"心灵问题"的做法，完全是政治家有意为之的政治操作手段。这不仅是面对国内外批判声音

---

❶ 据作者子安宣邦告知笔者，2004 年 7 月《国家与祭祀》出版以来，虽然在知识界特别是批判型知识分子中间获得了普遍的好评，销售情况也很可观，但因为问题的敏感性涉及当前日本保守政治的核心所在，一些大报担心右翼势力的威胁而回避对此书做出评论甚至拒绝刊登广告。不过，由于最近进步知识界维护和平宪法第九条的呼吁活动（"九条会"）逐渐在市民中扩大了影响，促使媒体不得不予以关注。子安宣邦也于 2005 年 8 月 14 日和 10 月 23 日，两次应邀参加了日本放送协会（NHK）有关靖国神社参拜问题的市民讨论会"特别节目"（电视直播）。

❷ 该书由日本青土社于 2004 年出版。

的辩解，更是在逃避历史和宪法问题❶而为当下政治行为（向伊拉克派兵）和国家战略（追随美国霸权、实现联合国安理会入常和政治大国化）开辟道路。正如子安宣邦在另外的文章中指出的那样，小泉纯一郎这套政治操作手法乃是为日本国民所设下的一个危险"圈套"，❷它势必会蒙蔽一般国民反省历史维护和平宪法原则和坚持"非战"国家理念的视线。靖国神社作为一个隐蔽的国家宗教设施，乃是为将来成为"正常国家"的日本发动和参与战争而准备的战死士兵的灵魂归宿。保守政治家顽固不断的"参拜"正是在支持和推进"战争之国"日本的重建。

在这样的意义上，我们说靖国神社参拜已经成为日本当下问题的一个死结，必须从学理、历史和政治层面揭穿保守势力的政治操作给日本国民设下的陷阱。《国家与祭祀》正是这种批判意识的产物。子安宣邦在书中凭借长年江户儒学研究的积蓄，以"知识考古学"的方式从起源上挖掘明治维新以来的"国家神道"、靖国思想与19世纪初"后期水户学"儒家"国家经纶"学说的政治思想史渊源，以"话语分析"的独特方法对当代神道学者复兴神道而为靖国神社辩护的政治言说进行尖锐的批判和解构。同时，在西欧近代民族国家建制原理和亚洲视角之下，深刻阐明了靖国神社作为近代日本国家祭祀，其宗教政治的意识形态性：以天皇（皇祖皇宗）为

---

❶ 1946年11月公布的日本国宪法第20条规定："任何宗教团体不可接受国家授予的特权，而行使政治上的权力"；第20条第3款又进一步明确规定："国家及其机关不得进行宗教教育及其他任何宗教性活动。"另，第89条明文禁止向宗教团体及组织的活动提供国家资金和其他方便。这即是所谓"政教分离"和"信教自由"原则。前首相小泉纯一郎等政府官员参拜靖国神社，显然有违反宪法政教分离原则的嫌疑，已有地方法院（如福冈地方裁判所）对此做出了"违宪"的判决。
❷ 子安宣邦《何谓"靖国问题"——不可掉入陷阱》，载2005年《现代思想》杂志8月号，东京：青土社。

祭祀对象，旨在为近代国家日本的确立和动员国民参加对外战争提供宗教神学依据。

《国家与祭祀》首先针对当前流行的"神道重估论"，特别是神道界学人复兴神道的言说展开学理批判。作为以战后普遍获得认可的历史观来论述神道的神道史学者村上重良，曾经给"国家神道"下了这样一个定义：国家神道是近代天皇制国家创设的国家宗教，在明治维新到太平洋战争的大约八十年间支配了日本人的精神世界。这个 19 世纪登上历史舞台的日本新国教乃是通过神社神道与皇室神道的结合，并以宫中祭祀为基础，经过神宫、神社祭祀的重新组合而确立起来的。就是说，村上重良把"国家神道"视为近代日本天皇制国家的宗教祭祀体系，认为其产生和消亡的过程主要是在明治维新到太平洋战争结束的八十年间。随着 1945 年日本帝国的消灭和战后新宪法的实施，政教分离原则的确立以及象征天皇制的落实（昭和天皇的"人间宣言"），"国家神道"亦自行消亡了。同时，作为近代日本国家创设的宗教祭祀体系，国家神道与历史上的神道传统并没有直接的渊源联系。[1] 然而，村上重良这种战后具有代表性的"国家神道"论述，在近年来的神道重估论或曰神道复兴论者那里，却遭到了各种各样的批判。神道史学者阪本是丸便指责说：国家神道问题的焦点在于，它绝非明治维新以后突然出现的，而是与古来天皇制结合在一起的具有国家性、公共性的神社有关。这个大有历史渊源和国家性、公共性的传统神社神道是怎样被镶嵌到近代天皇制国家体系中去的，才是问题的关键所在。[2] 十分明显，阪本是丸强调的是近代国家神道与历史上的皇室神道（伊

---

[1] 参见村上重良《国家神道》，东京：岩波书店，1970。

[2] 参见阪本是丸《国家神道的成立与终结》，收国学院大学日本文化研究所编《日本的宗教与政治》（2001）。

势神宫祭祀）和神社神道的渊源关系。另一位神道重估论者苇津珍彦，也通过叙述国家神道与历史传统的源远流长关系来批判村上重良的观点，但更将矛头指向"国家神道"概念本身。他称这个概念词语是战后美国占领当局的"神道指令"（1945年12月）所捏造出来的，这使战后日本的国民心理发生了混乱。而村上重良等人的解释乃是一种迎合"神道指令"的意识形态化的虚构。[1]

　　而在子安宣邦看来，这些神道重估论者其批判的话语虽然是针对村上重良关于"国家神道"的观点，但却在不厌其烦的历史渊源关系叙述中有意绕开了问题的关键所在，即"国家神道"本身以及近代民族国家的宗教性问题。神道重估论"其目的不是对近代日本构筑起来的国家神道的批判性颠覆，其批判的矛头也不是国家神道本身，而是指向了如何对国家神道进行历史评价的方面"。[2] 这些充满诡计和陷阱的重估论话语，其指向历史渊源的叙事目的在于保持和延续神道的历史命脉并颠覆战后的历史评价，从而达到复兴国家神道的目的。例如，阪本是丸在强调古来与天皇密不可分而持续至今的神社之国家性、公共性的同时，抬出"市民宗教""国民宗教"等概念，分明是要跨越宪法政教分离原则，以此为神社神道的未来复权描绘出新的蓝图。苇津珍彦批判旨在确立完全的宗教自由和新宪法政教分离原则的"神道指令"，称其中的"国家神道"一词为美国强迫给日本国民的意识形态化的"捏造"。与此同时，他强调神道是"数千年来于日本民族大众精神生活中自然成长起来的民族固有精神的总称"，以此来和这个"捏造"的"国家神道"概念相抗衡，最终期待的是未来的"神道

---

❶　参见苇津珍彦《何谓国家神道》，东京：神社新报社，1987。
❷　子安宣邦《国家与祭祀》第14页，东京：青土社，2004。

雄飞"。通过话语分析，了解到神道重估论的根本目的所在，我们也就可以清楚地看到：与新近装修一新的靖国神社"就游馆"对明治维新到太平洋战争期间的日本近代史之重新叙述，❶ 以及保守政治人物固执地参拜靖国神社的行为遥相呼应，神道重估论无疑是上世纪 90 年代以来保守主义政治和历史修正主义思潮中的一翼。只是，他们更侧重以追溯过去的历史叙述来掩盖近代国家神道的政治性。因此，批判性地解构这套话语叙事，就必须从近世日本政治思想史的视角去追究近代天皇制国家神道的政治起源，必须从东亚地缘政治变动的背景和民族国家理论上去反省近代国家本身的宗教性。子安宣邦认为，"国家祭祀乃是超越近代国家政教分离原则的国家本身所具有的宗教性、祭祀性。更直白地说，近代国家是作为可以发动对外战争，要求国民为国献身的国家而成立的。国家为了获得永存的基础而祭祀为国献身的死者。而近代日本国家，正是以神道来祭祀的。这种国家的宗教性和祭祀性绝非日本一国所特有，实乃一般近代民族国家共同的问题"。❷《国家与祭祀》就是要以近代国家普遍具有宗教性为理论前提，透过日本国家的宗教性、祭祀性来思考"国家神道"的问题所在。

从 19 世纪初"后期水户学"充满政治危机意识的思想学说中寻找近代国家神道的起源，这无疑是子安宣邦"国家神道"批判的一个重要视角。我们知道，历史上的"水户学"是在江户时代的水户潘，因潘主德川光圀主持编撰《大日本史》而促成的一个国学学

---

❶ 据子安宣邦《国家与祭祀》第 3 章"沉默的鬼神和生者的饶舌"介绍：这个设在靖国神社之内的就游馆是一个臭名昭著的军事武器博物馆，2002 年重新装修开馆。图录卷首的"说明"，强调新开馆的陈列通过祭祀神器、战争纪念品、历史资料、古今武器实物，旨在担负起反映"近代史的真实"的使命。

❷ 子安宣邦《国家与祭祀》第 27 页。

派。该学派以国学、史学、神道为基础形成具有强烈国家意识形态性的学派特色，是在宽政（1789—1802）年间以后，史称"后期水户学"，其对于明治维新前后的尊王攘夷运动影响巨大。受制于近代浪漫主义历史学的影响，人们考察一个事物的起源往往追溯到遥远的古代，而忘记了发生在晚近的直接缘故。为了颠覆神道重估论者别有用心的历史叙述，子安宣邦用"知识考古学"的视线首先注意到，维新政府于明治三年（1870）颁布的"大教宣布"诏书中，把代表皇统始祖和神祇国家日本之始源中心的"天照大神"称为"天祖"。这个将中国儒家思想中的"天"与"祖考"概念结合在一起而形成的日语词汇，在日本的古典文献中并没有固定的用法。毋宁说，"天祖"观念乃是于近世水户潘儒家知识集团的《大日本史》这一皇国正史的历史叙述之中，被重新构筑起来的政治概念。"后期水户学"国学家会泽正志斋（1782—1863）的《新论》（1825），就可以证实这一点。《新论》面对幕末西方外敌逼近日本列岛的危机四伏局面，运用儒家天下经纶思想对古来日本"祭政一致"的国家理念做了重新阐释和构筑。他把"天"和"祖考"两个概念合而为一，使"天祖"有了同时执掌"政"与"祭"的两种功能。在此基础上，《新论》进一步对"国家之根本体制"即"国体"展开论述，并提出面对外来危机而采用"圣人之祀礼"的方略。如果说中国圣人所说的"鬼神祭祀"是安民的最好说教，那么，由"水户学"将其改写为"天祖之教"则是要通过祖先祭祀体制为人民提供死后的安心，来统一民族共同体。子安宣邦认为，水户学的"人民"概念无疑已是不久之后出现的"国民"之先声，而《新论》的"天祖"观和宗教性的拯救说，则为《教育敕语》（1890）所谓"国体之精华"直接继承下来，成了明治维新以后盛行的"国体论"乃至靖国神社思想的原型。

从近世政治思想史的视角，厘清"后期水户学"天祖说及其政治学中的"国体论"与近代天皇制下国家神道思想的政治渊源关系，十分重要。这不仅可以有力地揭穿神道重估论者从久远的文化传统来叙述神道起源的虚构性，而且可以将人们的思考再次聚焦于近代"国家神道"本身及其民族国家的宗教性，使当今社会政治中的"靖国神社"问题的政治性凸显出来。于此，子安宣邦的"知识考古学"和源自亚洲、江户的视线也就有了与当下问题交汇而深化其政治批判的场域。

近代天皇制下的国家神道及其靖国神社思想，直接来源于19世纪初充满国家意识形态色彩的"后期水户学"之神道学和国体论。这并不奇怪。如果按照西方一般民族国家理论来讲，近代民族国家是通过宗教世俗化运动而逐步形成的。但是，根据美国宗教学者的研究，近代民族国家作为一个世俗共同体虽然有别于古代的宗教共同体，然而，两者之间的差别并非泾渭分明。支撑近代民族国家统一的是作为文化认同的世俗民族主义感情，而宗教共同体的基础是宗教民族主义。可是，在要求其成员彻底同化于共同体（信仰、忠诚）方面，两者之间很是相近，甚至在要求"国民"忠诚于自己这一点上，近代民族国家有比传统宗教共同体更为强烈的宗教性。这就揭示了以政教分离原则建立起来的近代世俗国家，实际上有着不亚于传统宗教共同体的宗教性特征。另一方面，如果说西方的民族国家是以世俗民族主义为其支撑的，那么，非西方地区特别是亚洲（如印度、中东）的近代民族国家之建立，则更需要宗教民族主义的支持。❶ 子安宣邦受到上述理论

---

❶ 参见马克·尤鲁根斯玛雅《民族主义的世俗性与宗教性》，阿美部哉日译，东京：玉川大学出版部，1995。

的启发，进一步把日本的"国家神道"放到亚洲视角之下来审视，发现与西方世俗化民族国家不同，由于日本缺乏西欧基督教世俗化后依然保存着的基督教社会的文化认同基础，因此在建立近代民族国家时，只能于分离开神道和佛教之后，依靠以天皇为顶点的神道祭祀体系来实现国民的统一。一般认为"国家神道"的确立是在明治十年（1877）前后，这正好与日本近代世俗国家的成立同时期。或者可以说，新生的日本正是以神祇国家的理念为主导而构筑起来的世俗国家。❶ 这个世俗国家不仅在法律上（如1889年颁布的帝国宪法第1条所谓"神圣皇国日本"）确立了"国家神道"的地位，而且是通过把神祇祭祀体系吸收到自己的内部使自身具有新的祭祀性和宗教性而确立起来的。

在确认了明治维新以来日本近代国家特殊的世俗化历程之后，子安宣邦又特别提请人们注意，近一百五十年的近代史中，以1945年的战败即帝国日本国家体制的断裂为分界，实际上国民体验了两次世俗国家化的过程。从宪法上国家体制的确立来讲，第一次是以1889年《帝国宪法》的颁布而实现的，第二次则以1946年《日本国宪法》即新宪法的公布为标志。明确地区分开这两次世俗主义国家化的存在，至关重要。因为，1946年颁布的新宪法在规定"日本国民诚心诚意希求以正义和秩序为基调的国际和平，并永远放弃以国权所发动的战争及武力威吓或武力行使作为解决国际纷争的手段"（第九条）的同时，又以第二十条和第八十九条明确规定了政教分离原则和国民的信教自由："任何宗教团体不可接受国家授予的特权，而行使政治上的权力"；"国家及其机关不得进行宗教教育及其他任何宗教性活动。"这意味着直到1945年为止的世

---

❶ 参见子安宣邦《国家与祭祀》第124页。

俗化国家日本，是一个虚假的世俗主义国家而遭到了否定。这个被否定了的非世俗主义国家日本，在法律制度上虽然标榜其世俗性，但却利用与非世俗国家不相上下的超政治力量干预国民的社会生活，其影响甚至波及国民的精神领域。新宪法就是要以政教分离原则向世界表明：1945 年以后的日本要走一条真正的世俗主义国家道路。而在子安宣邦看来，区分两个世俗国家化的过程，其至关重要性还在于"当今围绕日本的国家与宗教所引发的所有问题都存在于这两个世俗主义国家之间"。❶

清楚地认识到 1945 年帝国日本国家制度上的失败和断裂，充分理解战后新宪法的存在意义，才会使人们明白现在流行的神道重估论和右翼保守政治人物不断参拜靖国神社的真正目的。其实，右翼论客中西辉政已经迫不及待且毫不含糊地道出了其中的奥妙："永远保护作为为国捐躯者即战殁者慰灵的中心设施靖国神社，亦是国家安全保障政策上的最重要课题。"❷ 在子安宣邦看来，这无疑暴露出了叙述靖国的话语目的不在靖国本身，而在于为国家着想为国家辩护。中西辉政等历史重估论者刻意强调战前、战后日本国家的连续性，有意模糊 1945 年的失败和断裂，他们从文化历史传统上找到的神道神社的连续性，实在是一个骗局。战争之国就是祭祀之国。日本是战争国家，是祭祀"英灵"的国家，其最重要的证据就是靖国神社的存在。❸ 靖国神社供奉着二百四十六万六千四百二十七个牌位，它们包括了从明治维新为"王政复古"大业献身的志士到直至太平洋战争为止的大小十一

---

❶ 子安宣邦《国家与祭祀》第 126 页。

❷ 中西辉政《靖国神社与日本人的精神》，载 2003 年《正论》杂志 8 月临时增刊号《靖国与日本人的心灵》。

❸ 参见子安宣邦《国家与祭祀》第 187 页。

场战役、"事变"中为国捐躯的护国"英灵"（其中有被东京审判定为甲级战犯的十四人）。而在为回避"本土决战"发动的"冲绳战"中死去的十万市民，却不在靖国神社的祭祀之列！更何况数不胜数的日本国内以及亚洲各国的无辜死者。这分明证实了靖国神社的国家宗教祭祀的性格。进而，子安宣邦更把批判的视野扩大到整个人类的20世纪，他认为通过这战争中数不胜数的死者，民族国家成了被质疑的对象，或者20世纪成了我们必须质疑的时代。也正是在这个意义上，1946年颁布的《日本国宪法》必须得到尊重和维护：

> 日本国宪法禁止一切国家对于宗教的参与，并自行把国家规定为建立在完全的世俗原理之上的。这一将国家与宗教彻底分离开来的宪法原则，与放弃作为解决国际纷争手段的战争，禁止拥有以战争为目的的军事力量之存在的宪法原则一起，确定了作为国家自我规范的日本国宪法之崇高的现代意义。因为此宪法原则对近代国家的战争和宗教祭祀性提出了根本的质疑。❶

《国家与祭祀》是一部高度浓缩了学理分析和政治批判的著作，在透过知识考古学、话语分析和亚洲视角来解构"国家神道"及"神道重估论"，认真思考日本当下的政治危机，反思20世纪全球民族国家制度安排的结构性症结及其与战争的关系方面，最能显示子安宣邦一贯的学术风格和批判型知识分子的倾向。它将作为由《近代知识考古学——国家、战争与知识分子》一书开辟

---

❶ 子安宣邦《国家与祭祀》第19页。

的日本近代知识制度批判的一个组成部分，越发展示出其特有的思想学术价值。

<h1 style="text-align:center">七</h1>

以上，从子安宣邦的日本近代思想史批判和内在于学术的政治抗争姿态入手，对其20世纪90年代以来的主要著述进行了分析和阐释。作为影响巨大的当代日本批判型知识分子，他的著作中贯穿着一条由"后现代"特别是知识考古学、文化研究和亚洲视角所构成的思想史研究方法，同时包含了作为社会良知极强烈的政治关怀与批判意识。如前所述，子安宣邦旨在颠覆日本近代知识制度，从"近代性"视角之外来观照近代日本的方法论，主要是从出版于1990年的著作《作为"事件"的徂徕学》开始，在挑战日本思想史研究奠基人丸山真男的"近代主义"方法论体系的同时，逐渐构筑起来的。必须明确指出的是，这种挑战绝非学术领域中"文人相轻"式的门户之争，而是起因于在关乎近代性、民族、国家和整个20世纪的历史认识方面，其立场观点和思考方法上的根本不同。简而言之，如果说丸山真男代表的是战后民主主义那一代学人以近代性思想资源为前提来审视和认识日本的倾向，那么，子安宣邦则反映了80年代以来后现代社会中，特别是从超越民族国家构架的立场出发，借鉴世界性反省近代化的理论资源来审视日本问题的新一代知识分子的思考方法。因此，后者对前者的挑战反映的是后现代主义和近代主义之间的对立和不同。因此，十五年来这种挑战始终没有间断，作为一个充满紧张感的思想撞击和生成的源头，它给子安宣邦的学术行为铸就了论战的性格和批判的活力。正是在这

个意义上，2005年问世的《福泽谕吉〈文明论概略〉精读》（以下简称《精读》），❶ 也就不仅仅是一部有关日本近代早期的经典著作的导读书，而是一部从思想方法上与近代主义者丸山真男抗争的著作。这里，我将以对《精读》中抗争性的话语之解读，再次确认子安宣邦思想史方法论的基本特征。

1986年，丸山真男出版了他的晚年著作《读〈文明论概略〉》。❷ 作为一个始终把福泽谕吉的思想当作"精神食粮"而迷恋一生的研究者，丸山真男开宗明义，强调自己将以江户思想家那样的"经典注释"方式来解读福泽的著作。他称《文明论概略》（以下简称《概略》）为"近代日本的古典"，❸ 实际上表明了一种阅读姿态，即放弃对其著作产生的历史背景进行深度思考，通过直接面对文本本身的解读而将"古典"作为一种"常识"予以确认，以增长自己的"教养"。这种阅读姿态无疑来自近代主义者丸山真男对福泽谕吉思想乃至近代知识的认同，其结果自然是对批判性解读的放弃，或者如一些现代研究者解读荻生徂徕那样，是在文本内部解读文本的本质，或在专业解读集团内部解读文本。子安宣邦的《精读》则与丸山真男针锋相对。他首先将福泽谕吉的《概略》视为"近代日本黎明期的著作"而强调一种可以称为重叠阅读的解读策略。所谓"近代日本黎明期"，即19世纪亚洲与日本所面临的剧烈变动的转折期。在这个大变局的时代，作为亚洲中的日本面临多种选择和近代化设计的可能性。而《概略》无疑是面对多种选择可能性提出的一个有关

---

❶ 该书由日本岩波书店出版。

❷ 该书分上中下三册由岩波书店刊行，现收入《丸山真男集》第13卷，东京：岩波书店，1996。丸山真男完成此书的写作是在1985年，时年71岁，故我称之为"晚年著作"。有趣的是子安宣邦《精读》的写作也是在71岁前后完成，同样以岩波书店出版。但观其批判的锋芒和抗争的气势，与丸山截然两样，实在难以称其为"晚年著作"。

❸ 参见丸山真男《读〈文明论概略〉》序言，东京：岩波书店，1986。

日本国家走向的文明论式设计方案。就是说，《概略》的诞生是一个思想史的"事件"，是在与多种可能性设计相抗争的过程中所明确提出的一个方案。重要的是，这个文明论式近代化设计方案——以西方文明为楷模，通过"脱亚入欧"以实现日本一国的独立和富强，基本上也是近代日本所选择的国家战略。不幸的是，这个国家战略在福泽谕吉的文明论设计提出不到八十年的时间里，却遭遇到了1945年的挫折和惨败。这样一来，将其定位为"近代日本黎明期的著作"，就使《概略》成了反思日本近代化历程的一个重要思想资源，而不再是"古典""常识"和"教养"性的著作。所谓"重叠阅读"，就是穿越一百五十年的历史时空悬隔，把福泽谕吉写作《概略》的亚洲大转折时代与当今21世纪新的转换期重叠在一起，通过历史文本的解读，从起源上反思19世纪以来的近代化路线，以及20世纪由帝国主义和民族国家独立而引发的战争与革命的惨痛教训。这样，作为一百四十年前日本近代黎明期最初的文明国家化设计方案的《概略》，其理论上的结构性病症和文明史论逻辑上的矛盾危机（文明与野蛮的二元对立思维模式），就会透过1945年的惨败这一历史镜像呈现出来，成为我们思考当下时代课题的一个参证。对于《概略》的解读工作也就成了与近代化的历史相抗争，以探索未来日本国家走向的前瞻性思考。

在这样的定位和解读策略之下，子安宣邦于《概略》中得以发现丸山真男的"古典"解读法所没能阐释出来，或者有意无意之间遮蔽掉了的思想史问题。比如，对于福泽谕吉"文明乃相对之语"❶的解释。丸山真男认为，这里所说的"文明即文明化，因而

---

❶ 见福泽谕吉《文明论概略》第3章"论文明的含义"。其中有曰"文明是一个相对的词，其范围之大是无边无际的，因此只能说它是摆脱野蛮状态而逐步前进的东西"。

只能是相对的"。❶ 把文明看作是文明化,"文明"也就变成了一个表示历史进程的概念。这种解释表面上看,起因于丸山对福泽谕吉的下文即"只能说它是摆脱野蛮状态而逐步前进的东西"一句中"野蛮状态"的忽略。而在子安宣邦看来,这完全是一种隐蔽,即对福泽谕吉文明论中文明与野蛮二元对立思维的隐蔽。文明乃相对于野蛮而言的文明。"对于文明乃相对于野蛮的概念,文明社会史即是相对于野蛮社会史、停滞社会史的历史叙述这一事态,丸山的《读〈文明论概略〉》则始终予以隐蔽。……对于文明社会发展史的叙述同时也就是对非文明社会的叙述这一点,丸山亦视而不见。福泽将欧洲文明史作为自己的文明论乃至文明史叙述的背景,意味着其叙述同样具有欧洲文明史的结构性特征,即以文明史的方式来叙述人类社会必然要发现和叙述原始野蛮社会。"❷ 指出这一点十分重要,因为这文明与野蛮二元对立思维模式不仅是造成福泽谕吉文明论或文明史叙述的根本矛盾所在,而且牵扯到他另一个重要议题"脱亚论"即对于亚洲的基本认识问题。正如西方人的西洋文明史叙述必定要伴随着对于非文明乃至反文明的东洋史叙述那样,如果说黑格尔乃至马克思通过先进的欧洲看到的是落后的印度以及中国,那么,在福泽谕吉那里其反文明的亚洲则意味着专制王国中国和专制的古代日本。就是说,只要以文明论的方式来叙述历史,而且是以欧洲为文明史的楷模和基准,那么,这种历史叙述就必然要创造甚至捏造出一个对立面即落后野蛮的存在。以这样的叙述为根基所设计出来的国家独立和富强的方案,在逻辑上也就必然要导致"谢绝亚洲东方的恶友"而步入进步的欧洲这样一种"脱亚论"

---

❶ 丸山真男《读〈文明论概略〉》(上册)第 217 页,东京:岩波书店,1986。
❷ 子安宣邦《精读》第 84—85 页,东京:岩波书店现代文库,2005。

路线。子安宣邦认为，对落后亚洲的叙述来自福泽谕吉以欧洲文明为典范的文明史话语叙述原本具有的结构性特征。而丸山真男的《读〈文明论概略〉》对此不仅根本没有触及甚至有意"为贤者讳"，称"脱亚论"为福泽的时事评论性的用语，并没有在当时流行过等等。❶

丸山真男对《文明论概略》的解读还有一个重大的缺失，那就是亚洲视角的缺席。这不仅导致他对福泽谕吉书中"外国交际"（国际关系）概念的误读，也失去了透过其"脱亚论"路线来反省日本近代化国家战略，即一国之独立富强与对亚洲的殖民侵略之悖论关系的可能性。《概略》第10章"论我国之独立"中，福泽谕吉在论述独立所面临的"困难之事"时提到"外国交际"一事，认为这是日本不曾体验过的最大"病患"。丸山真男认为这里所说的"外国交际"是日本如何积极地加入到以西欧国家体系为中心的近代国际社会中去的问题。而在子安宣邦看来，这种解读是无法说明为什么福泽谕吉称"外国交际"为日本之"病患"的，原因在于丸山真男始终缺乏从亚洲视野认识19世纪东亚历史变动的意识："所谓19世纪东亚的国际关系乃是一种受到欧美先进各国威逼的关系，即政治、经济、文明上欧洲先进国家与落后亚洲各国的关系。而丸山真男对《概略》的理解中始终缺乏这样一种视角。因而，对于福泽谕吉面对欧美先进各国发出的愤怒，丸山真男只将其解释为例外的情绪性表现，对于福泽不断关注殖民地印度状况的视线，也不曾给予理会。最后，对于后进日本所采取的于亚洲首先实现先进国家化即脱亚论式的文明国家化的战略，更没有给予真正的理解。"❷

---

❶ 参见子安宣邦《精读》第5章"文明社会与政治体制"。另，参见丸山真男《读〈文明论概略〉》序言"如何向古典学习"。

❷ 子安宣邦《精读》第267—268页。

福泽谕吉正是意识到了 19 世纪东亚中的日本所面临的"外国交际"上的被动地位和危机状况，才有了对近代民族国家本质特征的透彻认识，并将"文明论"的最终结论落实到了以文明为手段达成一国独立的目的上。❶ 而在子安宣邦看来，福泽对近代民族国家本质的透彻认识以及在此基础上得出的文明论结论，在当时日本所面临的国际关系背景下自然有其道理。但是，如果用"重叠阅读"的方法，从《概略》提出文明论设计方案七十年后日本国家的悲惨结局来反观福泽谕吉的国家论和战争观，就会看到其中深刻的逻辑矛盾和悖论，作为历史文本的《概略》也就可以成为我们于今天的全球化时代反思 20 世纪民族国家问题时的思想资源。例如，福泽谕吉认为，近代民族国家及由主权国家所构成的国际社会，其本质特征是由"贸易和战争"这两条原则规定的。如果比照现代一般国家理论和国际关系学说对民族国家的解释，我们不得不承认一百多年前福泽的国家论和战争观深刻地触及到了本质性的方面。近代主权国家最主要的特征首先是对"内与外"做出明确的区分。对于国内主要是依靠"民事"法规以保障市民的和平而有秩序的活动，推动商业发展以繁荣国民的生活。对于国外则依靠"军事"力量保障国家的独立与主权不受侵犯，甚至以军事力量来维护和扩大本国的利益，近代国家间的战争正源自于此。即主权独立的国家是可以根据国家利益的需要为发动战争提供合法性依据的。福泽谕吉说：

> 然而，从目前世界的情况来看，没有一个地方不建立国家，没有一个国家不成立政府的。如果政府善于保护人民，人

---

❶ 福泽谕吉《文明论概略》第 10 章"论我国之独立"结尾云："兹再重申前言，国家的独立是目的，现阶段我们的文明就是达到这个目的的手段。"

民善于经商，政府善于作战，使人民获得利益，这就叫做"富国强兵"。不仅本国人引以为自豪，外国人也感到羡慕，而争相仿效其富国强兵的方法。这是什么道理呢？这是由于世界大势所趋，不得不然，虽然违背宗教的教义。所以，从今天的文明来看世界各国间的相互关系……则只有两条。一条是平时进行贸易相互争利，另一条就是一旦开战，则拿起武器相互厮杀。换句话说，现今的世界，可以叫做贸易和战争的世界。❶

可以说，福泽谕吉的以文明为手段达成一国之独立的文明论，即为近代日本所设计的国家发展方案——脱亚入欧路线，正是建立在上述对于 19 世纪国际关系乃至民族国家本质的透彻认识之上的。

问题是，福泽谕吉在上述认识中实际上已经察觉到了其理论的内在矛盾和悖论性。故而才有"这是由于世界大势所趋，不得不然，虽然违背宗教的教义"一句无可奈何的解释性话语。如果说，面对当时严峻的国际环境，福泽谕吉所做出的文明论判断和一国独立的抉择，有其"不得不然"的理由而可以给予理解的话，那么，当我们于 1945 年看到了这个文明化国家的设计方案与帝国日本一起遭到了毁灭性的后果，日本以天皇制国家为至上理念致使超过二百万的日本士兵死于战争（更何况无数亚洲的被害者）；当我们目睹 21 世纪"霸权国家"依然以"本国的国家利益"为目的不顾世界和平势力的反对而悍然发动战争等，则近代主权国家的战争合法性连同民族国家的合理性就必须予以质疑。子安宣邦认为，这不是要指责和断罪一百多年前的福泽谕吉，而是前人遗留给 21 世纪的我们必须思考的课题。丸山真男的解读一味为福泽谕吉的"脱亚

---

❶ 此处引文采用了北京编译社《文明论概略》中文版的译文，北京：商务印书馆，1994。

论"辩解，一再以认同的姿态诠释日本所要为伍的西欧"近代主权国家"的体系和内涵，而放弃从今天的角度反思"近代主义"的努力。实际上，他隐蔽了我们通过福泽文明论必须去追问的问题，这就是当今日本的出路问题。❶

子安宣邦在激烈抗争丸山真男的福泽谕吉解读的同时，提出了充满批判精神和思想撞击之内在紧张的另一种《概略》解读方法。通过这一解读，我们再一次确认了子安宣邦上世纪 90 年代以来所形成的后现代主义思想史方法论及其独特的亚洲视角，也进一步领略了其强烈的政治关怀和对当下日本的历史批判之尖锐。从他个人的学术历程观之，以 1996 年出版的《近代知识考古学 —— 国家、战争与知识分子》为发端，其针对日本近代知识制度的批判工作，经过整整十年的时间，通过《作为方法的江户》《"亚洲"是如何被叙述的》《汉字论》《国家与祭祀》，以及目前的《精读》等相关著作的写作，已然构成了一个井然有序的近代日本知识谱系学序列，它们涉及民俗学、支那学（中国学）、近代化论、历史学、东洋社会理论、东亚论、语言学、汉字文化论和国语学、神道宗教学等等。这个知识谱系是在以西方为楷模建立起独立的日本近代国家制度的同时被构筑起来的知识制度，而这个知识制度所生产的一整套近代性话语，作为一个深深影响人们思想心灵的意识形态化叙事，反过来又为日本国家的近代化，包括帝国主义和殖民侵略战争提供了理论逻辑支撑与合法性依据。1945 年的挫折和惨败给予国家制度以致命的一击，使社会结构和制度安排不得不发生某些根本性的变动和扭转，但是这个知识谱系作为一个深层精神制度，并没有产生根本的动摇。换言之，比起国家制度的变革来，知识制度的

---

❶ 参见子安宣邦《精读》第 290—291 页。

革命或许更为艰难。因此，作为具有后现代主义倾向的批判型知识分子，子安宣邦以一己独立的个体和自身的全部知识积蓄去挑战这个坚固的知识制度，其反思和批判精神就特别值得关注和敬佩。

随着上世纪60年代社会革命和学生造反时代的结束，以及由工业社会向大众消费社会的转型，世界各地的左翼批判势力在逐渐走向衰微。日本的情况与西方发达国家相仿佛，近三十年来旧左翼批判势力的母体——日本共产党，作为在野党其势力不断遭到削弱，几乎在日本社会丧失了发言权。而90年代以来，就连中道的社会民主党亦失去了制衡保守政治势力的力量。当今日本社会，左翼批判力量的一个重要方面是由出生于上世纪50、60年代而在80年代后现代氛围中成长起来的，或者说由后现代主义者向左转而形成的新生代知识左翼群体。子安宣邦在年龄上虽然不属于这个群体，但作为极具影响力的思想史学者，他将后现代思想方法和强烈的政治批判意识融合一体，其学术倾向也从另外的方面代表了日本知识界批判势力的走向。他不断地提出问题，督促人们反思历史，重新思考日本的"近代化"，批评社会上日益增长的民族主义情绪和单边主义倾向。其批判锋芒的尖锐，有时甚至让人感到有些苛刻。然而，需要指出的是，子安宣邦对日本"近代"的痛切批判，对日本国家过去的战争行为以及近代知识制度的深度反省，乃是出于真正的对于日本民族的爱护。作为经历过战争年代的人，在他身上负载着那场战争和日本近代化所带来的特殊经验，这样一种"负载着沉重的伦理性"的经验，赋予他思想学问以深沉强劲的批判意识和使命感，而且是超越了一国历史面向人类21世纪未来走向的使命感。他曾经这样说道："20世纪于世界中无辜致死和被杀害的人实在太多太多"，"与无意义而死去的那些死者一道，去质疑覆盖

在它们身上的被赋予的虚伪意义和价值，剥下其假面"，正是经历过战争和战后历史的一代人"背负着伦理性债务的沉重的任务"。❶
因此，子安宣邦思想史研究和政治批判中的后现代倾向，从一开始便在反思现代性、颠覆近代知识制度的背后，具备了一种阔大的由历史经验所构成的伦理关怀。这无疑使他的后现代倾向有别于后面将要论述的日本"新生代知识左翼群体"，而显示出独特的风格。正如他自己所言："受到 20 世纪帝国主义所支配，由战争造就而成的近代化世界非转换不可……我的近代批判绝非流行一时的后现代主义可以一语带过的，我不希望支配了 20 世纪的近代，又延伸到21 世纪。"❷ 这样一种阔大的内在于学术的伦理政治关怀——如何界定和计划我们的生活世界，如何为这个生活世界做出价值上的辩护，才是其学术追求和批判精神的根本所在。

八

末了，对子安宣邦最近再次论述到"近代的超克"和竹内好问题的新著《何谓"近代的超克"》做些分析，以结束本章的讨论。

如今，"竹内好"成了学术界的一个热门话题，不仅在日本国内，甚至扩散到欧美和东亚。2004 年，在德国海德堡大学曾举办题为"竹内好——思考亚洲另一种近代化的思想家？"的研讨会，随后两年里，中国上海大学和日本爱知大学也相继召开了"鲁迅与竹内好"和"日本、中国、世界——重估竹内好及其方法论的范式转

---

❶ 子安宣邦《东亚论、日本现代思想批判》中文版作者序言，赵京华编译，长春：吉林人民出版社，2004。
❷ 子安宣邦《思想史方法论再思考》，收台湾中文版《东亚儒学：批判与方法》。

换"等学术会议。与此相伴随的是近几年来竹内好著作陆续在海外被翻译，并在日本国内得到重印。这与竹内好 1977 年辞世后一段时间里被边缘化形成了鲜明的对照。实际上，"竹内好问题"的升温还有一段前史。1987 年美国康奈尔大学日裔学者酒井直树发表《近代批判：中断的计划——后现代诸问题》，从批判西方中心主义这一语境出发，在竹内好死后十年重提其"亚洲的抵抗"命题。1989 年日本中国思想史学者沟口雄三出版《作为方法的中国》，试图在中国研究上摆脱竹内好形成于战后的东西方二元对立思维架构，将中国视为具有独立于西方近代化经验的历史实体，以思考走向多元化世界的思想史方法论。而"作为方法的中国"无疑受到了竹内好"亚洲的抵抗""作为方法的亚洲"等概念的启发，两者构成明显的批判性继承关系。随后，沟口雄三与东京大学同行合编七卷本丛书《在亚洲思考》，更将上述问题意识推向整体的亚洲研究，倡导一种超越西方中心主义近代化模式的"亚洲论述"，得到了北京、首尔、台北一些学人的积极呼应。而这新一轮"亚洲论述"背后，则隐含着一个作为思想资源和话题原点的呼之欲出的"竹内好"。

然而，竹内好那套有关"亚洲近代"的思想话语，绝非可以直接作为透明的知识架构和概念工具而应用于当今的。例如，他在 20 世纪 50 年代依据鲁迅的"抵抗"和革命中国的近代化经验对日本乃至西方近代性的批判，透过战后日本民族主体性重建问题对明治维新以来的民族主义的重估，包括通过"近代的超克"论对大东亚战争"二重性"的解读，以及 60 年代提出的"作为方法的亚洲"命题，等等。总之，对于深深烙有日本昭和时期意识形态色调而又颇有思想深度和批判性的竹内好上述一系列思想话语，有必要从那段包含着帝国主义殖民战争暴力的"昭和时代"历史总体上加以清理和解构。这不单单是为了"政治正确"，更不是要纠缠历史问题以掩盖竹内好的光辉，而恰恰在于要从错综复杂的历史情境中搭救出他那独特的思想遗产。不如此，人们便难以从被帝国主义殖民逻辑严重污染过的"解放亚洲""东亚新秩序""大东亚共荣圈"等意识形态话语中，剥离出"亚洲原理""作为方法的亚洲"等带有歧义性的思想概念而为今天所用，更无法消除当今讨论东亚问题时常碰到的质疑：你讲的亚洲是谁的亚洲？"东亚共同体"构想会不会是历史亡灵的再现？

2008 年 5 月，以思想批判尖锐著称的思想史学者子安宣邦，出版了新著《何谓"近代的超克"》。在我看来，这是迄今为止对上述"竹内好问题"及其"亚洲论述"给出最有力的批判性解读的一部著作。该书从"近代的超克"座谈会与"昭和日本"意识形态话语之间的同构关系入手，通过引入"世界史的立场"和"大陆政策十年之检讨"两个同时期的座谈会，以及诗人保田与重郎"文学的反叛"和哲学家三木清对"东亚协同体"的理论建构，力图整体地呈现"昭和日本"意识形态话语的基本特征和问题所在。全书的主旨在于"昭和意识形态批判"，而讨论的核心则是"竹内好问题"。归纳起来，我认为子安宣邦透过对昭和时代的整体把握，对"竹内好问题"的以下三个方面给出了独自的解读。第一，竹内好战后的思想话语与日本浪漫派反讽式的近代批判和京都学派"世界史的哲学"之逻辑具有同构性，反映了"昭和日本"意识形态上的基本特征。第二，竹内好"近代的超克"论是一种大东亚战争论，其"战争二重性"说是一个错误的判断。而将"二重性"说推至日本近代史的整个过程，由此构筑起来的"亚洲原理"等，则是竹内好对抗"欧洲原理"而划出的一条抵抗线。第三，竹内好"作为方法的亚洲"也是一个无法实体化的思想抵抗线，即在世界史上持续地划出一条抵抗的亚洲线，立足亚洲转守为攻去革新和发展源自欧洲的近代价值。这是最值得我们今天作为思想资源来继承和重构的遗产。

日本纪年上的"昭和"指 1926 至 1989 年的时期，同时，依据 1945 年的"战败"又有"昭和前期"和"昭和后期"或者战前与战后的划分方法。但如前所述，子安宣邦不赞同以 1945 年"战败"来划分时代的做法，在他看来，日本帝国的消亡虽然引发了国家制度上的重大改革和知识话语的转向，但从 20 世纪 30 年代由日本帝国所建立起来的对世界和亚洲的"认识图式"上来看，并没有因"战败"而发生根本性的改变。在这个大致相当于霍布斯鲍姆所谓"短暂的 20 世纪"的 30 年代至 80 年代时期里，无论是"战前"还是"战后"，日本国家都没有放弃作为"世界史"的积极参与者和"世界秩序"的重要成员而要求"重构"世界的立场，昭和前期那种帝国主义式观察世界和亚洲的认识图式也没有因为战败而得到清算。❶

"昭和日本"知识者思想话语的基本特征，首先在"近代的超克"座谈会与会者以及日本浪漫派诗人保田与重郎身上得到了集中典型的反映。那就是反讽式的近代主义否定：在不断从根本上谋求"本真的近代"同时，坚持否定那种仅在表层实现的"虚假的近代"。或者说，在要克服的"欧洲近代"之对立面上设定"亚洲近代"的绝对价值。子安宣邦通过对保田与重郎《近代的终结》《蒙疆》等文本的分析，并将其与竹内好战后所著《何谓近代》《近代的超克》等重要文章进行比较，不仅发现了两者之间在"话语姿态"即反讽式的表述方式上的同构性，而且注意到是竹内好在战后不久首先提出要对因赞美战争而声名狼藉的"日本浪漫派"进行重估的。当他在《近代主义与民族问题》（1951）一文中将"近代"

---

❶ 子安宣邦《"亚洲"是如何被叙述的》第 38 页，东京：藤原书店，2003。

与"民族"作为两个相互对立的概念来规定时，他为我们呈现了这样一种思考逻辑：当日本的"近代"作为外来之物，其外来性受到批判的时候，另一面的"民族"必将作为本真之物被构筑起来。如果说这个外来之物的"近代"指称的是欧洲近代，那么，作为另一面的"民族"则必然是要到亚洲的深层去发现的某种本真之物。在此，外来与本真、近代与民族、西洋与亚洲构成了一系列对抗的二元关系。如果说，竹内好对日本浪漫派思想话语的共有和继承证实了前面子安宣邦强调的"昭和日本"认识世界和亚洲的"图式"并没有因"战败"而改变的观点，那么，竹内好战后的思想言论更给我们提供了解读"昭和日本"意识形态话语的钥匙。

而"世界史的立场"座谈会及京都学派的历史哲学则反映了"昭和日本"知识者思想话语的另一个特征，那就是循环论证式的对于日本帝国主义战争的肯定，并把大东亚战争视为"永久战争"即"思想战"。子安宣邦在解读这个座谈会时，通过与已被忘却的另一个座谈会"大陆政策十年之检讨"的比较，发现京都学派这些理论家们高雅的哲学漫谈中根本没有对于"中国问题"——经过"满洲事变"到"支那事变"再到座谈会召开之际的 1941 年，日本对大陆的侵略战争已经深深陷入不能自拔的境地，而中国的抗日民族主体于抵抗中已然形成——的现实分析，对日本当时所面临的内外危机和国际环境也没有详细的阐明。不仅没有分析和阐明，座谈会的参加者们根本就没有表示出对这些现实问题的任何兴趣来。危机的只是欧洲的世界史，他们所要论证的则是日本如今在世界历史上的位置。高坂正显认为，日本的历史哲学如今已经达至"世界史哲学"的第三阶段，欧洲化的世界秩序出现巨大破绽，而此刻于亚洲太平洋地区登上世界舞台的乃是日本帝国。这就是日本之"世界史的立场"。子安宣邦发现京都学派战争意识形态话语的表述特征为：日本强调自己当下的世界史立场是正当的，因为日本正处于世界史的位置之上。这是一种循环论证，一个主观信念的表明而已，其绝对前提则是帝国日本的存在。

这种"循环论证"与日本浪漫派"反讽式的近代主义否定"在逻辑结构上是一致的。如果以此来谈论一个不痛不痒的哲学问题那也罢了，但当这种哲学漫谈讨论的是一个现实中的帝国主义战争时，它只能成为赋予"大东亚战争"以正当理由而具有煽动性的战争意识形态话语。然而，京都学派的哲学漫谈并没有到此为止，在连续召开三场的最后一场座谈会"总体战的哲学"上，高山岩男明确指出：由于这次战争是一场秩序转换战、世界观转换战，而所谓世界观属于思想的范畴，因此，这次的总体战争当然在其根底上具有"思想战"的性格。高坂正显则强调：这是一场永久的战争，是扬弃战争与和平相互对立观念的、引导我们走向创造性、建设性战争这一新理念的战争。这个将"大东亚战争"视为打破第一次世界大战以来欧洲主导的世界秩序从而获得东亚乃至世界"永久和平"之思想战的看法，不仅是日本帝国主义者发动殖民战争的意识形态化托词，而且也是"昭和日本"知识者思想话语的构成要素之一。而子安宣邦在解读"近代的超克"论时，更注意到竹内好不仅对京都学派上述"世界史的立场"给予了高度评价，而且他将"大东亚战争"视为"永久战争"的观念，就直接来自于对京都学派"总体战"观念的重构。

九

当然，指出竹内好战后的一系列思想言论与战前"近代的超克"论乃至京都学派"世界史的立场"之战争意识形态话语具有同构性，并不意味着前者只是复制了后者，如果是那样的话，竹内好就根本没有在今天重新加以讨论的意义了。子安宣邦说竹内好给我们提供了了解"昭和日本"意识形态话语的钥匙，我理解其含义如下：竹内好在战后以自己独特的方式将战争期间提出却没有得到解决的思想课题如"近代""亚洲""战争"等接受过来，进行了不免有失败和偏颇但又颇具思想史意义的探索。他对日本浪漫派的"反近代主义"和京都学派"世界史的哲学"有赞同和共鸣，但同时对其进行了重构，由此形成自己新的思想课题和方法论，值得我们关注。也正是在这里，子安宣邦对竹内好的解读工作进入了最复杂繁难的境地，需要通过"知识考古学"式的解构挖掘到历史的深层，以打开思想话语复杂缠绕的多个层面，从而给出思想史上的判断。例如，我们应当如何正视竹内好"近代的超克"论所隐含的"大东亚战争"论的性格？如何在指出其"战争二重性"说之判断错误的同时，理解竹内好潜在的问题意识和现实批判的意图？日本近代以来的"亚洲主义"明显地具有掩盖殖民战争侵略性的意识形态特征，而竹内好强调"亚洲原理"并重构日本近代"亚洲主义"的谱系，具有怎样的思想方法论意义？

在岸信介内阁正与美国修改"日美安全保障条约"，日本将自愿加入到美国核保护伞之下的 1959 年，竹内好写作了《近代的超克》一文。文章开篇便直言："'近代的超克'作为事件已经成为过去，但是，作为思想还没有成为历史。"这无疑表现了论文的前提和主旨。而在子安宣邦看来，如果考虑到"大东亚战争"乃是负载着"近代的超克"之理念的战争，那么，这将意味着战争在"思想战"的意义上还没有结束，或者说还没有真正得到解决。实际上，当时的日本国家也确实面临着这样的问题：随着《旧金山和约》的签署，日本的战争问题得到了处理而结束了被占领状态，国家主权也得以恢复。然而，"日美安保条约"的修改问题引起了日本内部广泛的社会抗议运动，其战争的处理方法受到质疑。《旧金山和约》是在没有中国、韩国等众多亚洲受害国参与的情况下签署的与欧美单方面的媾和，所处理的只是太平洋战争即日本帝国发动的那场战争的后半部分，而作为前半部分的"支那事变""满洲事变"等依然没有解决。子安宣邦在此提出一个明确的判断：竹内好《近代的超克》因此不能不具有"大东亚战争"论的性格，或者说，"大东亚战争"正是其讨论的核心问题所在。

这个判断十分重要。我们重新翻检竹内好的这篇论文，也确实得到了验证。该文共有五个部分，而最核心的第三和第四部分则通篇讨论的是"十二月八日的意味"和"总体战争的思想"。这提醒我们注意，竹内好在战后讨论"近代的超克"问题，其宗旨和根本目的在于重新认识"大东亚战争"。他提出的"二重性"说也绝非次要的附属性论题，或一时政治判断上的失误。我们今天讨论竹内好的思想，这个核心问题不能回避。关于"战争二重性"，竹内好是这样表述的："龟井（胜一郎）排除了一般的战争观念，从战争中抽取出对于中国（以及亚洲）的侵略战争这一侧面，而试图单就这一侧面或者部分承担责任。仅就这一点来说，我愿意支持龟井的观点。大东亚战争即是对殖民地的侵略战争，同时亦是对帝国主义的战争。这两个方面事实上是一体化的，但在逻辑上必须加以区分。"❶

必须指出，竹内好这个与战时日本帝国对于侵略战争的辩解之辞乃至今天右翼历史修正主义否定大东亚战争侵略性之观点如出一

---

❶ 竹内好《近代的超克》第322页，李冬木、赵京华、孙歌译，北京：生活·读书·新知三联书店，2005。

辙的"二重性"说，是不能成立的，不仅在事实上而且在逻辑上。子安宣邦对此也持鲜明的批判态度：

> 帝国主义国家间的战争（两次世界大战）乃是霸权之间的对立，是围绕帝国主义世界秩序及其重组的争斗，要想由此排除掉侵略战争的性质，那是不可能的。日本侵攻菲律宾，对美国／菲律宾来说乃是侵略，攻占新加坡，在英国／新加坡来看无疑也是侵略。说日本对这些地区的战争与对中国的侵略不同，这种说法即使可以进一步确认日本对中国负有更大的罪责，也绝对无法改变日本所推行的帝国主义战争性质，更不能使其具有双重的结构性格。强调那场战争的二重性，除了将引导人们走向自我辩解式的靖国神社史观之外，还会有什么结果呢？靖国神社史观不是就强调日本的对帝国主义战争开启了亚洲殖民地各国走向独立的道路吗！❶

当然，批评竹内好的"战争二重性"说与靖国神社史观如出一辙，并不意味着两者完全等同。实际上，细读《近代的超克》文本，我们可以知道，竹内好并没有止于"战争二重性"说的提出，也不是要刻意加以宣扬。他追究的是一个更大的逻辑推演过程，即推动日本近代史发展的双重原理——欧洲原理与亚洲原理的矛盾所导致的历史紧张，而"战争二重性"说乃是这一逻辑推演的步骤之一。竹内好说："大东亚战争的确具有双重结构"，"这就是一方面对东亚要求统领权，另一方面通过驱逐欧美而称霸世界，两者既是一种互补关系，同时又是一种相互矛盾的关系。因为，东亚统领权之理论

---

❶ 子安宣邦《何谓"近代的超克"》第 195 页，东京：藤原书店，2008。

根据正是导源于先进国家对落后国家这样一种欧洲式原理……同时，为了使欧美承认日本为'亚洲的盟主'，不得不依据亚洲的原理，可是日本本身在亚洲政策上却放弃了亚洲的原理。""这种分而用之的勉为其难造出不断的紧张，因而只能依靠无限地扩大战争，不断地拖延真正的解决，才能掩盖真正的问题所在。"❶

　　到此，竹内好宏大的逻辑推演其真正目的才得以呈现出来，那就是批判日本国家在亚洲政策上放弃了亚洲的原理，仅依据"欧洲原理"即帝国主义称霸世界的逻辑，导致战争的无限扩大而走向不能自拔的毁灭深渊。而在面对"日美安保条约"即将修改签署，日本仍将处在从属于美国的殖民地状态下的1959年，竹内好作出上述批判其意图无疑在于重构日本的亚洲主义和那个足以抵抗欧美的"亚洲原理"。那么，重构这个"亚洲原理"在当时具有怎样的意义呢？子安宣邦认为："这应该是一个对抗欧洲原理所需要的非实体的消极性原理"，或者说"是由竹内好构建起来的亚洲概念之杰出的非实体化构成。因此，也是由日本近代史上少数非主流人士所肩负着的抵抗的原理"。❷

　　将这个"非实体化的亚洲原理"进一步理论化是1960年竹内好所做的一个讲演，后取名为"作为方法的亚洲"。竹内好说：为使西洋优秀的文化价值获得更广阔的实现，有必要从东洋的角度重构西洋，即从东洋来变革西洋本身，这种文化上的或者价值上的转守为攻，将用东洋的力量来提升源自西洋的普遍性价值，已成为今天东方与西方关系的关键所在。但是，当转守为攻之际，在我们自己的内部必须具备独特性的东西。这个独特性是什么呢？想来，这

❶ 竹内好《近代的超克》第324页，李冬木、赵京华、孙歌译，北京：生活·读书·新知三联书店，2005。

❷ 参见子安宣邦《何谓"近代的超克"》第202—203页，东京：藤原书店，2008。

不可能是实体性的。不过，作为方法即主体形成的过程还是有可能的，我将此称为"作为方法的亚洲"。❶ 这里竹内好清楚地表明，从"东洋的角度"重构西洋近代的普遍性价值，是当今处理东西方关系的关键所在。所谓"东洋的角度"不是以实体性的东洋来否定或代替作为文明实体的西洋，而是作为一种立场或方法去实现源自西洋的普遍性价值，即构成近代社会基础的自由和平等观念。但这些"文化价值在从西欧渗透到世界的过程中，如泰戈尔所言是伴随着武力 —— 马克思主义则称之为帝国主义，即通过殖民侵略而实现的，因此，其价值本身遭到了削弱"。据此，有学者甚至指出，竹内好并非人们印象中的那种"亚洲主义者"，他所谓"亚洲的近代"不仅是一个时代的历史划分概念，同时也是与西方构成对立统一的非西方的空间概念。而从不曾放弃全人类之解放这一理念的角度看，他依然是一个地道的近代主义者。竹内好通过"抵抗"概念要拒绝的是西方关于"解放"的那套意识形态，而不是解放本身。❷

子安宣邦则首先注意到，竹内好这个讲演延续了他战后通过与中国近代化的比较来质疑日本近代化的思想主题。在战后不久的时期里，这种以"鲁迅的中国"为视角的日本近代化批判，对于眼前是一片战败废墟同时又切实听到了人民中国即将诞生之脚步声的日本人来说，是有其坚实的基础的。但是，到了这个讲演的 1960 年前后，竹内好的批判话语变成了日中近代化类型比较研究，结果失去了批判的坚实基础。他所追问的不再是日本近代化的历史，而是其结构上的类型。"落后亚洲内发性的近代"这样一种类型一旦构筑起来，其类型理论本身就要求一个亚洲的实体出现，不管竹内好

---

❶ 参见竹内好《日本与亚洲》第 469—470 页，东京：筑摩书房，1966。

❷ 参见酒井直树《作为死胎的日本语、日本人 ——"日本"这一历史－地理政治学装置》第 49 页，东京：新曜社，1996。

本身的愿望如何。这给他的后继者们造成了可以将"亚洲"概念实体化的幻觉,如沟口雄三等所做的那样。因此,我们解读竹内好这个"作为方法的亚洲",必须首先确认其非实体性的方法论意义。

在此,子安宣邦给出了一个意象深刻的解读:从竹内好战后言论的上下文来思考"作为方法的亚洲",其内涵应该是在强调从不断抵抗的自立的亚洲立场出发转守为攻,将重新找回欧洲近代的自由和平等等价值,并焕发其已经失去的光辉。然而,所谓自立的亚洲并非作为抵抗实体的民族主体,更不是亚洲式的国家。实体化的亚洲一旦被设定为对抗性的存在,立刻就会开始对自身问题和弊端的隐蔽,而那个超克的逻辑也将成为自我辩解的欺骗性修辞。竹内好所谓"作为方法的亚洲"应该是于世界史上持续不断地划出一条亚洲抵抗线的斗争过程,是转守为攻从亚洲出发不断变革欧洲近代的持久的思想战。❶

我理解,子安宣邦这个意味深长的解读,强调必须看清楚竹内好的"亚洲"论与"昭和日本"知识者自我认识话语乃至帝国战争意识形态之间的同构性,同时积极地剥离出同构性背后隐含着的他那特有的抵抗精神和民族自我批判的立场。而剥离的方法就在于不能把作为思想斗争抵抗线的"亚洲"实体化。因为,日本近代史上知识者的"亚洲"想象在 20 世纪 30 年代就曾被帝国日本实体化而成为殖民侵略和称霸世界的战场。另一方面,竹内好的当代后继者如沟口雄三所谓"中国独自的近代化"论,便有将"亚洲/中国"实体化之虞,他原本试图超越欧洲近代的一元论价值基准,即西方中心主义的中国论与亚洲研究,但结果却往往成了对当今中国近代化过程的另一面,即资本主义逻辑的隐蔽。

---

❶ 参见子安宣邦《何谓"近代的超克"》第 250 页,东京:藤原书店,2008。

"近代的超克"反映了日本"昭和意识形态"的基本逻辑，必须予以彻底的批判和解构。因为它并没有随着昭和时代的终结而完全消亡，新的"近代的超克"论式的反近代主义乃至"亚洲论述"在21世纪的日本，依然有再生和复活的迹象。为了拒绝对昭和历史的忘却，子安宣邦说他不能不写作此书。我们知道，"忘却的政治"有两种情况。一个是刻意的抹消，例如一个民族国家的历史叙事往往根据权力的需要，肆意地切割"记忆"编织"叙事"。另一个是有意无意间的忘却，特别是那些对于民族或个人来说属于不道德的历史。汉娜·阿伦特面对20世纪"战争与革命"的巨大暴力性，在《极权主义的起源》中用"忘却的洞穴"概念隐喻极权主义统治不同以往的特征。而在《人的境况》中，她坚持把所谓"公共空间"的本质定义为"人对人表象的空间"，强调将这种"表象"留在记忆里的"故事"的重要性。我们可以将阿伦特的政治思想作为一个整体称为"记忆的政治学"。同样，我想借用这个概念来概括子安宣邦以上的解读，包括他二十年来对整个近代日本思想所做的持续不断的知识考古学工作。这样一种"记忆的政治学"，将提醒今天的我们不要重复失败的历史。

第4章

文本解构、文化政治与真实政治
—— 小森阳一从文本分析到政治介入的历程

一

如前所述，自 20 世纪 70 年代末日本进入大众消费社会以来，各种后现代思潮风起云涌成为批评界主流，柄谷行人凭借对西方思想的深入了解以及与美国批评界的直接关系而把握到国际上理论的最新发展，二十余年来，在文艺批评和左翼政治批判方面，通过对现代性的深度反省和解构，形成了广泛的理论影响力，俨然是左右日本批评走向的代表性存在。相比之下，小森阳一 ❶ 步入批评界大概是在稍晚的 80 年代后期，而且首先是作为"日本近代文学"研究者受到学术界的关注。1988 年《作为结构的叙事》和《作为文体的故事》❷ 两书的出版，无疑奠定了其近代文学和夏目漱石研究专家的地位。对于符号学特别是结构主义叙事学和当代文体学理论

---

❶ 小森阳一，1953 年生于日本东京。儿童时代曾随父母侨居捷克斯洛伐克的布拉格，在那里的俄语环境中完成小学教育，成为一段特殊的人生经历。后毕业于北海道大学，现为东京大学教授。已出版专著、论文集十余种，是著名的日本近代文学研究者，颇有影响力的文艺批评家和社会活动家。

❷ 前者由日本筑摩书房出版，后者由新曜社出版。

的独到理解和开拓，以及对近代文学的语言、文体、叙事结构、话语生成的关注，使小森阳一得以成功地把文本理论运用于日本文学研究上来，从而推动了以作家—作品—时代为思考架构的传统方法论的变革。这也是他在研究界受到注目的主要原因。进入90年代，在继续上述研究并出版《重读漱石》（1995）、《作为事件的阅读》（1996）等专著的同时，他的文学研究和批评活动相继出现了两个明显的重心转移，或者说批评理念和实践领域的大幅度"越境"。一个是在文学研究领域中，从以颠覆"近代文学制度"为宗旨的文本"内在批评"向更注重"文化研究"和意识形态分析的文学"外在批评"的转移。集中反映这种转变和"越境"的，是出版于1998年的《"摇摆"的日本文学》。另一个是从文本批评向政治介入，或者说从文学研究者向批判型公共知识分子的重心转移。其标志是同年与人合编的《超越民族历史》一书的出版，以及《21世纪宣言——摆脱"寄生民族主义"》的发表。就是说，在经历了从文本批评到关注"文化政治"再到对"真实政治"的直接介入，小森阳一如今不仅是一位出色的文艺批评家，而且已经成为当下日本知识阶层中左翼批判力量的一面旗帜。

上述两个层面的"重心转移"在时间上与"新生代知识左翼群体"❶的出现相重叠，从一个侧面反映了该"群体"某种共通的思想发展轨迹。而在小森阳一个人则意味着面对全球化和当下日本民族主义及保守政治势力上升的局面，志在谋求一种超越现有民族国家架构的全新批评立场和政治抵抗的途径。当然，这里所谓的"转移"或者"越境"，并非意味着否定前者而转向后者。如果说，文学研究领域中的从文本内部解构向文学"外在批评"的跨越，是小

---

❶ 参见本书第6章："知识分子如何参与公共事务——日本新生代知识左翼群体的新走向"。

森阳一在自己开拓的叙事学和文本理论基础上，及时吸收欧美"文化研究"和"意识形态分析"，以及"后殖民批评"而实现的方法论上的突破和深化，那么，从文学研究者向批判型公共知识分子的跨越，亦是以文学特别是"语言"为武器的政治介入。他近年来对右翼知识界的"自由主义史观"和历史修正主义的批判，还有对以天皇制为核心的日本近代史的反思，之所以具有强劲的理论穿透力和较大的社会影响，一个重要的因素就在于他成功地将文本解读的方法运用于历史批判和现实政治分析上来。因此，我将把小森阳一近二十年来的文学研究和政治介入作为一个整体，即流动的话语实践过程来观察，结合日本当代社会政治及后现代主义思潮的发展变化，力图做出立体化的动态分析和呈现。

二

小森阳一的学术研究起步于 1985 年前后，运用结构主义叙事学和文体理论，通过对日本近代文学草创期的二叶亭四迷《浮云》和夏目漱石《心》等小说文本进行大胆细致的解构分析，成功阐释了与西欧文法迥异的日语人称、时态、句法、文章的结构运作方式和形态。特别是以《浮云》中的文本变化运动为基本模式，对诞生于明治二十年代（19 世纪 90 年代）全新的"近代"语言叙事形式与文本生成之间相互关系的阐发，生动地再现了传统叙事方式的变形、崩溃，并逐渐向以西欧文章结构为基本模式转变的过程。以此为起点，小森阳一进一步将这种解构战略和叙事学、文体学分析推广到对日本近代各时期代表性小说文本的研究上去，其结晶就是同时出版于 1988 年的《作为结构的叙事》和《作为文体的故事》两书。这种从"起源"上阐发近代文学的生成过程，把源自西方的"叙事""结构""话语"和"文体"等分析概念率先引入文学研究领域，对已经制度化的研究方法提出挑战，在当时曾引起学术界的广泛关注甚至激烈的论争。❶

结构主义叙事学和当代英美文体学，受 20 世纪索绪尔结构主义语言学、俄国形式主义批评和英美"新批评"的直接影响而诞生于上世纪 60 年代的西方。这种结构主义文本批评的发展和兴盛，强烈地冲击了传统的以进化论社会历史观和哲学反映论为基础的、重视道德思想评价的文学研究方法。通过宣布"作家之死"，强调文本独立自在的结构运作规律，将以往视为有着必然联系的"作品"（客体）与"作家"（主体）分离开来，同时，在结构主义符号学思想影响下，强调可以脱离具体的社会历史"语境"对文本结构、叙事模式、话语生成进行量化分析和细分化研究，从而将"作品"和"时代"的链条切割开来。这样，传统文学研究中作家—作品—时代三位一体的基本思考架构便遭到颠覆和解构，"作品"变成中性的"文本"而获得了独立。于是，从结构主义叙事学和文体学的视角或者两者交叉互动的方面来推动文本理论的发展，便成为 20 世纪 60、70 年代西方文学批评的主潮。另外，几乎与结构主义文本批评同时兴起的"读者反应理论"或"接受美学"，也从另一方面对上述传统文学研究中"文学艺术的历史是作家与作品关系的历史"这一固定观念构成了严重的挑战。

在日本，直到上世纪 60 年代末为止的文学研究，其方法论架

---

❶ 岛村辉《"日本近代文学"研究之我见：日本的现状和来自中国的视角》（载日本《女子美术大学纪要》第 30 号，2002 年 3 月）一文中指出，小森阳一以"叙事"结构分析的方法对夏目漱石《心》的精彩解读，曾经在专业学术领域引起一场轰动，并引发了与老一代学者石原千秋、三好行雄等的激烈论争。

构也是主要局限于社会历史分析方面，在作家—作品—时代三位一体的一元论思维格局下推进"实证研究"和"作品精读"，采用的往往是历史、传记、印象式的批评方法，文学被视为反映时代和社会生活的镜子（工具论），文本自身的独立价值和结构运作规律一直没有得到重视。而把近代文学的发展作为反映日本人发现"自我"的历程来考察，则形成了文学史研究上一成不变的固定模式。最早挑战这种单一的模式化文学批评方法的，是在学术研究领域以"读者论"和"文本批评"为武器，解构传统的"时间线性"研究方法的文学史家前田爱，和稍后在批评领域中借重解构主义从"起源"上颠覆近代文学的制度化性格，质疑"日本""近代""文学"等前提之不言自明性的文艺批评家柄谷行人。虽然，在战后不久"思想的科学"知识群体的"大众文学分析"中，还有"国民文学"论争（50年代初期）之后的古典文学研究领域，已经出现了关注"读者"因素的倾向；❶60年代，著名文学研究家三好行雄的《作品论之尝试》（1967）中，也有了对文学作品之结构的精细解读和理论性探讨。但是，从文学观念和方法论架构上真正对传统研究方法构成挑战的，无疑还是前田爱那些独创性的研究。如前所述，他的《近代读者的成立》（1973）和《都市空间中的文学》（1982）等著作，几乎与西方结构主义文本批评的盛行同步，在日本率先确立起从多媒体（近代出版、印刷、报纸、杂志）视角考察阅读群体与文学生产之关系的读者论，同时为了从"外部"解构以"自我表现"为中心的近代文学架构，他将符号化、话语化的现代都市作为一种特殊的"文本"，又把文学作品视为都市的隐文本以透视两者的相互关系，从而建立起崭新的"都市文学"理论。这样，前田爱

---

❶ 参见前田爱《近代读者的成立》后记，东京：有精堂，1973。

改变了以往以作家与作品、作品与时代关系为中心的传统文学研究格局，实现了从重视文学内外指涉关系的线性分析向重视"外部"和"空间性"的立体研究的方法论转换。

当然，前田爱先驱性的研究业绩也并非完全是在孤立无援的条件下产生的。实际上，从60年代中期以来，刚刚兴起于西方的结构主义文本批评，包括符号学及叙事理论和文体学等等，已经开始逐渐被介绍到日本来。罗兰·巴特的《神话作用》《零度书写》《S/Z》《文本的快乐》《故事结构分析》，福柯的《知识考古学》《词与物》《何谓作者》（文学论集），德里达的《声音与现象》《文字学》，列维-斯特劳斯的《结构人类学》《亲族的基本构造》等早期结构主义的重要著作，于70年代前后就已经在日本知识界有了介绍。稍后，《俄国形式主义论集》，雅各布森的《普通语言学》《历史的音韵论诸原则》，施克洛夫斯基的《散文理论》，劳特曼的《文学与文化符号论》《文学理论与结构主义》，热奈特的《叙述话语》《故事诗学》等俄国形式主义批评和巴黎结构主义叙事学理论，也先后有了日文翻译。就是说，上世纪60年代中期以来，西方文本理论的引进已经为日本的文学研究者变革传统方法论架构做好了大的理论背景上的准备。前田爱便坦承，他的"都市文学论"直接间接地受到了罗兰·巴特、米歇尔·福柯以及莫斯科学派文化符号学的启发。❶一般认为，前田爱的贡献不在于依据西方某个学派某种理论方法来裁断和分析日本的文学事例，而在于受到西方思想理论的综合浸染和启发，以自己丰富的文学史知识积蓄和敏锐的理论洞察力，通过对日本文学的具体文本研究提炼出独自的理论分析模式，由此呼应了西方结构主义思潮的发展，同时也开创了日本文学研究

---

❶ 参见前田爱《都市空间中的文学》第630－631页，东京：筑摩书房，1982。

的全新局面。这里已经不再是影响与被影响的关系，而是世界同时性的问题。小森阳一自80年代后期开始运用读者论、叙事学和文体学理论来研究日本近代文学的工作，其情形也与前田爱相仿佛。

三

小森阳一不仅是前田爱先驱性工作的自觉承接者，而且在更为深入综合地消化了结构主义文本理论的同时，将前田爱因过早去世而未能深化和不曾触及的诸多课题向前推进一大步，从而形成了强调读者因素，以结构主义叙事学和当代文体学为主要视角，重新解读日本近代文学的研究路径。在早期的学术专著《作为结构的叙事》"后记"中，小森阳一明确地指出自己的研究：

> 同时，接受了前田爱先生一系列研究工作的强烈触发而有了本书中诸篇论述的成立。他的近代读者论、近代文学论促使我把近代小说故事行为的场域作为包含了媒体和技术的东西来观察。而他的小说文本与都市空间的相互作用关系、有关故事内容的内外空间论以及文体符号论等独特的探索，又推动了我进一步关注文本的时间性、故事行为中内外空间的差异以及文本内部的符号学论方法。❶

《作为结构的叙事》探讨了日本近代文学中的叙事作品，其与传统文学完全不同的叙事形式的诞生和发展，日语独有的人称特别

---

❶ 小森阳一《作为结构的叙事》后记，东京：新曜社，1988。

是第一人称与叙事主体的关系，近代文学产生于"密室"中的书面写作与传统文学的说书"讲谈"方式交替转换的复杂关系等等，涉及包括二叶亭四迷、夏目漱石等明治二十年代（19世纪90年代）前后出现的大量小说文本。而书中第一篇《小说话语的生成》无疑是统领全书，注重理论性和文学史之综合阐述的重要篇章。在此，小森阳一首先强调，自己当初的问题意识不在于从叙事内容来分析小说话语表现了什么，而是从叙事行为的视角出发重新探讨故事是以怎样的方式、从何种立场出发来叙述的。就是说，与传统的小说研究相信内容的确定性、注重作品表现了什么不同，小森阳一注重"读者"的存在价值，自觉从叙事学视角强调叙事本身的结构运作规律和语言层面上小说的话语功能，并由此过渡到对小说文体内部结构的分析。在这样的总体视角之下，对日本近代文学进行重新阐释，其理论思路和主要结论如下。

一、近代文学特别是其中的小说，首先是附着于近代资本主义印刷技术的发展而被书写被阅读的，它是内在于这样一种以书面写作为媒介的特殊交流过程的产物。近代资本主义印刷技术造成的文字书写隔断了传统文艺的作者与读者面对面"讲听"的交流方式，也改变或者说产生出了全新的文学叙事方式。二、活字印刷的"近代小说"其话语从作者到读者的传递途径存在着多重的曲折甚至隔断，读者并非直接从实际的作者那里接受其语言。读者面对一个个印刷的活字，只能通过选取有意识的阅读速度将这些"活字"连接起来，最后编织成语句和文章。就是说，通过读者的读书行为，书本才得以成为文本，其交流的途径才得以接通。经过这种读书行为的积累，"作品"化的文本才会形成。近代文学的实际"作者"隐身于活字印刷文字的背后，这无疑意味着作为言语表达的主体已然死亡，取而代之的是作为观念的"作家"

之诞生。三、必须明确指出，"作家"只是在读者的阅读过程中虚构出来的一个观念，它与实际的"作者"根本不同。今天，依然有研究者把实际的作者等同于"作家"，这源自他们对小说这一近代文类的基本特性认识不足。区别"作家"和"作者"的不同，意义在于可以更深入地了解近代小说话语的虚构"表现主体"与"叙述者"的关系。按照巴赫金的理论，小说中的叙述部分和人物的对白都是作者从各种文本的集合之中选取的"他者的语言"。在这些"他者的语言"背后，我们可以读解出披着各种具体的社会历史衣裳的发话者之像，但小说这种文类的独特之处就在于它所传达的不是人本身之像，而恰恰是言语之像（《小说的语言》）。我们只有抛弃将作家和小说文本中的"叙述者"等同起来的观念，才能真正确立起小说话语分析的视角和方法。

具体到明治时代草创期的小说文本分析，小森阳一依据上述理论认识，生动地剖析了小说家们艰难地走出传统叙事形式（人情本、滑稽本），最后创造出近代叙述文体的过程。他认为，坪内逍遥的《当世书生气质》（1885）其艺术上的失败原因，在于从传统文类中借用而来的"兄妹再会"的故事叙述和作者要表现的"当世书生"生活的叙述，在小说话语层面上无法统一起来。这反映出当时日本的"近代小说"还没有确立起西欧小说那样的"全知叙述视角"，以第一人称和第三人称的差异来区分小说中的叙述部分和会话部分，这在当时的日语文章结构法中还无法找到相对应的功能。二叶亭四迷的《浮云》遇到的也是同样的问题。近代日本的叙事文学其全新的叙述语言或者文体的出现，得力于自由民权运动（1877—1883）退潮之后，新闻报纸对汉文调的政论文章文体的改革。而在记述社会事件和日常生活的新闻报道中，逐渐形成了更接近事实的特殊性和具体性、更接近日常语言的叙述文体，这中间移译西欧俄国小说的翻译文体对新的叙事方式的形成也起到了重要的作用。考虑到近代资本主义印刷技术和大众媒体报纸的出现给小说叙事文体形成的决定性影响，我们则需要对"言文一致"运动给以重新定义。小森阳一认为："所谓'言文一致体'的确立，绝非单纯意义上的口语与书面语的一致。而是基于英语教育，均质的翻译文体句式，形成了日本知识阶层的文章感觉基础，通过将以往传统多样的文体记忆打压到背景后面，从而造成了'口语文体'如同自然的'言'似的错觉。实际上，'近代'的'言文一致体'也是随意创造出来的一种'文'，而绝不是日常的口语。"❶ 而 1905 年东京帝国大学讲师夏目金之助以"夏目漱石"的笔名发表《我辈是猫》，1907 年辞去教职入《朝日新闻》社，成为报纸连载小说作家，其十余年的创作实践，正是寻找日本近代叙事文学的全新文体的过程。而经过大正时代（1912—1926）的谷崎润一郎（《痴人之爱》）、昭和时代（1926—1989）的横光利一（《上海》）等代表性作家的实践，日本近代小说的叙事文体才得以逐渐确立、发展并巩固下来。

这个近代文学叙述模式，并非以往人们所理解的那样，是通过日常口语与传统书面语言的结合，并在接受西方影响，继承传统文类形式的基础上形成的，毋宁说是一种全新的叙事方式的创造。它伴随近代资本主义印刷技术的发展，通过书面写作的形式使传统的作者隐到"作品"的背后，又在读者读书行为的积极参与中最后得以成为"近代的"叙事文体。因此，当我们要认识叙事作品的结构和运作规律（而不是作品讲了什么内容）时，就需要从文本批评入手，借用叙事学和文体理论对其进行内部的分析。因此，小森阳一将自己的著作《作为结构的叙事》视为有关日本近代小说的"文体

---

❶ 小森阳一《作为结构的叙事》第 53 页。

史"或者"表现史",并明确指出他所分析和解构的"文体史",其演变过程绝非进化论式的"历史"时间,而是使螺旋式的反复生成和差异化过程得以前景化的时间。❶这无疑暗示着他的近代文学研究是一种重视文本内部结构规律的批评路径。

如果说《作为结构的叙事》其根本的问题意识在于"从叙事行为的视角出发重新探讨故事是以怎样的方式、以何种立场出发来叙述的",并据此对整个日本近代小说叙事模式的发生、发展进行了理论和历史的纵横考察,那么,同时出版于1988年的《作为文体的故事》,则主要是通过分析明治二十年代的小说其表现与结构、文体与叙事的相互作用关系,来论述传统"文类形式的记忆"和读者"期待的视线"如何走向崩溃,最后为近代小说叙事结构所取代的过程。例如,从主人公的功能作用、题材与结构、表现理论三个方面,把握二叶亭四迷的《浮云》等作品,考察其书写行为如何自觉地离开以往的表现方法从而创造出崭新的文体;又如,以森鸥外早期小说为中心,阐述与西欧文体相关的"人称"性怎样产生出叙事故事来,回忆式的第一人称所创造出来的"自白"制度,叙事者的位置与故事的完成之间有怎样的关系;还有,通过考察广津柳浪和樋口一叶的作品,试图阐明日语偏重"第二人称"的特点与近代小说文体的矛盾关系等等。可以说,两部著作的问题意识是一致的,但后者比前者更为深入细致,叙事理论、文体学以及读者论的视角都在具体的文本分析中得到了充分的发挥。

从以上的分析介绍观之,小森阳一从结构主义叙事学和当代文体学的视角对日本近代小说进行的理论思考与文本分析,在今天或许已经成为研究者的一般常识和方法,但在上世纪80年代后期,

---

❶ 参见小森阳一《作为结构的叙事》后记。

无疑具有文学观念和方法论上的革命性。已有学者指出：当时，从西方翻译介绍过来的有关"叙事"结构的理论书籍很多，以此对文学进行文本分析大有成为热潮之势。但一般粗浅的照搬模仿，也使得人们对这种"叙事"结构分析方法是否适合日本文学的实际产生了怀疑。小森阳一独自开拓的"叙事结构分析"法，来自对日本近代文学具体文本的深厚理解和对"日语"的特殊感悟（他少时曾经生活于斯拉夫语系的布拉格，回国后经历了长时间与本国语言抵抗、斗争和接受的过程），在此基础上形成的方法真正丰富和强化了"叙事结构"理论，"使文本分析的方法最终获得了市民权"。❶ 换言之，他的批评实践在改变传统的注重社会历史分析和道德评价之文学研究的同时，成功地确立了文本分析在日本文学研究领域中的地位。

最后，值得一提的是，小森阳一在颠覆传统文学研究方法时，从战略上强调读者阅读行为的作用，他注意在作家—作品—时代三位一体的传统批评模式中插入"读者"一项，具有很大的解构效果。这不仅使单向度的"作家—作品"思考模式受到了挑战，更在强调读者的积极阅读作用下使文学文本从作家那里独立出来，使对文学"意义"的阐释获得了解放，也改变了人们以往对文体的单一认识。他在《梦想中的阅读》一文中引用梅洛－庞蒂读书行为论❷ 之后，对"阅读"有一个精彩独到的把握：

> 符号和语境是引诱读者的动作手势，文学文本的身姿和表

❶ 参见岛村辉《"日本近代文学"研究之我见：日本的现状和来自中国的视角》，载 2002 年日本《女子美术大学纪要》第 30 号。

❷ 即"阅读是我的言语的自命不凡的、不可触知的躯体和作者言语的自命不凡的、不可触知的躯体之间的一种遭遇"（梅洛－庞蒂《世界的散文》中文版第 13 页，杨大春译，北京：商务印书馆，2005）

情则更是作为其文本所固有的文体而表现出来的。文本绝非单纯的"形式"或传达信息的工具。正如"文体"一词本身所示，作为文之体不但传达着语言化的信息，还通过多样的身姿和表情向读者打招呼。可以说，文体乃是读者将自己变成他者（作者）、同时将作者（他者）变成自己的运动之身体。通过这种相互差异化的运动，使被制度化的阐释所束缚着的作品获得了新的意义，与这样的作品相遇的读者也得以逃脱本身的制度化限制，从而迈出创生意义的旅程。❶

正是在这样一种对于读者作用的深刻理解之上，针对传统文学研究中的作家—作品—时代三位一体模式，小森阳一分别将"读者"和"读书行为"两个新的元素嵌入到"作家—作品"和"作品—时代"这两个坚固链条的中间，从而把"作品"搭救出来，使之成为有独立生命的"文本"。在此基础上，运用结构主义叙事学和当代文体学对近代日本小说进行重新解读，由此开拓了充满多样可能性的文学"内在批评"的广阔空间。

四

小森阳一在上世纪 80 年代后期于日本近代文学研究领域所开拓的"文本分析"方法，受到学术界的关注，也带动起了这方面研究的深入推广。为了普及以"叙事结构"分析为中心的各种理论模式和方法论概念，1991 年他与六位研究者共同编辑出版了《为了阅

---

❶ 小森阳一《作为文体的故事》第 332 页，东京：筑摩书房，1988。

读的理论》一书，对相关的理论概念进行了大面积的梳理和总结。特别是其中征引了大量日本近代文学的实际范例，使原本抽象的理论和方法成为可操作的概念分析工具，因此，在研究界尤其是大学文学系学生当中产生了持续而广泛的影响，文本分析理论也逐渐成了学术界的共同语言。而在个人研究方面，直到20世纪90年代中期为止，小森阳一相继出版了《绿的物语——〈吉野葛〉的修辞学》（1992）、《重读漱石》（1995）、《作为事件的阅读》（1996）等著作，可以说其研究方法得到了深化。然而，1995年前后，小森阳一在批评方法和思想理路上明显地出现了新的变化，这就是上面提到的，从以文本理论为中心的文学"内在批评"向注重"文化意识形态分析"的"外在批评"，或者说从"文本分析"向"话语分析"的重心转移。我以为，这种明显的重心转移其动力当然来自作为具有开拓意识和创新精神的批评家，其自身不断开创进取谋求思想观念和方法论突破的意识，同时也是受到下面两个大的文化思想背景的影响、刺激所使然。一个是20世纪80年代中期前后国际理论批评界大趋势的变动，另一个是由于东西冷战格局的变化导致日本国内社会政治的普遍保守化与思想文化上的自我封闭状态。而后者，既是促动小森阳一文学批评方法论上重心转移的社会政治因素，又是后面将要详细阐述的"从文学研究者向批判型公共知识分子之重心转移"的决定性原因。

众所周知，盛行于20世纪60年代的欧美符号学和结构主义思潮，极大地推动了以叙事学和文体理论为主的"文本批评"的发展。但是，经过解构主义运动的冲击，到了80年代中期，被视为脱离社会历史语境的文学"内在批评"之"文本分析"逐渐出现衰落趋势，代之而起的是文化研究、意识形态分析、女权主义以及稍后出现的后殖民批评的兴起。其强调"差异文化政治"，以边缘反抗中心，批判白人中心的种族主义歧视，关注作为"他者"的少数族群和弱势群体，解构民族国家同一性和均质化意识形态生产的文学"外在批评"得到迅猛发展。日本知识界注意到这种变化大概是在上世纪 80 年代末 90 年代初，其中，日裔美籍学者康奈尔大学教授酒井直树（1946— ）通过一系列论文的发表，对上述批评理论特别是"文化研究"在日本的推广起到了重要的作用。结集出版于 1996 年的《作为死胎的日本语、日本人——"日本"这一历史—地理政治学装置》和 1997 年的《日本思想问题》❶ 两书，就是其重要标志。小森阳一逐渐转向文学的"外在批评"或者说"意识形态分析"，也是在 90 年代初从关注文学表现和大众媒体的关系开始的。他与学界同人在《文学》杂志上联合刊发的两个特辑——"媒体的政治力量"和"媒体的造型性"，❷ 通过分析中日甲午战争前后以报纸为中心的新闻媒体，其话语编制如何推动了"近代文学"的诞生，这个近代文学作为创生"国民"的媒介，又与新闻媒体一起怎样推动了明治维新以后民族主义思潮的兴起，从文化研究的视角阐述了文学与民族国家想象之基础的"民族主义"的深层关系，给读书界留下耳目一新的深刻印象。出版于 1997 年的编著《媒体、表象、意识形态——明治三十年代的文化研究》，❸ 便是上述相关研究成果的总结，而《"摇摆"的日本文学》则是小森阳一综合运用文化研究、民族国家理论对日本近代文学进行整体性重估和批判性审视的著作，标志着其从"文本分析"到"意识形态分析"或者"文化政治"批判的方法论转移的完成。

　　诞生于欧洲的文化研究（Culture Studies）经由美国的技术化处

❶ 两书分别由新曜社和岩波书店出版。
❷ 分别刊载于《文学》杂志 1993 年冬季号和 1994 年夏季号，东京：岩波书店。
❸ 与红野谦介等合编，小泽书店出版。

理，在上世纪 80 年代逐渐形成了一套可操作的概念分析工具，其理论核心在于批判种族主义和性别歧视，提倡"差异文化政治"。科内尔·韦斯特在《新的差异文化政治》中指出："在 20 世纪的最后几年中，批评家和艺术家的感性和世界观发生了重要变化。……与一种新的差异政治相关的新的文化工作者正在形成。这些新的思想意识形式提出了关于艺术家和批评家使命的新观念，企图破坏学术界、博物馆、大众媒体和艺术馆网络现行的学科分工，同时保留对全球村中无所不在的文化商品化的批判模式。新的差异文化政治的显著特点是以多样性、多元性和差异性之名抛弃单一和同质；依据具体、特别和特殊排斥抽象、一般和普遍；通过突出偶然性、临时性、可变性、试验性、转换性和变化性实行历史化、语境化和多元化。" ❶ 我们知道，受欧洲"文化研究"的影响，美国倡导"差异文化政治"的"文化左派"，主要是针对传统"白人规范审视"标准歧视和抹杀有色人种、少数弱势群体的弊病，强调一种文化意识形态分析，一种"制度"批判。本来，在欧洲由于对复杂多样的人类生活心态的好奇心导致文化人类学的兴起，但美国文化左派的方案却并非这种好奇心的产物，美国的"文化研究"或曰"差异文化政治"，其主要动机是希望为遭受屈辱的人们提供帮助，根除社会上严重普遍的施虐心理，并教导美国人识别和尊重"他者"。❷

而在方法论上，作为对传统的以精英文化为中心的社会历史分析方法过分强调道德判断和结构主义文本理论偏重"内在批评"的反弹，"文化研究"注重"社会文本"，强调重归文学产生的"社会历史语境"，注重从非主流的边缘文化、非精英的大众文化（特别

---

❶ 见《文化研究读本》第 145 页，罗钢、刘象愚主编，北京：中国社会科学出版社，2000。
❷ 参见理查德·罗蒂《筑就我们的国家——20 世纪美国左派思想》中文版第 58 页，黄宗英译，北京：生活·读书·新知三联书店，2006。

是影视媒体）视角来批判和解构以启蒙话语为核心的"近代文学"，关注文化中蕴含的权力机制，特别是阶级、种族、性别上的宰制与被宰制的非对等关系。在质疑现代性和民族国家制度合理性方面，文化研究具有强烈的政治批判性，同时通过倡导"差异文化政治"而反映出反主流、反精英、反体制的抵抗性格，是北美和欧洲知识界 90 年代以来最为活跃的一股思潮。作为思想史学者，酒井直树在美国首先积极将上述文化研究方法引入日本近代思想史研究，又通过把主要论文及时发表于日本的期刊杂志上，❶ 使文化研究的理论和方法在日本知识界得到了传播。由于酒井直树的文化研究不仅是一种理论主张，而且是在直接进入日本思想史分析的过程中呈现出其方法论的，因此比较容易得到理解和接受，他的研究成果也就成了日本学者了解这一理论方法的一个重要渠道。作为与酒井直树气味相投的好友和共同推进"文化研究"的同一理论战线上的批评家，小森阳一也是在这样的背景下，与酒井直树一起于日本推动文化研究理论发展的同时，迅速将其应用到"日本近代文学"研究中来的。

五

《"摇摆"的日本文学》❷"序章"开宗明义，明确亮出自己的文化研究视角和批判地审视"日本人""日本语""日本文化"三位一

---

❶ 例如，《作为死胎的日本语、日本人——"日本"这一历史—地理政治学装置》的主要章节，曾经先后发表于 20 世纪 80 年代末 90 年代初日本重要的思想理论杂志《世界》、《思想》(岩波书店)、《现代思想》(青土社)、《窗》(藤原书店) 上。
❷ 该书由日本放送出版协会于 1998 年出版。

体之民族国家同一性幻想的立场。小森阳一认为，对于作为民族和人种的"日本人"以及作为国家及国籍之"日本"的归属感，与作为国语的"日本语"一旦构成三位一体的结合，就会形成一种有关民族国家的固定观念。如果进而不加限制地将其实体化，则会遮断人们去认识不同人群不同社会存在的想象力。更严重的是，倘若人们错误地以为这个三位一体的结合乃是不言自明的统一体，并将自己视为构成该统一体的属性，那么，此三位一体的结合就会成为非常强有力地生产出歧视和排斥他者的思想与话语装置。人种是生来注定的，国籍也难有自由选择的可能，但语言和文化并非如此。从尊重个体差异和个人选择自由的多语言/多元文化主义立场出发，需要质疑一个国家内部其语言文化均质划一的合理性，有必要导入把异质性和非对称性作为诸种关系性原理的思考。"日本文学"是一个与"日本语""日本文化"最为直接关联的领域，尤其是在近代，借助"日本近代文学"曾经反复再生产出"日本"—"日本人"—"日本语"—"日本文化"结合为一体的均质性幻想，起到了强化人们的"文化本质主义"观念的作用，因此，有必要从根本上予以批判性的审视。

需要指出，小森阳一在此使用的是加了引号的"日本近代文学"，这个概念与其说指涉的是明治维新至今文学家们的文学生产活动和具体的作品，不如说更强调的是已经制度化了的有关"日本近代文学"的阐释系统，即"近代文学史"研究者和批评家们的特权化学术话语。实际的情况是，近代文学当中的许多作家如二叶亭四迷、夏目漱石、永井荷风、谷崎润一郎、宫泽贤治、大冈升平等等，他们并非"日本＝日本人＝日本语＝日本文学"这一等式的体现者，而是在抗拒这个不言自明之等式的同时，不断"摇摆"于复杂多数的语言文化之间的存在。因此，《"摇摆"的日本文学》，首先发难的是战后不久建立起来的"日本近代文学研究"这一学术制度。小森阳一以 20 世纪 70 年代由日本近代文学馆所编《日本近代文学大事典》为例，发现这个体系完备、词条丰富的辞典有一个奇怪的现象，即唯独没有最需要解释的"日本近代文学"这一条目。就是说，在该辞典的体系内部，"日本近代文学"是一个不必解释的特权化符号，或者说是一个只有通过另外一套文学价值体系的参照才能被说明被建立起来的概念。比如，在这部"日本近代文学"条目缺席的辞典中，如"日本近代文学与法国作家"等与欧美文学影响关系的词条却设有数十条之多，透过这种影响关系的阐释，以欧美文学为基准和参照，"日本近代文学"概念才得以实体化。小森阳一认为，这无疑反映出一种曲折颠倒的"东方主义"观念："就是说，在日本以日语为母语的比较文学研究者，是通过将西洋投向东洋的视线内面化为西方中心主义式价值判断的基准，而后去发现日本人用日语写作的文学并将其阶层化的。"❶ 我们运用文化研究的理论考察日本近代文学，批判和颠覆那个"日本＝日本人＝日本语＝日本文学"四位一体的排斥差异性的均质化幻想，首先要质疑的就是这个创建于战后而以西洋基准来解释日本文学，并将国家、民族、语言、文化作为统一体加以实体化的研究体系。

《"摇摆"的日本文学》除了"序章"和"终章"外，共有三个部分。第一部分"'日本文学'是如何创造出来的"，分析的是近代最早的"言文一致体"小说《浮云》（二叶亭四迷）和叙事散文《武藏野》（国木田独步）两个文本，以及"国民作家"夏目漱石的文学实践。在此，小森阳一一面阐述了日本近代文学的创出与"国语"建构的密切关系，一面通过剖析夏目漱石思想和创作"主体"

---

❶ 小森阳一《"摇摆"的日本文学》第 11 页，东京：日本放送出版协会，1998。

的矛盾分裂状态，试图说明在近代民族国家建立过程中，国家所要求的"国语"必须是供全体国民使用的均质化而没有历史地域偏差的语言。在大日本帝国宪法颁布前夕发生的"言文一致"运动，正是要把明治时期统治阶层所居住的东京山手（东京的地名）一带的语言确定为国语基础的运动，而作为历史过渡期的目击者夏目漱石的思想困惑和以报纸连载小说为主的创作，则生动地反映了那个创立国语乃至民族国家均质化想象过程中的矛盾与抗争。

第二部分"对于日本语的怀疑"，通过解读三位文学家极度个性化的小说语言实践，从一个侧面展现了国语被普及开来的昭和时代前期（20世纪20、30年代），国语与非国语、标准话与个性化语言、精英文化与大众文化之间压迫与反抗的复杂关系。1924年前后同时登上文坛的牧野信一（1896—1936）、横光利一（1898—1947）、宫泽贤治（1896—1933），他们的元小说、新感觉派小说和童话作品的创作，实际上是对大正时期以来通过文学全集（元本）的普及、国语文学创造出的语言民族主义和国家民族想象的一种挑战。小森阳一结合当时的背景指出：文学全集热的结果迫使大多数读书人认识到，从"当代日本文学"到"大众文学"乃至"世界文学"的翻译，完全可以通过均质的"近代口语"来记述。这样，"近代口语"在发挥了"国语"作用的同时，又成了压抑文学想象力的一种规范。因此，出现了试图改变标准日本语支配文学中叙事描写方式的状况而活用劳动者、地方性农民语言的无产阶级文学，运用比喻的力量以实现变革近代散文句式结构的新感觉派，以及通过导入非文学的多种科学用语和方言试图挑战"日本语"词汇体系的宫泽贤治童话。❶

---

❶ 参见小森阳一《"摇摆"的日本文学》第95—96页。

《"摇摆"的日本文学》第三部分"作为'故事'的历史与作为'历史'的故事"，在阐明"日本近代文学"与"日本"及"日本人"历史意识的形成有着不可分割关系的同时，又通过对永井荷风、谷崎润一郎、大冈升平等的小说文本进行"文化意识形态"分析，呈现了这些作家面对由"文学"和"历史"交错而成的"民族国家"幻想所产生的困惑、动摇乃至不自觉的抵抗。其中，对永井荷风小说的解读，最能显示深谙"文本分析"手法的小森阳一，从"文化意识形态"视角挖掘文学文本中重层的历史与政治内涵的本领。我们知道，永井荷风（1879—1959）是跨越大正、昭和两个时代，思想艺术境界极高而影响深远的文人，他不仅深知东西两洋的文化，而且在后半生能够自甘寂寞以抵抗主流意识形态乃至日本帝国的国家战略（殖民侵略战争）。小森阳一则从其小说《美国物语》和《法国物语》的隐文本中，解读出作者以"历史—地理政治学"观察"大日本帝国"与西洋世界关系的眼光，指出反映在两部小说中的日本人意识，充满了明治以来在日本内部反复出现的对于西洋的表象和言说，而以法国为中心的欧洲文化已经作为一个实体被话语化了。但同时，这个被日本人实体化了的欧洲文化又是压抑"东洋"的东西。对于欧洲文化来说乃"隐含的自我"之东洋，在荷风看来，则是"日本人自身"。永井荷风的小说其独特性就在于对这种"曲折变形的东方主义"不加掩饰，并给予辛辣的嘲讽。❶ 小说《濹田川》《濹东奇谭》隐喻的是"明治文明国"——日本帝国首都东京的"历史—地理政治学"。如果说位于东京南北走向的濹田川东岸居住着平民贱人，象征着权力斗争中失败者的地理政治学的记忆，那么，西岸则是帝国权力中心和胜者的所在地。小说主人公

---

❶ 参见小森阳一《"摇摆"的日本文学》第 172 页。

"我"游走于河川的东西岸之间，是在1936年的时候。小森阳一认为，这正是"2·26事件"即少壮军官发动政变的那一年，暗示着作者永井荷风要逃离即将进入战争状态的军事化日本，而且是在战争总动员体制之下每个国民的生活都受到国家权力监视的日本。这无疑是对"超克了近代"并试图吞并亚洲的日本，其"历史—地理政治学"式的彻底批判。❶

要质疑一种历史叙事背后的政治意识形态性，就需要重返历史现场，通过重新追述被抹消被忘却了的历史记忆而将那个叙事"历史化"。小森阳一对"摇摆"于多语言/多元文化之间，曾经怀疑过"日本语""日本文化"同一性的上述作家其文学实践的重写，便是一种历史化的努力。这种努力足以对以往在"日本=日本人=日本语=日本文学"四位一体等式下构筑起来的民族国家均质化想象构成挑战。同时，这种历史化的努力还应该包含对当下状况的关注。因为当下的状况不仅与历史有深深的关联，而且还是使历史成为问题的关键所在。文化研究或者文化意识形态分析，注重现实中的种族主义和性别歧视问题，质疑民族国家在"国语""国民文化"上均质划一的合理性，也常常是通过这种"历史化"来实现其批判功能的。

在上述三个部分之后，《"摇摆"的日本文学》又设置了一个"终章"——"'日本语文学'的将来"，目的也正在于将历史和当下重叠起来，以凸显问题的实质和作者的批判立场。这个"终章"讨论的是上世纪90年代以后"日本文学"出现的新状况，两位身份独特的作家成为讨论的主要对象。一位是其父担任过亚洲地区外交官的犹太裔美国人，而自己长期生活在日本，且后来成为美国学界

---

❶ 参见小森阳一《"摇摆"的日本文学》第192页。

日本文学专家的李比英雄（Ian Hideo Levy, 1950—　），他的《听不见星条旗的房间》（1992）是第一个白种美国人用日语写作并在日本出版的小说，这在某种意义上打破了一直以来介乎英语和日语之间的英美与日本在语言上的非对称主从关系，证明与"在日朝鲜人"作家不得已用日语写作不同，纯种美国人也可以写出优秀的日语小说。

另一位是少时随父母渡美受过完整的英语教育，且长期生活在美国的日本人作家水村美苗（1951—　）。在小森阳一看来，她于90年代发表《续明暗》《私小说——from left to right》两部作品并神奇地登上日本文坛，作为一个"事件"无疑是对在单一民族国家内部用均质纯粹的"日本语"写作"日本文学"这种神话，或者说"日本近代文学"这一制度构成了威胁和挑战。《明暗》是八十年前夏目漱石这位男性"国民作家"创作的一部未完小说，而长期生活于海外英语能力极高的女性水村美苗，特意模仿"漱石语"和"漱石文体"来续写《明暗》这部小说。或许，从一开始她就意识到了这是一种难以成功的尝试，但她毅然选择用日语来写作，其实践本身将促使人们思考："日本人"用"日本语"写作"日本的"小说为"日本文学，这样一种无形观念难道是不言自明的吗？进而，有关"民族—国家—语言—文化"同一性的幻想不也是可以打破的吗？实际上，水村美苗在语言的选择上既有自觉的意识，又有不得不为之的特殊政治背景。《私小说——from left to right》❶ 是一部双语混合体小说，讲述的是中学时代随父母定居美国的主人公美苗和姐姐奈苗，以追忆往昔的叙事方式回顾这日本人一家在美国的生活经

---

❶ 经笔者推荐，本书已有了中译本：水村美苗《私小说：从左至右》，赵晖译，上海：上海文艺出版社，2015。

历。其文体格式上一改普通日语文章纵向书写的形式而选择了横向排列文字，并拒绝把人物之间的会话翻译成"日本语"。这种文体上的安排绝非追求表面上的新奇，实在是出于主人公在讲"日语"和讲"英语"时其自我构造上的根本不同，所显示出来的则是"无法翻译"背后的政治力学关系。例如，小说开头部分美苗和奈苗电话中的一段交谈（英语部分）里出现的 exile 一词，还有小说中多次出现的 colored 一语，其背后不仅隐含着太多的个人、家庭乃至国家的历史记忆，而且包含着美国与日本、美国的主流白人群体与移民或少数族群之间深刻的政治上非对称关系，是绝对难以简单翻译成日语的"移住"和"有色人种"的。小森阳一认为，水村美苗这两部小说的写作策略无疑是对日本读者的一种挑战，这将证实当代的读者阅读八十年前的作家所写的"日本语"是不可能获得充分理解的，时代不同语言的历史语境也发生了变化，因而，今天的日语和八十年前的日语当然不能同日而语。就是说，这和以"日本语"为母语的人阅读非日语写作的小说的情形是一样的。进而和阅读并非以日语为母语者写作的日语小说的感受亦相同。水村美苗以这种策略彻底打破了"日本语"乃单一的国民语言这样一种幻想。❶

六

如前所述，小森阳一的《"摇摆"的日本文学》标志着其文学研究方法论上从文本"内在批评"向文学"外在批评"的转移，即从注重运用结构主义叙事学和文体理论来研究日本文学的内在结构

---

❶ 参见小森阳一《"摇摆"的日本文学》第308页。

规律，开始转向借重文化研究和意识形态分析的方法重归文学的社会历史语境，透过对日本文学的重新解读来质疑和颠覆"日本＝日本人＝日本语＝日本文学"四位一体的民族国家同一性幻想。在此，小森阳一已经大大地跨出了一般文学研究的"内部"而进入到"文化政治"批判的领域。为了加深对这方面情况的理解，我们可以透过与酒井直树"文化—地理政治学"观点的比较参证，来看小森阳一的批评立场的变化。

酒井直树强调"学术的政治性"，即通过反省本民族中心主义以揭露和消除种族、性别歧视。他认为，种族等级制度不仅存在于美国，也存在于日本："日本人"之同一性包含在与西洋的关系之中，这个西洋既是日本人追求的目标，又是使自己产生劣等意识的根源。被人种等级制度所束缚的不仅是美国人，生活在日本的人们也是一样。……因此，所需要实践的政治就是要在上述情绪的层面以及其他制度性的语境下，承担下面这样的职责，揭示我们以往的学术话语如何实践了种族主义和性别歧视。同时，进行下面这样的工作，认识国民同一性之建立与种族主义和性别歧视的相互关系。酒井直树指出：所谓学术的政治性，就是要揭示这样的事实，即默杀和否认本身将造成歧视和排斥异己的社会后果，进而创造出默认者的共同体。❶ 小森阳一也认为，欲将"日本""日本人""日本语""日本文化"视为一个统一体的欲望，总是在近代民族国家形成过程中谁为强者谁为弱者的对抗模式下展现为一种敌视和仇恨的情绪形态。为了与强者相抗衡，这个"四位一体"的排斥逻辑就会向比自己更弱的一方施暴，日本帝国对亚洲的殖民侵略以及直到战

---

❶ 酒井直树《作为死胎的日本语、日本人——"日本"这一历史—地理政治学装置》第6页。

后依然存在的对于"在日朝鲜人"等的歧视,就是此种敌视和冤恨的病态表现。❶ 因此,学术研究不仅应当批判现实中的种族主义和性别歧视,还要在重新审视历史并将这个"四位一体"的话语叙事"历史化"的同时,实践"学术的政治性"目标。

要解构民族国家均质化同一性的话语叙事,颠覆"日本人—日本语—日本文化"三位一体的固定观念,就需要揭示这种"同一性"是怎样制造出来的。酒井直树认为,为了得以将"日本人""日本语""日本文化"与世界上其他的"国民""国语""国民文化"相比较,必须先建立起"日本人、日本语、日本文化"的统一体,必须把"国民""国语"和"文化"作为一个整体来表述。❷ 小森阳一则认为"日本近代文学"作为与"日本语""日本文化"关系密切的学科领域,曾经参与了这个"三位一体"的民族国家统一体幻想的建构,发挥过这种表述的功能。《"摇摆"的日本文学》则要通过重新解读文学史上一些作家对"近代文学"及"国语"的怀疑与抵抗,重新恢复被遗忘和抹消掉的历史记忆,来质疑制度化的"近代文学研究"学术话语乃至"日本近代"本身。

酒井直树指出:"日本人""日本语""日本文化"同一性的观念一旦具有社会性的实际效果,就会遮蔽人们的视线。当这三个概念的实体性被视为内在于一个统一体的三种属性时,人们便难以去想象不同社会的存在状态了。比如,有的人是"日本人"但不从属于"日本文化",有的虽讲"日本语"但不是"日本人"。如果从上述"三位一体"观的立场出发,则会将这样的存在状态视为异常例外而排除在自己的视线之外。进而,会遮蔽下面这样的思考方式:

---

❶ 参见小森阳一《"摇摆"的日本文学》第 287—290、312 页。
❷ 酒井直树《作为死胎的日本语、日本人——"日本"这一历史—地理政治学装置》第 140 页。

"日本语""日本文化"可能只是诸种文化的一个拼贴，日本社会或者仅仅是与其他不同的社会可以并列观之的一个共同体，甚至在一个人的内部不同语言不同文化可以同时并存。❶ 小森阳一对酒井直树的观点表示赞同，并进一步强调：为了颠覆那个"三位一体"的同一性幻想所制造出来的歧视与排斥的知识话语，我们应该寻求多语言/多元文化主义的可能性。但这个多语言/多元文化主义，不应该是在一些移民国家中已经实现的、以一种占统治地位的语言文化为前提而对共同体或国家内部的少数者语言文化予以承认，那样一种肤浅的东西。我们应当对在一个共同体或国家内部将多数者的语言文化作为均等透明的传达工具，作为对等关系的前提这样一种平等幻想不断地提出质疑。同时，需要把异质性和非对称性作为所有关系的原理，导入到多语言/多元文化主义的观念中来。❷ 他从"文本批评"向文学"外在批评"的方法论转移，就是为了通过对文学的文化研究和意识形态分析，以实践这种多语言/多元文化主义的政治目标。

需要指出的是，小森阳一的《"摇摆"的日本文学》并非"文化研究"一种方法的直接应用。如前所述，他很早以前就注意到前田爱在"文本"的多层次分析中，由文学领域进入到作为分析对象的话语世界，"形成了从某个时代的话语状况来展现该时代的历史、文化、社会状态"的分析方法，并且高度赞赏其"试图创造一种将沉积在语言深层的权力与制度之不可见的意识形态性凸显出来，使之可视化的批评实践"。❸ 就是说，在前田爱先驱性的文本批评实

---

❶ 参见酒井直树《作为死胎的日本语、日本人——"日本"这一历史—地理政治学装置》第 141 页。

❷ 参见小森阳一《"摇摆"的日本文学》第 8 页。

❸ 小森阳一《前田爱的都市论》，收《小说与批评》，东京：世织书房，1999。

践中，已经包含了透过文学文本对"社会文本"进行"话语分析"的方法论要素。由此推演开来，是可以前进一步跨入到"文化研究""意识形态分析"乃至将文学"历史化"的文化政治批判境地的。我们完全可以这样认为，作为具有革命情结和强烈批判意识的批评家，小森阳一在自己的实践中借助上述外在因素自然地实现了其方法论上的"重心转移"。

而上世纪90年代日本社会结构的变化，则是小森阳一从文本"内在批评"向文学"外在批评"转移的现实背景。20世纪后期，随着殖民主义的退出历史舞台和阻碍世界资本主义市场发展的苏联社会主义经济政治体系的最终崩溃，一个以信息革命为主导的全球经济与文化广泛交流互动的时代潮流已经势不可当。近几十年来，我们亲身经历了世界范围内的人员、资本、信息、技术和物流迅速而广泛的移动，也感受到了资本主义生产和交换的全球化给人类社会带来的巨大发展和对现代民族国家疆界的强烈冲击。日本社会自80年代后期开始，强调"国际化"以迎接大批涌入的外国劳动者、留学生和国际资本所带来的信息、技术、人员的广泛移动。同时，与欧洲各国的情形相仿佛，外国移民问题也成了一个需要认真对待的社会现象。而当我们看到极右分子代表石原慎太郎用帝国日本时代的日语——"三国人"一词来戕害生活在日本的外国人特别是东亚人，并以此来刺激起日本国民民族主义情绪的时候，我们就会清楚地认识到，小森阳一从文化研究和意识形态分析的视角对"日本语""日本文学"之同一性幻想所进行的质疑，其学术的政治批判指向具有严峻的现实依据。如何创造一个丢掉民族国家同一性幻想而能够接纳共同体之外的"他者"，并构筑起超越国界的共生社会，如何形成每个个体的尊严和自由都得到尊重和保障的社会共识，就成了急需解决的课题。我理解，小森阳一在文学批评方法论上的转变，学术上政治关怀的加强以及对多语言／多元文化主义的追求，应该是与这种世界形势和日本国内的现实状况密切相关的。

七

在有意识地将文化研究和意识形态分析引入文学研究，从而实现了由文本"内在批评"向文学"外在批评"的方法论重心转移过程中，小森阳一还有一个理论上的关注点值得我们注意，那就是积极推动后殖民理论的研究和推广，并努力将其落实到近代文学研究乃至日本近代史的批判上来。2001年出版的《后殖民》一书，便是这一批评实践的成果。对于后殖民理论的关注之所以重要，是因为这进一步加深了他对日本近代化过程中殖民主义历史，特别是战后在美国操控下制造出来的"象征天皇制"维持至今所造成的"后殖民状态"，有了深刻的认识。同时，面对上世纪90年代以来新自由主义保守政治成为日本社会的主导，一般民众的民族主义情绪和右翼历史修正主义思潮越发浓重的现实状况，又促成了他的另一个重心转移。这就是上面提到的从文学研究者向批判型公共知识分子的转移。作为"新生代知识左翼群体"的重要代表之一，小森阳一在这个重心转移的前后开始积极介入政治，不仅与高桥哲哉合编《超越民族历史》一书，激烈批判流行一时的自由主义史观和历史修正主义，而且直接参与了抵制采用新历史教科书编纂会教材的基层教育界"草根运动"，组织维护和平宪法的"九条会"，等等。有关小森阳一的政治介入和社会运动的参与，将在后面叙述。这里，先来考察一下出版于《后殖民》一书前后的另外两部著作：《日本近代国语批判》和《天皇的玉音放送》。从"国语"批判到解构"天皇制"，小森阳一已经大大跨出了一般的文学研究领域而进入到历史批判和"真实政治"斗争的界域，有效地发挥了一个批判型公共知识分子的作用。

上世纪70年代末出现的后殖民理论，为小森阳一的历史批判和政治参与提供了重要的理论参考。我们知道，后殖民理论从诞生一开始便对帝国、殖民、种族、性别差异、国际资本流动等政治意识形态问题表现出强烈的兴趣。后殖民批评家主要由一批从第三世界移居到第一世界，并在发达国家扎下根来的精英知识分子构成。他们透过文学作品和历史文献资料，针对民族独立以后与殖民地统治时代不同的后殖民状况的分析，与其说是一种文学批评，不如说是更具政治色彩的文化政治批判。他们利用自己特殊的民族身份和文化背景质疑帝国主义文化霸权，揭示西方意识形态上的诸多偏见，乃至"文明"掩盖下的"野蛮"。不过，需要指出的是，他们虽具有特殊的民族身份和文化背景，但已经归属于西方世界。他们主要是从西方文化的边缘位置上对主流政治和思想进行反省、批判的。因此，作为非西方国家的知识分子参照和采用后殖民理论，就需要结合本土的实际状况而有所取舍和发展。小森阳一便充分意识到了日本作为非西方老牌帝国主义而又曾经有过殖民侵略历史的矛盾状况，尤其注意对战后日本的"殖民地无意识"进行了独自的分析和理论概括。他参照萨义德和霍米·巴巴的理论，认真接受斯皮瓦克对后殖民话语难以真正代表最受歧视和污辱的下属人群的质疑，而将自己的思考重点落实到对日本近代史的自我反省上来。在《后殖民》一书中，他提出日本人"殖民地无意识"和"殖民主义意识"两个大的概念，以重新审视明治维新以来在迎拒西方殖民主义威胁的同时，在本国内部实施殖民地化（冲绳和北海道）以及跨出国界的殖民主义侵略（东亚地区）历史。而日本这种"殖民地无意识"和"殖民主义意识"的矛盾纠葛又和近代天皇制深深关联在一起，因此，小森阳一最后将批判的目标锁定在"殖民地无意识与天皇制"的关系上，对天皇制的意识形态性进行了彻底的追究。❶

在分析近代天皇制的构建历史和战后日本社会的问题根源上，《日本近代国语批判》和《天皇的玉音放送》❷两书分别有其侧重，可以视为姊妹篇。如果说前者重在通过对《军人敕谕》和《教育敕语》两个历史文本的解读，以阐释近代民族国家创出的过程和天皇制的意识形态性，那么，后者则主要是调动各种历史文献和新近解密的档案材料，对《终战诏书》这个始终暧昧不清的文本（声音媒体）进行多层面的剖析，从而证实战后的象征天皇制完全是日美两国政治集团根据各自的利益而共同捏造出来的一种制度安排。两书相互参证，以天皇制为轴心将战前和战后一百五十年的历史贯穿起来，其中，近代天皇制的意识形态性是小森阳一最终要暴露和批判的关键所在。

所谓意识形态性，指近代天皇制作为国家机器之组成部分的政治和制度化性格。日本人大多认为，万世一系的天皇制是大和民族历史传承下来的"国体"，千年以来成为维系列岛民族生衍发展的文化制度和精神纽带，而马克思主义学者则将其作为封建社会的制度残存，批判明治维新保留"天皇制"之君主立宪改革的不彻底。小森阳一揭露天皇制的意识形态化性格，具有重要的政治颠覆性。他指出：天皇制"实际上指的是成立于明治维新之后，经大日本帝国宪法以法律的方式予以确立起来的绝对主义性质的政治机构"。它与历史上的"天皇制"已然断裂开来，因此，作为政治实体的"近代

---

❶ 参见小森阳一《后殖民》前言，东京：岩波书店，2001。

❷ 《日本近代国语批判》和《天皇的玉音放送》分别由日本岩波书店和五月书房出版于2000年和2003年。两书现在也有了中译本，前者由吉林人民出版社出版（2003），后者由生活·读书·新知三联书店出版（2004）。本书下面的引文主要依据日文原版。

天皇制"并非永远不变的存在。毋宁说它是幕府末年政治集团为了克服欧美列强逼迫日本开国而出现的种种危机，"一点一滴地构筑起来的制度"。他认为，"正因为在处理当时随时出现的危机之际，掌权者可以随心所欲地使用它并屡试不爽，因此此后的掌权者也对'近代天皇制'不忍释手了。这一点到了第二次世界大战结束后，对日本实施占领的 GHQ 以及麦克阿瑟那里，仍然保持着其一贯性"。❶

那么，这种贯穿战前、战后日本政治制度中的"近代天皇制"是怎样建立起来的呢？它与民族国家的建制构成怎样一种关系？回到《日本近代国语批判》一书中来，我们注意到，小森阳一通过对分别颁布于 1882 年和 1890 年的两个天皇敕令精彩的文本解读，以及对同时发生于此时期的"言文一致"运动的历史回顾，有力地证实了《军人敕谕》和《教育敕语》在建立民族国家过程中所发挥的难以替代的政治功能。前者在部队中反复咏唱，使天皇与士兵成为一体化的"肉体"，并使需要保卫的对象——国家得以诞生。后者则以皇祖皇宗的遗训来解释"大日本国宪法"，由此捏造出皇国的历史而奠定了天皇制的基础，并在近代教育制度——学校中灌输到每个未来的国民思想中去。《教育敕语》还把过去分别属于各地方诸侯大名的仅占全国人口 6% 的"臣"偷换成"臣民"，以此创造出近代意义上的"国民"来。而与议会制宪、征兵制度、学校教育的出现同步进行的"言文一致"运动，实在是"国语"这一制度的创立运动。于此，我们看到作为近代民族国家的基本要素——国体（国家）、国民、国语三位一体的制度已然完备，而天皇制的意识形态性也在此暴露无遗。《日本近代国语批判》还深入探讨了《教育敕语》文本中叙述天皇与臣民关系的部分，指出其要求于臣

---

❶ 小森阳一《天皇的玉音放送》中文版序言，北京：生活·读书·新知三联书店，2004。

民的"忠"是以天皇的"恩"来作为回报的，这与历史上地方诸侯大名对臣以"禄"相回报不同，是无形而不可视的。如果要天皇的"恩"成为可视的，便只有通过殖民主义的对外侵略以及领土的扩张来显示。这又可以说预示了"大日本帝国"日后殖民海外而陷入帝国主义侵略战争深渊的必然归宿。

然而，1945年的战败并没有成为近代天皇制的终结。相反，放弃对昭和天皇裕仁战争罪责的追究，美国占领当局为配合新的世界冷战格局的出现，与日本政府合谋而建立起"象征天皇制"。这不仅使战后日本的民主主义制度建设大打折扣，更妨碍了日本国民对近代以来殖民主义意识或殖民地无意识的反省，从而造成对侵略战争和殖民地统治罪责的暧昧不清的态度。前首相小泉纯一郎的"日本人的精神"等话语，又一再昭示出"近代天皇制"远远没有终结，其意识形态性仍然是保守政治集团和某些掌权者所乐于利用的。这些正是《天皇的玉音放送》通过对《终战诏书》这一特殊历史文本进行多层面解读而试图证实和解构的关键所在，它与《日本近代国语批判》一书相互辉映，成为对日本近代历史的一个深刻反省。而以上所介绍的小森阳一这两部著作，充分运用文本解读、意识形态分析和身体政治学等方法，成功凸显出深藏于三个天皇诏书文本中的不可视的权力制度和意识形态的多层结构，尖锐地揭示了这些历史文本是怎样通过军队、学校和现代传媒，以反复的捧读、背诵和播放，将文字转换成声音而一步步浸透到军人、学生和广大国民身体内部的过程。于是，我们得以清晰地看到，内涵于诏书中的权力欲望和国家意识形态，是怎样最终转化成为日本国民的殖民主义无意识的。这种殖民主义无意识正是构成明治维新以来从文明开化、殖产兴业再到海外殖民的日本国家策略得以实行的社会基础，同时又是战后纵容保守政治集团与美国占领军合谋共同捏造出

"象征天皇制"的社会背景。

通过以上两书，小森阳一对日本近代天皇制意识形态的政治性做了尖锐的剖析和解构，特别是后者《天皇的玉音放送》出版后产生了超出一般学术范围的广泛影响。❶ 实际上，两部著作的写作正是在作者从文学研究者向批判型公共知识分子"转移"过程中完成的，与到上世纪 90 年代中期为止的以文学为中心的批评实践相比较，小森阳一已经明显地跨出了"文学研究"的专业学术领域，经过"文化政治"批判的阶段而进入到历史批判的层面。这样的历史批判又是与对当下日本的"真实政治"问题的关注密切联系在一起的。就是说，从批判型公共知识分子的立场出发，以学术为依托展开历史批判来参与当下政治问题的讨论，这是小森阳一政治参与的主要方式。如前所述，从文本批评到政治参与或者从文学研究者向批判型公共知识分子的重心转移，并非意味着抛弃前者而走向后者，而是以学术与政治相互内在化的方式来实践"政治批判"的。这也可以说是日本"新生代知识左翼群体"乃至当今整个左翼知识界"批判圈"参与政治的基本方式。唯其如此，他们才得以发挥出政治家、新闻媒体人和一般公众所无法替代的作用。《天皇的玉音放送》中对《军人敕谕》和《教育敕语》两个历史文本的精彩解读，就突出了文学批评中"话语分析"方法的独特功力。2004 年10 月，在回答中国学者的书面采访中小森阳一指出，作为文学研究者，他解释历史的方法和视角与历史学家注重历史事件和史料本身的做法不同，更重视历史文本中的话语叙述的形成过程，以及其中隐含的意识形态性。在书中，

---

❶ 《天皇的玉音放送》2003 年 8 月 15 日由日本五月书房出版后，截止到 2004 年底已经印行了近 5 万册。

我并没有进行特别"严厉的道德批判"的打算。如果说与至今为止的相关历史著作有什么不同的话，那在于：针对从前仅仅是将昭和天皇的《终战诏书》作为接受《波茨坦公告》的文件来定位，我在自己的书中，是追问在该诏书中怎样的认识被语言化，通过这种追问的形式将内在于文本自身的思想与历史事实作为问题。

……历史学的史料是文件，是用语言记述的文本。在该文本中，各种各样独自的意识形态内在于其中。作为文学研究者所应发挥的功能，即在于是否能够将历史性的文件作为语言文本进行批判性分析。《天皇的玉音放送》一书的构想，就在于其分析始终将《终战诏书》作为语言文本来对待。❶

其实，小森阳一不仅在上述两部历史批判著作里，而且在实际参与社会斗争特别是维护和平宪法的"九条会"讲演活动中，一再强调与听众面对面进行语言交流以抵抗大众媒体的方式，亦凸显了文学研究者特有的思考方法和优势，他将"九条会"称为一种"语言的运动"，原因也正在于此。

八

在经历了文学方法论上从文本"内在批评"向文学"外在批评"，以及从专业学者向批判型公共知识分子的两个重心转移之后，

---

❶ 董炳月《8·15：日本的败战之日还是终战纪念日？——小森阳一访谈》，载 2005 年《书城》杂志第 8 期，上海：上海三联书店。

小森阳一的学术活动其政治色彩明显加强，投身社会运动，针对权力和媒体积极发表批判性见解，在知识界和公众社会的影响日益扩大。从他个人的学术历程和政治关怀的角度观之，那种基于学理（包括后现代思想资源）的对于日本近代历史的批判（文学、国语、天皇制）和针对保守政治与大众媒体联手操控舆论的状况所进行的抵抗融会贯通，相互内在化的学术与政治已然成为一个整体，并大有渐入佳境之势。另一方面，从当今知识分子参与政治或者左翼批判的角度来看，则作为"新生代知识左翼群体"代表之一的小森阳一，其于社会运动中积累的经验，足以为如何谋求消费社会中知识分子反抗权力、影响社会的方式途径，提供新的要素和参照，值得特别关注。有一种观点认为，在目前如此发达的日本后现代社会，传统意义上的知识分子已经消失，所剩下的只是专家学者或者"学术明星"。这种说法的确反映了我们这个时代危机的一个方面。然而我认为，小森阳一参与社会运动的方式与策略，有可能成为改变这种危机状况的一个契机和途径。简而言之，这可以概括为两条：重新回归作为独立个体的自我和每个人成为媒体的语言运动。下面，将通过分析小森阳一最近十年来投身抵制教科书的市民运动，特别是"九条会"运动的情况，就这一问题进行深入探讨，以呈现日本"新生代知识左翼群体"的某个侧面和特征。

2001 年，由"新历史教科书编纂会"编写的中学历史课本通过文部省四年一次的审查，成为可以供教师选用的正式教材。这个右翼团体编写的教科书美化日本的侵略战争，批判所谓"东京审判史观"并将进步知识界对战争历史的反省污蔑为"自虐史观"，试图通过一套新的历史叙述来重新定义天皇制，并以此重建所谓日本人的"健全民族主义"。"新历史教科书编纂会"与同样臭名昭著的"自由主义史观研究会"一样，表面上是一个民间学会团体，实际上与保守政治特别是自民党内右翼政客过从甚密。自 1996 年前后成立以来，他们在日本社会掀起了一股历史修正主义的思潮，刺激民众民族主义情绪的滋长。他们所编写的教材得以通过国家权力部门的文部省"检定"，也绝非孤立偶然的事件。1999 年日本国会强行通过"国旗国歌法案"，要求全国小学有义务唱"君之代"（国歌）挂"日之丸"（国旗），右翼政治势力通过国家法制要将民族主义和以本民族为中心的国家主义思想灌输到社会底层的意图昭然若揭。由此观之，新编历史教科书通过审查而"合格"，实在是右翼知识集团与国家权力的一次暗地联手合作，因此遭到了有良知的日本进步知识界和民众的激烈反对。如前所述，1998 年，小森阳一在与高桥哲哉合编的《超越民族历史》一书中已经展开了对自由主义史观和历史修正主义思潮的批判。当 2001 年新历史教科书通过文部省"检定"之后，他更多次奔赴地方基层教育现场，努力推动抵制采用该教科书的"草根运动"，收到了积极的效果。后来的结果显示，日本全国的国立、公立学校均表示不采用"新历史教科书"，决定采用的仅有 8 所私立中学。❶

我注意到，在抵制新历史教科书的运动中，小森阳一不仅对"教科书"本身的问题有深刻剖析，揭露了在其美化侵略战争和肯定天皇制的背后隐藏着咄咄逼人的"好战史观"和"煽战史观"，保守势力为了掩盖追随美国路线的矛盾而利用"编纂会"历史教科书以蒙骗国民等等，而且还关注抵抗运动的方式和策略问题。他强调不要把"教育问题"完全委托给"教职员工会"，而是要通过教师和学生、家长各界的直接参与，"使其成为各个领域的市民运

---

❶ 参见董炳月《平成时代的小森阳一》，载《视界》第 14 辑，石家庄：河北教育出版社，2004。

动"。只有这样，才能真正抵制国家通过"国旗国歌法"试图掀起的"自上而下的草根运动"，即把"日之丸""君之代"通过教育委员会彻底渗透到社会最基层的学校去。小森阳一认为，教职员工会的运动长期以来分化为共产党系统和社会党系统，进而在内部出现左右两派，难以形成统一的态势。而眼下的"教科书斗争"应该扬长避短，谋求新时代条件下新的斗争方式和运动形态。❶ 运动的参与者以个人身份参与斗争，进而汇合成为广泛的市民运动。我理解，对于这个原则的追求大概是有鉴于下面这样的经验教训：传统左翼特别是20世纪60年代以来的"新左翼"强调革命性的"突变"，并建立"金字塔"式的组织结构，将思想理念简化为标语口号，最后使运动陷入激烈的内部斗争。❷ 我还注意到，这种对社会运动的方式或者说对政治参与形式和原则的有意识追求，在稍后小森阳一直接策划的"九条会"运动中，不仅一以贯之而且有了新的深化。

"9·11事件"以后，美国开始调整自己的世界战略，于2003年悍然发动伊拉克战争，并要求同盟国日本直接参战。而一向坚持追随美国路线的日本保守政治势力到了小泉纯一郎内阁更是变本加厉，他们在国会强行通过"PKO临时法案"，并且不顾近70%国民的反对，于2004年1月正式向伊拉克战场派出自卫队。向海外派兵这在

---

❶ 参见小森阳一2002年11月11日在中国华南师范大学的讲演《从"编纂会"教科书问题解读日本的保守结构》，载《视界》第14辑，石家庄：河北教育出版社，2004。

❷ 华勒斯坦在《有托之乡——21世纪之历史抉择》中对"新左翼"的特征有如下分析："1968年世界革命后的三十年是混乱状况日甚一日的三十年。1970年初形形色色的毛派集团虽然使1968年看上去像是1917年革命发展的顶峰，而不是一种突变，但不久也就烟消云散了。所谓的新左派运动对突变更感兴趣。然而这些运动不久就陷入了激烈的内部斗争，分裂成了两大派：一派寻求新的决定性的变革；一派主要热衷于修改改良主义的国家政治规划。"（华勒斯坦等《自由主义的终结》中文版第385页，郝名玮、张凡译，北京：社会科学文献出版社，2002）

日本战后的历史上是第一次，而执政当局遇到的最大阻碍乃是和平宪法的存在。《日本国宪法》第九条规定："日本国民真诚地企望以正义和秩序为基调的国际和平，永远放弃国家主权发动的战争、武力威胁或使用武力作为解决国际争端的手段。为达此目的，日本将不再保持陆海空军和其他战争力量，不承认国家交战权。"于是，为了逃避违宪之嫌，执政的自民党内部开始出现新一轮的"修宪"声浪。我们知道，保守政治势力的"修宪"，其理论基础是"正常国家论"，早在上世纪90年代初由鹰派政治家小泽一郎提出。海湾战争爆发以后，美国要求日本对战争提供支持，但受制于宪法第九条的存在，日本无法派遣军队直接参与战争，于是承担了财政支持和派遣自卫队在战后的波斯湾从事扫海的工作。以此为契机，出现了要求日本自卫队的合法化以正式参加联合国指挥下的维护和平活动（PKO），甚至参加联合国维和部队（PKF）的"正常国家论"。[1] 当时，由于进步势力和广大国民持反对态度，以"正常国家论"为理论基础的"修宪"并没有真正提到日程上来。然而，90年代中期以后日本政治格局的剧变，特别是作为社会抵抗势力的社会党方针的大转变，以及国民中间民族主义情绪的上升，使这新一轮的"修宪"声浪很可能得逞，从而在根本上改变战后日本走和平发展道路的国家路线。日本法律规定，修改宪法必须获得国会中三分之二议员的赞同，而据悉目前各政党中希望"修宪"的达90%。[2] 这正是日本社会主张"护

---

[1] 作为政党纲领和理论基础，"正常国家论"首先是在以小泽一郎为中心的日本新党的施政方针中得以体现。他们的方针是：1. 依据"正常国家论"着手修宪的准备。2. 通过向亚洲各国表示形式上的谢罪以应对"亚洲时代"的到来。3. 面向加入联合国常任理事国的目标，其外交政策是在"未来志向"口号下追求新自由主义式的自我负责论。后来，"正常国家论"不断扩散，不仅成了政党政治的理念，而且为右翼知识阶层的历史修正主义树立了理论追求目标。
[2] 据2005年小森阳一在中国清华大学所作有关"九条会"的讲演。

宪"的进步势力感到忧虑的地方。不过，法律还规定"修宪"必须举行全民投票，并获得半数以上的赞同票。

有鉴于此，2004 年 6 月 10 日，由小森阳一直接策划并担任"事务局长"的维护和平宪法的"九条会"正式成立。"九条会"以文化界九位著名人士组成，他们是作家加藤周一、剧作家井上厦、哲学家梅原猛、诺贝尔文学奖获得者大江健三郎、反战活动家小田实、法学家奥平康弘、报告文学作家泽地久枝、文化研究学者鹤见俊辅、社会活动家三木睦子（已故日本首相三木武夫夫人）。他们的平均年龄 76 岁，各自超越政治上的歧见汇集到一起，围绕如何认识日本宪法的意义和怎样在世界中发挥新的作用等，展开向社会呼吁的运动。这个社会呼吁运动目前还在发展之中，但由于九位知名人士德高望重，他们在日本遍布南北的地方大城市中进行的大量讲演，基于良知与理性并结合自己切身的战争体验直接与听众对话，已经产生了明显的效果。特别是在文化知识界，相继出现了各行各业的"九条会"。他们未必能改变那些国会议员的态度，但争取半数以上的国民不支持"修宪"则大有希望。❶

值得注意的是，"九条会"一开始便受到大众媒体的封杀，各大全国性报纸和电视台基本上采取了淡化和默杀的姿态。就是说，在当今发达的日本后现代社会，已经信息产业化了的大众媒体受到背后资本的操控，并且和保守政治势力乃至国家权力联手控制舆论的形成，使国民的独立思考越发困难。这恐怕是经历过战后民主主义和 60 年代社会运动的"九条会"成员们不能不面对的现实状况，也

---

❶ 在 2005 年 1 月 NHK 举办的"改宪讨论会"（"九条会"成员大江健三郎和加藤周一参加了讨论）特别节目播出后进行的民意调查显示，赞成和反对"修宪"的各占一半。（参见加藤周一等《寻找新的空间》，载 2005 年《读书》杂志第 6 期，北京：生活·读书·新知三联书店）

要求他们寻求与传统社会运动特别是左翼批判运动不同的方式和途径。而实际上他们的确做出了积极的努力。2005 年在中国清华大学举行的座谈会上，小森阳一回顾"九条会"的实践，将其概括为"语言的运动"。他指出："以前社会运动的特点之一是把理念以非常简单的标语化的方式提出来，两者是不一样的。喊口号似的说，我们来保护九条吧，是没有什么作用的。九条会的特点是把自己的声音亲自传给听众，成为他们内心思考判断的重要部分。""现在的日本主流社会是以单纯的语言把民众集中起来，营造一种民族主义的气氛，我们的战术是以一种非常分散的无处不在的语言去消解它。如果说，权力者使用的是一种民粹主义式的语言策略的话，我们就用相反的语言策略去消解，因此我们的运动是一种语言的运动。"❶

可以说，这种"语言的运动"旨在冲破和颠覆当今日本社会阻碍个体独立思考的三大障碍，一是旧左翼运动将思想理念简化为单纯的口号标语的习惯模式；二是政治家和右翼知识集团以民粹主义式的广告化语言煽动民众的险恶做法；三是大众媒体所操控的代表社会主流话语的"仿真"状态。其方式和策略便是重新回归作为独立个体的自我和每个人成为媒体的语言运动。所谓"重新回归作为独立个体的自我"本身，加藤周一的解释是："我们"是一个复数的称呼，应该还原成单数的"我"。只要不断地强烈地主张这个"我"，就能派生出众多的我，获得很多的赞同者，改变媒体的现状。小森阳一强调，"九条会"的运动就是一个使已经悬空化的人重新变成一个真正的人的运动。他举例"九条会"中一些著名学者"完全是以个人身份出现在大众的面前"，以个人身份和他们交流和沟通，而不是某一个人通过媒体说出一种正确的看法，由不知道是什么人的大

---

❶ 加藤周一等《寻找新的空间》。

众来呼应的运动，无名的大众和这些有名的人进行沟通，是一种看得见脸的运动。而所谓"每个人成为媒体的语言运动"，则要摆脱媒体的中介和过滤，通过语言的直接传递激起民众的独立思考。小森阳一解释说："我真正的理念是，让每个人成为媒体本身。现在，美日媒体的作用是让你没有办法客观地看待事物。所以，我认为应该把 mass media（大众媒体）改称为 mass media wall（大众媒体墙）。我们的工作就是拆掉这堵墙，让大家通向事实本身。" ❶

　　早在上世纪 70 年代，法国思想家鲍德里亚在阐释消费社会特征时，曾经提出媒体增殖理论（proliferation）。他认为媒体语言不同于以往的书面印刷形式或者面对面的语言交流。媒体运用电影蒙太奇的手法通过时空间隔创造了一种全新的语言现实，它在表现性的逻辑之外操作运转，以没有固定起源没有指涉对象的"仿真"控制文化，消解思想。在《大众：媒介社会的内爆》中，鲍德里亚对自己早年的媒介概念做了以下回顾和解释："那时，我把大众媒介描述为没有回应的言说（speech without response）。大众媒介的特色表现在，它们反对居间中介，具有不及物性，它们虚构出非交流——如果是把信息交流界定为一种交换、定义为言说与响应的交互空间因而也是责任空间的话。换句话说，就是并不把它界定为信息的简单发射/接收。现在，媒体的整个当前的结构体系就建立在这一结论性的定义之上；媒体是最终禁止回应的东西，是使任何交换过程都变得不可能的东西。这便是对大众媒介的真实概括。……但真实地说吧，我也不是一个真正的悲观主义者，因为我相信，对于上述媒介编码进行颠覆是有可能的；而且我也相信，有可能出现一种交替性言说和象征性交换的根本性互惠。"鲍德里亚所谓颠覆媒

---

❶ 参见加藤周一等《寻找新的空间》。

介编码的可能性，是指大众可以用"沉默和被动服从"的策略来抵抗媒体，通过承受媒体的种种仿真和失去回应，逐渐削弱代码的基础。然而，此种抵抗媒体的"可能性"方案过于消极抽象，这大概是由于他对大众与媒体关系以及大众本身的认识充满矛盾的缘故吧。❶

　　鲍德里亚是从哲学理论层面并主要围绕大众与媒体的关系，阐释了现代媒体消解思想和文化，创造出个体思考不得不沉默驯服的"仿真"社会。而他所提出的抵抗媒体的可能性方案也过于抽象消极。小森阳一从运动的实际经验中体验到媒体墙的无所不在及对其做出的透视分析，比起鲍德里亚的消费社会媒体论来，则更注意到日本这个发达的媒介社会，其大众传媒在上世纪 90 年代以后的"变质"，特别是保守主义政治权力、大企业大资本家集团的资本与媒体结成攻守同盟共同操控社会舆论的局面。2005 年应邀在中国社会科学院发表的讲演中，小森阳一援引德国传播学者诺依曼"沉默的螺旋"的说法，以具体的事例形象地剖析了日本主要媒体封杀知识左翼"不同者的声音"，配合政治权力煽动国民的民族主义情绪以形成主流舆论，造成一面是媒体墙一面是沉默大众的局面。他首先概括了新闻媒体"变质"的四个要因：1. 1994 年村山富市政权期间日本社会党路线的决定性转变，使"保守与改革"势力相互抗衡的"55 年体制"解体，造成保守势力完全掌控政治格局的状态。2. 社会抵抗运动之基础的工会组织，以往是激进的"总评"派与温和的"联合"派共同推动工会运动，现在则是前者全部倒向了后者，使社会运动失去了主要的支撑力量。3. 在对待"日美安保条约"和主张自卫队违宪上唯一坚持反对和批判立场的日本共产党，其声音受到媒体的抹杀。4. 围绕该问题的公

❶ 参见鲍德里亚《大众：媒介社会的内爆》，张云鹏译，载《差异》第 3 辑，开封：河南大学出版社，2005。

正客观的"宪法讨论"被视为"神学论争","护宪"思想受到彻底忽视。以上四大要因造成了新闻媒体的"思考停止",甚至拒绝报道与当政者政治主张不同的反对者的声音,视持不同政见者为这个社会的敌人。这导致了少数者因惧怕多数的攻击而沉默,从而形成了日本式的"沉默的螺旋"。❶

小森阳一认为,已经信息产业化的日本媒体倒向保守政治,并在经济不景气中受制于背后的大企业大资本家集团的意图,最后在"朝鲜绑架人质事件"上刺激大众而"沉默的螺旋"结构基本形成。但是,在遭到媒体封杀的"九条会"运动中,包括小森阳一本人每年近百场奔赴地方、民间、社区的讲演对话运动,开始收到了效果。至少他们那种面对面的语言交流已经影响了越来越多的民众,地方新闻报纸也开始在显著位置报道他们的活动。就是说,这种从实践中提炼出来的"语言的运动"形式,或许是一个改变"沉默的螺旋"状态的契机和有效的途径。

小森阳一直接参与的"九条会"运动,是21世纪新形势下出现于日本的新的社会抵抗运动,他们的实践已经明显地不同于传统的左翼运动模式。他们已经不再有20世纪60年代自由主义左派把持媒体霸占公共话语空间的幸运,他们不得不把自己的身体化成一个个单独的媒体,通过一场场奔赴大小市民集会的"广场"讲演,以面对面、话语对话语的方式传达自己的政治理念。在任何物质和知识都可以成为消费符号而无法沉淀到深层并聚集起抵抗力量的大众消费时代,他们必须面对思想话语不断被瓦解掉,不断被时尚所征服的危险。我们还很难预测,这种知识个体直接成为单独"媒

---

❶ 参见小森阳一《"沉默的螺旋"——当今日本新闻媒体的变质》,李薇译,载《博览群书》2006年第1期,北京:光明日报社。

体"的艰难实践能否聚起巨大的社会抵抗力量,以颠覆无所不在的国家权力和那个"在表现性的逻辑之外操作运转"的大众媒体墙,能否持续运动下去而不至于成为大战风车的堂吉诃德。但是毫无疑问,他们的实践为21世纪的社会抵抗运动提供了不同于传统反体制或者左翼批判运动的新形式、新战略及其可能性。从日本后现代主义和知识左翼的角度观之,小森阳一等的"九条会"实践,在柄谷行人倡导的并不怎么成功的新联合主义运动(NAM)模式之外,开拓了新的思路和运动策略,值得关注和期待。

九

2003年出版了极具政治批判性的著作《天皇的玉音放送》之后,小森阳一全身心投入到维护和平宪法的"九条会"语言运动当中,学术著作的写作几乎中断。在沉寂了三年后的2006年,他重新迎来了一个写作的高产期,相继出版了三本文本分析与政治批判高度融合的著作,即《村上春树论——〈海边的卡夫卡〉精读》《心脑控制社会》和《种族主义》。❶《村上春树论》通过小说文本的内在结构分析,旨在揭示具有世界性影响力而获诺贝尔文学奖呼声极高的村上春树文学,其背后潜在的抹消"不快"的侵略历史记忆,将个人的征服欲望和近代民族国家通过战争暴露出来的制度暴力性混为一谈,从而将读者诱导到"愉快"与"赎救"之虚拟审美境界的创作意图。同时,尖锐地指出了村上春树小说在处理"历史认识"问题方面,与右翼知识界历史修正主义潮流的思考在结构上的一致

---

❶ 三部著作分别由日本的平凡社、筑摩书房和岩波书店出版。

性。《心脑控制社会》解析当今世界普遍存在的保守政治和大企业资本运用最新脑科学成果，通过媒体操控大众心脑记忆能力以巩固政治统治和营销利益的恐怖状况，提倡重新恢复人类语言思考功能以颠覆政治、资本、媒体联手操控大众心脑的社会状态。《种族主义》则从分析近代以来种族歧视观念发生的历史入手，揭示这种观念在我与他之间捏造"差异"和"优劣等级"，并施加彻底的善恶"价值判断"的内在构造。同时，通过对小说家永井荷风《恶感》（短篇小说）的文本分析，关注"语言系统"在制造"歧视意识"方面的特殊功能。在此基础上，提示出抵抗种族歧视和"语言暴力"的方案。

可以说，这三部新作再次展现了小森阳一精湛的文本解读功力，以及透过文本进入到历史深层，从而揭示各种话语叙事背后的权力和制度之不可见的意识形态性——话语暴力的批判力度。同时，向读者透露了眼下他所关注的问题焦点以及未来理论思考的方向：关于历史记忆的抹消与再现之抗争；保守政治与大众传媒联手构成"媒体墙"，从而造成一般民众"思考停止"的社会现象；如何通过"语言的运动"重新恢复和激活人类以语言来思考的能力，创造一个以个人民主为基础的多元话语空间或文化政治生态，等等。而2006年8月16日，即前首相小泉纯一郎再次不顾国内外的反对声浪强行"正式"参拜靖国神社的第二天，小森阳一紧急造访中国，在清华大学发表《安倍晋三和后小泉时代的日本政治》❶的讲演，呼吁中日两国进步知识界联手抑制后小泉时代的日本政治，使之朝着维护东亚和平与安全的方向发展。这进一步展现了他作为一位批判型公共知识分子其超越民族国家界限，勇于承担自身政治职责的鲜明立场。

---

❶ 该讲演的中文文本载于 2006 年 8 月 28 日《21 世纪经济报道》。刊发时，改题为《危险的参拜政治——后小泉时代的靖国神社问题》。

第5章

"他者的面容"与"忘却的洞穴"

—— 高桥哲哉的解构哲学观及其文化的抵抗

一

2005 年，第二次世界大战结束六十周年。在日本，保守政治集团主导的追随美国蔑视亚洲、否定侵略战争历史的民粹主义国家路线，迎来了前所未有的危机和混乱。首相不断地强行参拜供奉有甲级战犯的靖国神社，使得"靖国问题"不但成为日本社会内政外交的一个死结，甚至成了地缘政治中的关注焦点。而这一年 4 月，东京大学哲学教授高桥哲哉[1]出版《靖国问题》一书，在不到半年的时间里再版发行近 30 万册，成为一个令人瞩目的社会"事件"。它一方面反映了"靖国问题"的重大和一般日本民众的关心程度，另一方面作为一部以思想学理为依托的批判性著作能够赢得如此广泛的关注，则象征性地展示了日本知识左翼将"学院知识"与"真实政治"的介入有效对接起来所产生的社会批判效果。从思想谱

---

[1] 高桥哲哉，1956 年生于日本福冈县。毕业于东京大学教养学部法文学科，专攻西方现代哲学。现为东京大学教授。作为新生代知识左翼群体的代表之一，他于学术研究的同时积极参与社会批判，主持读书研究会"NPO 前夜"，并于 2004 年创办《前夜》杂志。至今已出版著作十余种，在日本知识界和一般社会上产生了比较广泛的影响。

系上讲，高桥哲哉无疑属于在上世纪80年代日本后现代主义思潮影响下成长起来的"新生代知识左翼群体"。而自1992年出版第一部著作《逆光的逻各斯——当代哲学的语境》到如今的《靖国问题》，可以说，从一开始他便自觉地将对20世纪西欧现象学、德里达解构哲学以及勒维纳斯"他者"思想、阿伦特政治哲学的研究，与当下问题特别是日本社会实际的政治课题紧紧地关联起来。高桥哲哉和前面讨论过的柄谷行人、子安宣邦、小森阳一同属于当今日本"知识左翼"阵营，但与这些人都大致有一个从后现代向"左翼批判"，或者说从学者向批判型公共知识分子"转移"的过程相比，他的解构哲学研究与社会批判的高度统一，则从某个方面展现了90年代以来日本后现代批评的新形态与新走向。

在日本知识界，高桥哲哉以逻辑思考的"明晰"和批判立场的鲜明著称。之所以能够达到如此境界，在于他一开始便敏锐地注意并有意识地凸显哲学，特别是20世纪西方哲学思想所具有的社会性、历史性和政治性品格，并给予批判性的考察和研究。这种问题意识大大跨出了一般意义上的学术专业视野，筑就了他把伦理、政治问题作为哲学的核心课题，将历史和现实问题主题化，从具体的"事件"出发，围绕这些"事件"进行哲学思考的学术路径，❶同时，在积极介入政治和具体的社会问题讨论时，则坚持从知识原理、思想逻辑层面出发，彻底追究问题的内在结构及其背后的政治语境，从而达到了知识理性和社会批判的有效融合。高桥哲哉在哲学研究上以20世纪西欧现象学，特别是德里达所代表的解构哲学为主要考察对象。受到德里达逻各斯中心主义批判的强烈刺激，他

---

❶ 参见高桥哲哉《记忆的伦理——战争、哲学与奥斯威辛》后记，东京：岩波书店，1995。

把自己的工作目标定位在"形而上学同一性"批判上，在颠覆形而上学特别是现象学和分析哲学中被视为思考"根据"的"同一性"逻辑的同时，试图找到开启多样性、差异化、与他者关系性的认识论和伦理判断新局面的关键。❶ 他从勒维纳斯"他者的面容"说，和德里达对法之暴力性的解构与"正义"不可解构的思考中，重新认识了普遍正义的内涵和伦理责任的多重关系结构。在政治哲学领域，高桥哲哉通过对深刻影响了 20 世纪后期西方政治学走向的汉娜·阿伦特著作的批判性解读，从其"忘却的洞穴"概念推导和提炼出"忘却的政治"与"记忆的抗争"理论，以此作为介入历史、现实和政治问题讨论的分析工具。简言之，在进入当下日本政治斗争的"现场"时，他主要的思想方法和理论依据就是上述"与他者关系"的哲学和"记忆的抗争"理论。他的逻辑思考的"明晰"和批判立场的鲜明也多源自于此。

　　自 90 年代初登上日本的学术圈和言论界舞台开始，高桥哲哉便卷入到一系列可以统称为关乎"历史认识"的激烈论争当中，除了哲学研究的处女作《逆光的逻各斯——当代哲学的语境》和专著《德里达——解构》之外，他的著作都是直接参与"论争"和当下敏感政治话题讨论的文章结集。按照发生的时间顺序这些"论争"包括：始于 90 年代前期的关于"从军慰安妇"及其受害者起诉问题，针对日本政府拒不承认其法律责任的态度，引起进步知识界的严厉批判和论争；始于 90 年代中期以"自由主义史观研究会"和"新历史教科书编纂会"为中心的知识右翼阵营，指责战后进步历史学为"自虐史观"，揭起以本民族为中心否定侵略事实的

---

❶ 参见高桥哲哉《哲学能否成为一种抵抗》（访谈），载 2004 年《前夜》杂志创刊号，东京：影书房。

历史修正主义大旗，而与左翼批判群体形成对峙，论争进入激化状态；1999 年国会通过"国旗国歌法案"，2001 年"编纂会"的历史教科书通过文部省"检定"，围绕历史、宪法、教育问题的论争愈演愈烈；最后，小泉纯一郎上台成为新一届首相，其靖国神社参拜的政治行为不仅造成了东亚外交上的僵局，还进一步激化了国内关于"靖国问题"的广泛争论。高桥哲哉一直处于这一系列关乎"历史认识"论争的旋涡之中，其著作也打上了强烈的批判性和浓厚的论争色彩。如《记忆的伦理——战争、哲学与奥斯威辛》（1995），在讨论历史、他者、记忆等思想理论课题的同时思考"从军慰安妇"问题；《战后责任论》（1999）所收文章则包括对"自由主义史观"的批判，围绕"历史主体"问题与加藤典洋的论争，以及从政治和学理层面论证日本的战争责任和战后责任问题等；《"心"与战争》（2003）、《教育与国家》（2004）是对"国旗国歌法案"所引发的有关宪法、教育法、爱国心等问题的批判性检讨；《靖国问题》（2005）、《国家与牺牲》（2005）则是对日本近代史中的宗教、信仰、国民情感与国家制度的复杂关系及其问题症结做出的理性分析。

高桥哲哉在往返于哲学、政治学和现实社会问题三个层面的批判性思考作业中，实现了"学院知识"与"真实政治"介入的对接，其源自后现代思想脉络特别是解构哲学的基本观念，成了有效地解构有关民族国家的历史叙事，颠覆制度的暴力性和批判保守主义政治的逻辑武器。这种在理论与现实问题之间充满张力的批评实践，产生了广泛的社会影响，不仅成就了高桥哲哉个人作为哲学研究者和公共知识分子的社会价值，同时，也展示了日本后现代批评的深入发展和"知识左翼"参与"真实政治"斗争的可能性。以下，我将从日本后现代批评的历史脉络和知识分子如何介入公共事务两个角度，结合对具体文本的解读来纵观高桥哲哉十余年来的批评实践。

二

作为现实政治中的"历史认识"问题，最终在理论逻辑层面可以归结为"记忆"和"他者"的问题。历史是人们对于自身活动的记忆，但历史叙事不可能记录记忆的全部，必须有所选择而做出判断。所谓历史叙述的"暴力"或者"忘却的政治"，就在于一个民族国家的历史叙事（正史）往往根据权力和意识形态的需要，肆意地切割"记忆"、编织"叙事"，或者以集团族群的历史叙事压抑、抹消个人的记忆。因此，也就存在反历史叙事的"记忆的抗争"，尤其是在某些特定的历史时刻，往往会有"亡灵"再现以要求重述历史。要解决历史叙事的"暴力"和"忘却的政治"问题，一个重要的方法是引进"他者"的视角，在承认他者的存在和自我与他者的关系性同时，为历史叙事奠定一个伦理责任和普遍正义的基础。在反思现代性之理性权威的后现代思想，特别是以颠覆近代自我"同一性"为根本目的的解构哲学中，有着关于"他者"问题的丰富思考。高桥哲哉在参与日本的"历史认识"论争时，就主要参照了德里达和勒维纳斯的有关思想。

我们知道，高桥哲哉是日本最出色的德里达理论阐释者，❶

---

❶ 如果不怕失礼，我愿意称高桥哲哉先生为德里达的私淑弟子。这不仅因为他是日本最出色的德里达思想阐释者，实际上，他还于 1994 年前后在德里达那里进修过一年半时间。他的专著《德里达——解构》，对于 20 世纪 80 年代以后德里达关乎法、政治、伦理、宗教之哲学思考的介绍与阐释，特别是把解构思想视为一种"与他者关系的正义论"的观点，有力地纠正了上世纪 80 年代以来，日本知识界普遍将德里达的解构视为"否定的神学"（否定一切的思想）的偏见。

他对德里达的解构思想之所以有着深入独到的理解，源自两个方面。一是在最初从事现象学研究的时候，他注意到 20 世纪西欧哲学话语中隐含着一种可称之为追寻"作为汇集点的逻各斯"的欲望，同时也存在着回避、否定乃至排斥这种欲望的、可称之为追求"与他者关系"的另一种哲学动向。由于对"逻各斯"欲望的反感，他将自己的哲学研究方向确定为"追究'作为汇集点的逻各斯'内含的难以解决的症结，同时把哲学思考与'他者关系'问题的现实场域连接起来"。这个哲学方向的设定，正如高桥哲哉自己所坦承的，德里达的逻各斯中心主义批判给予了决定性的刺激和启发。❶ 换言之，正是充分了解到以现象学、解释学为主的 20 世纪西欧哲学的问题所在，才使他对"逻各斯中心主义"最激烈的否定者 —— 德里达的解构思想，其哲学上的颠覆性和批判力量有了深刻的理解。二是由于高桥哲哉对"解构哲学"有自己独到的观察。他比较古代新柏拉图主义的否定神学、近代柏格森主义乃至前期维特根斯坦试图跳出逻各斯的限界而走向外部的哲学意识，认为当代的解构哲学虽与之多有相似之处，但根本的不同在于"解构哲学止步于概念性话语的'边界'（limite）之处，即在划定逻各斯的'边界'的同时瓦解其'边界'"，从而颠覆包括"直观逻各斯"在内的所有形而上学的企图。按照德里达的说法，解构哲学乃是谋求语言与传统的另一种关系，也是一种新的肯定，新的承担责任的方式。❷ 由此，高桥哲哉提出了一个重要的观点：德里达的解构是对西方哲学中逻各斯中心主义的否定，但同时又是一种"肯定的思想"，即肯定他者存在的思想。这可以从他的解

---

❶ 高桥哲哉《逆光的逻各斯 —— 当代哲学的语境》第 343 页，东京：未来社，1992。

❷ 高桥哲哉《逆光的逻各斯 —— 当代哲学的语境》第 272—274 页。

构哲学始终围绕着两个核心课题即"语言与法"展开，而且是在"与他者关系性"的思考中包含了对伦理、政治责任的关注这一点上得到证实。❶

德里达的"与他者关系性"思考，具有丰富的哲学乃至伦理、政治内涵。高桥哲哉以德里达《法之力量 —— 权威的神秘基础》（1989）和《给予死亡》（1993）两文为主要文本，通过对"法可以解构，正义不可解构"，"解构即正义"的主张，以及有关绝对责任与伦理责任的悖论说进行深度解读，从中提炼出有关法与正义、他者与责任的思想。在《法之力量》中，德里达宣布"解构即正义"。其逻辑演绎如下：一、法的合法性、正统性或者正统化的可解构性，使解构成为可能。二、正义的不可解构，这也使解构本身成为可能。三、结论，解构生成于正义的不可解构性与法、正统化权威或被正统化的权威之可解构性两者之间的缝隙处。高桥哲哉认为，德里达所谓"法的可解构性"在于法是被构建起来的，因此，不管是人为法还是自然法，成文法或习惯法，只要是历史地被制定被构建的法律，都是可以解构的。而更根本的原因在于，一切法的"起源"中都存在着暴力，即立法的暴力和原书写（法制定者的署名行为）的暴力。"某一种法，在'法的支配'（rule of law）下可能是合法的，但'法的支配'本身却不可能是合法的。'法的支配'在其'起源'上是在没有任何法的存在情况下，通过实力树立起来的。这个原暴力（violence originaire）在结构上必然地于合法／不法的对立之前，是一种原书写的暴力。它一旦成功，便企图隐蔽自己的起源而抹消掉暴力的痕迹。正是在

---

❶ 参见高桥哲哉《德里达 —— 解构》第 180—183 页，东京：讲谈社，1998。

"历史认识"的论争当中，对勒维纳斯"他者的面容"说有更直接的批判性借鉴。90年代初期随着东西冷战格局的崩溃，"二战"结束四十余年间一直被压抑和掩盖了的有关侵略战争的"历史问题"和"战后责任"问题重新浮出地表，来自亚洲各国受害者个人的诉讼和抗辩，再次将"历史与战争责任"问题摆到日本国民的面前。其中，最使得一些日本人感到"震惊"的是在身心两方面备受摧残的"从军慰安妇"的大量证言。而日本政府把这些证言视为让日本人感到"耻辱"的东西，保守政治家更担心这有可能导致日本"国家民族"认同的危机。高桥哲哉对此予以批判之际，举出勒维纳斯的观点：

> 然而，也可以有完全不同的观点。例如，艾玛纽埃尔·勒维纳斯通过逼视从历史悲惨中呼唤正义的"他者"之面容、"异邦人、寡妇、孤儿"们的面孔，从这样被逼视而感到"耻辱"的意识内部，去寻找大屠杀时代的"伦理"极限的可能性。那个天真幼稚地相信自己无辜的主体，通过"他者"的面容和眼睛，自己的主观想象将从根底上遭到审问，第一次发现自己哪里是无辜的，简直就是篡夺者甚至杀人者，而感到羞耻。这种羞耻意识可谓走向伦理责任之觉醒的第一步（《整体与无限》）。经过漫长的忘却从历史的黑暗中现出身影来的慰安妇们，她们的每一张脸难道不是对要"抛弃耻辱走向光荣"（前首相中曾根康弘语）的"国家民族"之虚伪乃至自我欺骗发出痛烈告发的"他者的面容"吗？她们的视线难道不是"异邦人"以至"寡妇"的视线吗？这种耻辱的记忆，应该感到羞耻的记忆绝不是什么为走向光明而可以抛弃的，相反保持这记忆，不断地体验这羞耻，对于日本国家和作为这个国家的市民

的我们来说，才会展现出某种决定性的重要的伦理乃至政治的可能性。❶

在日本，有论者曾指责高桥哲哉将勒维纳斯"高度抽象的、甚或宗教的超越论式"的"他者"像与世俗生活中"具体的他者"直接关联在一起，来讨论现实的"伦理乃至政治的可能性"，认为其做法过于"单纯朴素"，大有情绪化左翼知识者政治批判先行的削足适履之嫌。❷ 而我认为并非如此，实际上高桥哲哉依据德里达的"他者责任论"，早已对勒维纳斯有过批判性的省察。特别是通过对其与"无限责任"的承担相关的"繁殖性"概念的批评，已经解构掉了勒维纳斯"他者"思考中包含的犹太教民族的存在论乃至男性中心主义的成分。正是在这种善于把抽象的哲学概念经过脱胎换骨式的解构而转化成剖析现实问题的理性工具方面，体现了作为哲学研究者的高桥哲哉其深邃"明晰"的理论感觉和批评风格，也提示了繁复的"后现代"理论如何有效地运用于"真实政治"斗争的可能性。

在1995年出版的《记忆的伦理——战争、哲学与奥斯威辛》第4章中，高桥哲哉从如何为被压抑的个体"辨明"（证言）其生之意义、如何获得正义的角度，对勒维纳斯《整体与无限》（1961）进行了独到的解读。他认为，在上面所引有关"他者的面容"一段话中，值得注意的是所谓的"耻辱"并非"我"所受到的侮辱，而是他者本身被历史所裁决（抹消）而忍受的"侮辱"。"我"通过"他者的面容"才能将这"不可视的侮辱"转化成"逼视自我，告发自我"，化"侮辱"为"耻辱"的反省意识。由此才会有"正

---

❶ 高桥哲哉《战后责任论》第 209—210 页，东京：讲谈社学术文库版，2005。
❷ 参见仲正昌树《后现代的左旋转》第 212 页，东京：世界书院，2004。

义"的出现，才能产生承担"无限责任"的觉醒。就是说，勒维纳斯强调只有通过"他者"的介入，自我反省最终才能走向对"无限责任"的承担。因此，从终极意义上讲，与"历史的裁决（抹消）"相对抗的代替他者发出证言的"我"乃是他者的替身，对他者负有无限责任的自我也就是救世主。高桥哲哉认为，这是勒维纳斯以"救世主式的终末论"来对抗和批判黑格尔式的"历史目的论"。这个作为"他者替身"的证人说，可以为我们理解20世纪90年代以后突然"现身"，向日本政府提起诉讼的"从军慰安妇"之历史身份，提供重要的逻辑参照。这些"遍体鳞伤的证人"是以"他者的替身"向日本男子、日本民族提出了控告，她们的声音是对帝国主义日本及其殖民侵略历史的告发，她们代表个人同时也作为"完全的他者"的替身，在呼吁日本承担其殖民侵略战争（对他者的抹消）的"罪责"。

与此同时，这些"遍体鳞伤的证人"其存在本身，也对勒维纳斯"证人无限传承于后世"的"繁殖性"概念构成了质疑。《整体与无限》通过导入"繁殖性"概念，强调"父父子子"的代代繁殖将保障"证人和证言"的无限延续性，包括将追求正义的无限责任承担到底的可能性。而高桥哲哉认为，勒维纳斯这种观念反映了其一神教的犹太民族存在论的局限，他的"繁殖性"概念排除了母亲、姊妹成为"证人"的可能性。他的作为"他者替身的证人"说和"无限责任"论是可以为我们提供参照的，但"繁殖性"概念及其背后的一神教男权中心主义和犹太民族中心论，则应该予以批判和否定。这样，就能够以批判性的审视，从勒维纳斯"他者哲学"中搭救出"他者的面容"理论来。❶ 实际上，高

---

❶ 以上参见高桥哲哉《记忆的伦理——战争、哲学与奥斯威辛》第139—174页。

桥哲哉不仅在声援"从军慰安妇"对日本政府的诉讼活动和批判右翼历史修正主义逃避战争责任的时候，多次援引这个"他者的面容"说，从而建立起"与他者关系性"的视角和责任伦理的体系，而且在后来讲到自己的伦理哲学观时亦强调，勒维纳斯"他者"理论是"伦理"得以成立的一个根本依据。❶

三

在对待阿伦特"忘却的政治"概念和大屠杀责任者处罚论上，高桥哲哉同样也采取了通过批判性考察从中提炼出为我所用的分析工具的做法。我们知道，"二战"中从欧洲流亡美国的犹太裔政治哲学家汉娜·阿伦特是 20 世纪最重要的思想家之一，她基于战乱和流亡经验以及典型的德国思辨传统对"战争与革命"之巨大暴力性的政治学考察，对当下大众消费社会的危机——私人领域和公共领域界限消失的深刻洞察，以及通过"行动"和"劳动"等概念来重新定义人类的生存境遇，包括对希腊城邦文化和康德哲学的政治学意义的解读，都深刻影响了 20 世纪后期西方哲学和政治思想的走向。她的学问思想之深邃复杂仿佛在拒绝任何将其归

---

❶ 勒维纳斯在《整体与无限》中指出，作为单独性的他者其脸面展现在我的面前时，我会听到"不要杀我"的呼叫。而在回应这样的呼叫时就可能有伦理的产生。听到"不要杀我"这一呼叫的我，将注意到自己的自私之爱的问题，察觉到对于他者来说自己是"杀人者"似的存在，暴力性的存在，也就是在这样的时刻，才会产生伦理的可能性（参见勒维纳斯《整体与无限》日文版，国文社）。高桥哲哉认为：关于勒维纳斯的上述议论可以有各种不同的解释，"但如果说伦理能够成立，那么也只有在这样的情境下是可能的"。"伦理的建立只能以相遇他者的面容时的经验为出发点，除此之外别无他法。"（参见高桥哲哉《反－哲学入门》第 48—51 页，东京：白泽社，2004）

入"左翼与右翼"或"现代与后现代"的企图，这也意味着不同思想派别的人都可以从她那里吸收为我所用的思想资源。高桥哲哉坦承："在思考战争责任和战后责任等问题上，汉娜·阿伦特是一位非常重要的思想家。"她对人权、政治责任、民族问题、帝国主义等都有深厚的考察。而有关"记忆"和"证言"的问题，即极权主义制度下的"忘却的洞穴"，以及有关"判断"和"宽恕"（forgiveness）的思考，都给自己以极大的启发，成为思考日本的战争记忆和战后责任问题的重要参考。❶ 但同时，高桥哲哉也没有忘记对阿伦特"记忆"观背后的欧洲中心主义，以及在艾希曼审判评价上的"不宽恕"论的质疑。

阿伦特在考察 20 世纪的极权主义统治时，注意到毒气室和集中营乃是这种制度最"令人恐怖"的和最本质的反映，它们构筑了"忘却的洞穴"，在抹杀人类肉体的同时，也将人类的记忆彻底抹消掉：

> 在警察严密监视下的监狱和集中营并非单纯的不法和犯罪所在之处，而是最终被铸就成了忘却的洞穴（Höhlen des Vergessens），不知何时谁都可能落入，且一旦落入便将被彻底抹消掉仿佛不曾存在于此世一般。不再有能够显示曾经被杀害或者死亡的尸体和坟墓。与这种最新的"肃清"手段比较，其他国家或过去时代的政治性杀人和犯罪处刑简直是用愚蠢的手段所实行的最原始的尝试了。那些将尸体留下来而只想如何隐蔽自己犯罪证据的杀人者，根本无法与不留犯罪痕迹而将牺牲者从活人记忆里抹消掉的、具有组织化政治性权力的现代大屠

---

❶ 参见高桥哲哉《战后责任论》第 94 页。

杀者们比肩。当一个人被从生者的世界抹消掉仿佛不曾存在于这个世界上，只是在这样的时刻，他才真正被杀死了。❶

"忘却的洞穴"，这是一个非常重要的概念。它象征着 20 世纪极权主义统治不同以往的根本特征：要真正抹消一个人的存在，就必须连同与其有关的一切记忆也抹消掉。阿伦特尖锐地指出，第三帝国毒气室和斯大林时代集中营的出现，切断了欧洲历史的连续性，其对人之抹消的残酷超出了最黑暗的中世纪。高桥哲哉注意到，《极权主义的起源》（1951）之后，特别是在写作《人类的境况》（1958）阶段，阿伦特在关于"政治性"问题的思考中，仿佛是要抗拒人类将消失于"忘却的洞穴"中一般，坚持把所谓"公共空间"的本质定义为"人对人表象（appearance）的空间"，强调将这种"表象"留在记忆里的"故事"（story）的重要性和"作为有组织的记忆之希腊城邦的典范性"。可以想象，这样的思考来自于对极权主义"抹消记忆"的抗争。我们可以将阿伦特的政治思想作为一个整体称为"记忆的政治学"。它将为我们认识 20 世纪极权主义的暴力性，包括战争与革命的暴力性提供重要的思想参照，同时，对于如何抵抗这种暴力性，重新思考人类的"记忆"问题，也具有同样的参考价值。就日本的现实课题而言，高桥哲哉重提关于

---

❶ 汉娜·阿伦特《极权主义的起源》日文版第 3 卷第 224—225 页，东京：みすず书房，1995。中文版译文如下："在极权主义国家，由警察统治的一切拘禁之地都要成为使人湮没无闻的真正黑洞，人们很偶然地跌跄进来，身后不留下像尸体或坟墓之类表明先前存在过的普通痕迹。与这种将人彻底抹掉的最新发明相比，旧式的政治谋杀或犯罪谋杀的方法的确效率不高。谋杀者留下一具尸体，虽然他竭力掩饰他自己的踪迹，但是他没有能力从幸存者的世界里抹去受害者的痕迹。相反，秘密警察的行动奇迹般地留心使受害者在别人心目中似乎从来就不曾在这个世界上存在过。"（《极权主义的起源》中文版第 544 页，林骧华译，北京：生活·读书·新知三联书店，2008）仅供参考。

战争历史的"记忆",声援从军慰安妇的诉讼,其意义就在于,他试图以个人"记忆"的重提来与战争体制和极权主义对个人记忆的抹消进行斗争。[1] 只有经过这种抗争,人类才能与过去的历史达成和解,最终实现普遍的正义。在阿伦特"忘却的洞穴"说启发下,他还结合日本的现实政治课题,提出有必要建立一种连接历史和当下的"记忆的政治学"。

但是,高桥哲哉也注意到,到了后来特别是写作《耶路撒冷的艾希曼》时,阿伦特却强调"彻底的忘却"是不会有的。甚至认为:"所谓忘却的洞穴等并不存在。人类所做的事情不可能那么完美无缺。实际上人多得很,彻底的忘却是不可能的。肯定有生还者出现讲述所见到的事情。"[2] 而高桥哲哉认为,无论从理论上还是从事实上讲,"忘却的洞穴"其存在的可能性都是无法否定的。阿伦特在这个问题上的前后矛盾,明显地是一种思想的倒退。[3] 这将影响我们对重提"记忆"之必要性的理解。高桥哲哉批评阿伦特前后矛盾,意在强调"大屠杀"和对于大屠杀的"忘却"绝非历史上的"特例",而是"一般历史"的原暴力本身:"如果说历史'一般'是由胜者,或者至少是由'幸存者'所书写的,那么受到无法恢复的忘却之威胁的,就不仅仅是波兰的犹太人社会和华沙犹太人区了。'忘却的洞穴'绝非仅存于奥斯威辛等场所,而是无所不在的。或许,正因为有'彻底的忘却',这无所不在的大屠杀才成了我们的记忆所难以企及的地方。"[4]

阿伦特的"思想倒退"恐怕与她对"他者的历史和记忆"缺乏

---

[1] 参见高桥哲哉《记忆的伦理——战争、哲学与奥斯威辛》第8页。

[2] 汉娜·阿伦特《耶路撒冷的艾希曼》日文版第180页,东京:みすず书房,1969。

[3] 高桥哲哉《记忆的伦理——战争、哲学与奥斯威辛》第17页。

[4] 高桥哲哉《记忆的伦理——战争、哲学与奥斯威辛》第18页。

感受力有关。这就涉及另一个问题，即她的著作中的"非洲印象"及其背后的"欧洲中心主义"历史观。在《极权主义的起源》第2卷第5章中，阿伦特探讨了"民族国家的没落与人权的终结"，她一面指出普遍人权与为此提供保证的民族国家之民族中心主义两者间的矛盾，一面用"欧洲心脏的非洲化"比喻失去基本人权保障的大量难民的出现，以此强调"文明世界的内部崩溃"造成了无数欧洲人跌落到与野蛮部族一样的境地。由此可见，阿伦特明显地将欧洲与非洲视为"文明与野蛮"的二元，她甚至强调早期欧洲对美洲和澳洲的殖民和对原住民的杀戮不值得记忆，因为这两个洲当时处在"法之外"。在这里，欧洲－历史－法－界限构成了一个逻辑思考的圆环。这是典型的欧洲中心主义历史观。高桥哲哉认为，我们对此必须提出严厉的批判，需要记忆的东西并不限于"人们所记忆并具有连续性的世界"。最紧迫地需要记住的东西来自于另外的方面：一切暴力，"灭绝的暴力"，不管是存在于"世界"外部的灭绝还是来自"世界"本身的灭绝，总之所有"灭绝"的暴力。所谓"人们所记忆并具有连续性的世界"（欧洲世界）其创立本身说不定就包含了"灭绝"的暴力。通过"灭绝"之暴力的忘却或者隐蔽而确立起自己的"法"。我们必须记住"世界"本身的暴力性，"法"本身的暴力性，制造"壁垒"用"界限"划分领地的暴力，以及作为"法"而发挥作用的记忆之暴力性。❶ 简言之，一切暴力都在我们应该记忆的范围之中，唯其如此，才能与所有"忘却的政治"相抗争，所谓"记忆的政治学"也才能更有效地建立起来。

阿伦特在《耶路撒冷的艾希曼》（1963）中提到人类具有做出"判断"的责任，这是高桥哲哉关心的另一个问题。阿道夫·艾希

---

❶ 见高桥哲战《记忆的伦理——战争、哲学与奥斯威辛》第106页。

曼是一个平庸而循规蹈矩的德国党卫军成员，1942年开始他被任命去协调和管理将犹太人押送到死亡营的后勤工作，有数百万犹太人经他之手而惨遭迫害。1946年他逃过美军的追捕最终隐身定居于阿根廷。1960年以色列特工抓获了他并偷渡出阿根廷。1961年他在以色列接受审判，不久之后被判处绞刑并立即执行。阿伦特一直关注此案件并主动要求作为记者旁听以色列法庭的审理。《耶路撒冷的艾希曼》便是有关此案件的评论文章的结集。阿伦特的评论涉及艾希曼是否有判断能力，偷渡以及在以色列法庭的审判是否合法，欧洲犹太人委员会在战争期间不得已与纳粹合作的罪责等问题。作为亲身经历了纳粹追捕迫害的犹太裔美国人学者，阿伦特处在一个十分微妙的位置上，但她始终把思考集中到与人类的判断有关的道德问题上，并结合责任人处罚问题提出了一系列政治哲学上的重要课题。❶高桥哲哉在思考"慰安妇问题"和日本的战争、战后责任时，对《耶路撒冷的艾希曼》中提出的"判断"概念有纵深的创造性解读，从中获得了重要的参照。

所谓"判断"问题涉及如何对纳粹统治下的各种犯罪进行伦理、政治、历史乃至法的判断。针对那些对判断的责任持否定态度的观点，阿伦特强调人类应该履行"判断"的职责，回避判断或者判断力的衰退正是使艾希曼的犯罪成为可能的极权主义制度所特有的精神结构。高桥哲哉注意到，阿伦特特别强调判断责任的不可回避性，其原因首先在于正义的呼唤，这和她对自由与人类境况本质的认识密切相关。在阿伦特看来，"自由是人类的境况之本质，而正义是人类社会的境况之本质。换言之，自由是个人的本质，而正

---

❶ 参见帕特里夏·奥坦伯德·约翰逊《阿伦特》中文版，王永生译，北京：中华书局，2006。

义是共同性的人类之本质"。❶ 如果人们对于善恶不履行判断的责任，正义将无法得到维护，以正义为本质的人类共同生活将面临崩溃的危机。阿伦特还强调，做出"判断"的目的，在于通过回应正义的要求，实现当下的我们与悲惨的过去之和解。由此，她在《人类的境况》中并列地提到"惩罚与宽恕"问题，认为惩罚作为宽恕的代替，是将我们自己从一直束缚着我们的负面遗产中解放出来，为重新开始与他者的共同活动而实施的积极性行为。❷ 当然，宽恕不适用于"有意识的恶行和极端的犯罪"，在这种场合代替宽恕所实行的惩罚是要切断过去的统治。

值得注意的是，阿伦特在《人的境况》中依然保留着《极权主义的起源》下面这样的立场——大屠杀那样的犯罪，超出了人类理解的范围，是一种无法宽恕也无法惩罚的根源性恶。对此，高桥哲哉提出了质疑，认为有重新思考的必要。如果坚持这种"根源性恶不可饶恕"的立场，势必造成"恶恶相报"的后果。应该说"不包括任何宽恕的惩罚将成为复仇，不包括任何惩罚的宽恕将成为上帝的宽恕。而现实中的惩罚与宽恕实际上总是处在两者之间的"。❸ 此外，阿伦特以"杀害犹太人的纳粹没有生的权利"为理由，支持耶路撒冷法庭对艾希曼处以死刑的判决。高桥哲哉对此提出了严厉的批评，认为这种观点源自阿伦特自己本该反对的极权主义逻辑——仿佛自己有权力决定谁可以活在这个世上一样，我们应该从超越"以牙还牙惩罚法"（talio）和极权主义逻辑的角度，来重新探索"惩罚"问题。❹

---

❶ 汉娜·阿伦特《极权主义的起源》，转引自高桥哲哉《战后责任论》第102页。

❷ 参见《人的境况》中文版第183—189页，王寅丽译，上海：上海人民出版社，2009。

❸ 高桥哲哉《战后责任论》第109页。

❹ 参见高桥哲哉《战后责任论》第121页。

最后，高桥哲哉还注意到，作为政治哲学家的阿伦特有意识地把"法的逻辑"与"政治逻辑"区别开来，在高度评价艾希曼审判中法官为维护法的逻辑以排除来自犹太复国主义者的政治影响所做出努力的同时，特别强调要对被"法的逻辑"所牺牲掉的有关大屠杀的各种政治性和思想性问题做出思考和判断。因为，在阿伦特看来，刑事审判不是为被害者而是为了正义代辩。故所谓"判断"必然包括对法的责任、政治责任和伦理责任的判断。我感到，到此高桥哲哉通过对阿伦特复杂的政治思想的解读，终于走到了自己所关注的问题核心——慰安妇、历史认识和日本的战争、战后责任问题。这种解读不是一般的学术研究，而是带着解决现实政治课题的目的而与阿伦特进行的一场艰难的思想对话，在批判性的省察、认同和论争中，高桥哲哉形成了自己观察和"判断"日本当下政治问题的视角和方法：通过重新唤起记忆来与"忘却的政治"抗争，强调人类"判断"的责任以审视日本的殖民主义侵略历史，并厘定其战争责任和战后责任，使之负起法、政治和伦理的责任，以回应他者和正义的呼唤。

四

以上，我就高桥哲哉与德里达、勒维纳斯、阿伦特的思想关联进行了大致的梳理。目的不仅在于考察其解构哲学观，"他者"理论和有关历史"记忆"与战争责任的思考与西方思想的渊源关系，更主要的是试图呈现作为"知识左翼"代表之一的哲学研究者，高桥哲哉在往复于哲学、政治思想和现实问题三个层面的批评实践中，是如何将后现代思想和西方新近的政治学理论经过批判性省察而与身边的"真实政治"问题直接对接起来，从而形成了自己介入当下政治的批判性立场和路径，并推动了日本20世纪90年代以来"后现代批评"新态势新走向的形成。如前所述，高桥哲哉自亮相日本言论界以来，便卷入到一系列可以统称为有关"历史认识"的激烈论争当中。通过论争，他那种把伦理、政治问题作为哲学的核心课题，将历史和现实问题主题化，从具体的"事件"出发，围绕这些"事件"进行哲学思考的学术志向得到了充分的发挥。尤其是在关于"战后责任"和"靖国问题"两个主题上表现得最为鲜明。因此，我将在下面的讨论中忽略具体的论争过程，集中围绕这两个主题加以介绍和分析。

1998年8月15日，高桥哲哉赴"日本战殁学生纪念会"发表了《"战后责任"再考》的讲演。这是深入探讨日本战争责任及战后责任的多重结构，从回应"他者"呼声的哲学层面和"作为法和政治存在的日本人"之政治伦理层面，来厘定承担战后责任之依据的重要文章，也是《战后责任论》一书中纲领性的部分。它不仅在日本社会产生了广泛的影响，也标志着高桥哲哉"战后责任论"体系的形成。其中，德里达、勒维纳斯的"与他者关系"视角和阿伦特"判断的责任"理论，乃是其思考的主要逻辑依据。

高桥哲哉首先对战后日本的历史提出质疑。1956年，日本开始流行一句话即"如今已非战后"。这意味着什么呢？从历史"事件"的经过观之，1945年大战结束，日本接受"东京审判"（1946—1948）的判决结果，签署了《旧金山和约》（1951）而结束被占领状态，又在朝鲜战争期间（1950—1953）为美国生产军事"特需"，从而经济得到恢复并迅速进入高速发展时期。然而，在高桥哲哉看来，1956年当时，战争遗留的伤痕遍布日本及其广大亚洲地区，这是毋庸置疑的。政治家们所谓"如今已非战后"并不是对历史事实的确认，而是对不敢直视的现实和战争记忆的隐蔽与封杀，一种典型的"忘却的政治"。这"忘却"不仅是对日本国内战争遗留问题的无视，更表明政治家们眼里根本没有亚洲被害者民众的"战后"。而时隔半个世纪，在东西冷战结束之后，以原"慰安妇"韩国女性金学顺于90年代初起诉日本政府为发端，亚洲民众纷纷以个人名义发出告发日本侵略罪行的声音，这无疑从根本上瓦解了"如今已非战后"这一政治家"忘却的政治"话语。在此，高桥哲哉提出了一个自己的基本判断：日本的战后才刚刚开始。

这一基本判断，使日本的战争责任和战后责任问题重新凸显出来。那么，如何从根本上认识日本的战争责任和战后责任呢？其问题的核心在哪里呢？高桥哲哉通过引入英语 responsibility 的原义，来解构日语"责任"一词过于倾向罪责（guilt）或宗教上的原罪（sin）的负面词语意象，而突出强调 responsibility 一词原本还有回应、答复某人，即当有来自他人的呼唤、倾诉、打招呼的情况下，人们处在需要回应的态势中这一含义。如果从回应"来自他者的呼唤"这个角度理解"责任"的内涵，并把问题进一步推进到原理的层面，就会注意到语言本身就包含着向他人打招呼或诉说的要素。那么，作为使用语言进行交往的人类，就有着必须承担回应他者呼唤的责任。可以说，在所有人类关系的基础里，存在着"用语词来呼唤和回应这样一种关系"。❶ 于是，可以得出下列结论："只要我们是与他者进行语言交往的存在即社会性存在，那么我们就必然地被置于负有回应他者呼唤的责任，即处于对他者负责的状态之中。"❷从理论上讲，面对他者的呼唤你有选择不回应（不负责）的自由，

---

❶ 高桥哲哉《战后责任论》第31页。

❷ 高桥哲战《战后责任论》第32页。

然而当你一旦听到他者的呼声便被置于必须做出是否回应的选择这样一种境况中。在此，你是不自由的。所谓"责任"本质上是"对他者负责"，因为"与他者的关系"乃是人类的社会性属性。

从"与他者关系"的视角确认了"责任"的基本内涵之后，我们就可以进入关于"战争责任"和"战后责任"问题的讨论了。高桥哲哉认为，所谓战争责任，是日本侵略亚洲各国实行殖民地统治，违反了各种国际法而负有战争犯罪和迫害行为的责任。它包含了犯罪意义上的罪责而不单单是无视他者呼声的责任，需要对犯罪责任人和罪犯实施处罚，并向被害人提出赔偿。所谓战后责任，则来自上述战争责任的没有得到充分履行，因此含有罪责的成分。日本的战后责任直接源自大日本帝国的犯罪，这一点不容许有任何含糊的余地。但必须指出，战后责任还有另一层意义，即回应他者呼声的责任。从某种意义上讲，战后出生的日本人没有直接承担作为罪责的法律责任，但负有回应他者呼唤的政治责任。

那么，包含从旧日本帝国遗留下来的罪责和回应他者呼声的责任这样两层含义的"战后责任"，其核心是什么呢？高桥哲哉比较德国的战后处理明确指出，就在于日本于东京审判之后没有自行处罚那些应该处罚的战争罪犯。德国于纽伦堡审判结束之后，没有放弃自己对纳粹犯罪的追究，到90年代为止究办嫌疑案件超过十万件，判定有罪的六千余件。而日本则一件也没有，无论是立案究办还是判定有罪。据此，可以做出明确判断：对于战争指导者的处罚包括对被害人的赔偿便是日本战后责任问题的核心，也即作为日本人而必须承担的政治责任。❶ 而"日本人"这一概念的内涵，是指作为法和政治性存在的日本人，即由国籍法所确定的日本国民的一员

---

❶ 高桥哲哉《战后责任论》第 52 页。

（持有日本国籍者），由宪法规定的日本国家政治上之主权者，而不是以血缘同一性或文化所定义的"日本人"。显然，高桥哲哉对"战后责任"的主体所做的界定，是从法和政治的层面出发以避免陷入"文化本质主义"的话语圈套（历史修正主义或新型民族主义所诉诸的，正是血缘和民族文化传统的同一性）。

到此可以明了，我所谓"作为日本人的责任"，既不是试图将自己同化于日本国家或日本国民的东西，也绝非以"日本人"或"日本国家"为自明的存在前提。相反，这个责任是对没有认真履行战后责任的日本国家之政治状况负责，是要督促日本国家认真履行战后责任以改变其国家现状，通过督促日本政府承担责任从而批判性地改变被旧帝国负面遗产所拖累的日本国家现状的责任；是解构那种使殖民地统治、种族歧视、女性歧视和充满暴力性的"国民化""皇民化"成为可能，并由此产生的"日本人""日本国民"等话语叙事，使日本社会成为真正意义上的"民主"社会，即作为不同的他者间相互尊重之社会的责任。❶

如果大致回顾一下战后日本知识分子有关"战争责任论"的著述和观念，高桥哲哉在 20 世纪最后一年出版的《战后责任论》其独特的方法论视角，和在深化日本人"历史认识"方面所起到的作用，就会清晰地呈现出来。一般认为，战后一段时期里有关"战争责任"的论述并不少见，但真正从思想、学术、法理上全方位地予以探讨并产生广泛影响的有两部著作。一是著名历史学家家永三郎

---

❶ 高桥哲哉《战后责任论》第 59—60 页。

的《战争责任》，另一部是东京大学国际法教授大沼保昭的《从东京审判到战后责任的思想》。❶ 家永三郎的著作是战争结束整整四十年之后出现的第一部从整体上系统论述"战争责任"的专著。针对日本国家、日本国民和联合国等不同的主体，该书具体阐释了其法理、政治和道德上的责任。作为经历过战争年代的上一代学者，家永三郎个人的"战争期间自己作为旁观者存活下来的自责之念"贯穿全书。大沼保昭的著作则从国际法的角度，在深入阐述"东京审判"的历史意义及其遗留的种种问题基础上，提出超越"胜者审判""文明审判"的局限，❷ 而将思考重心落实到"战后责任"上来的观点，其中在论述"责任"的多重结构方面始终贯穿了一条"对他民族负责"的主线，乃是该书的主要特征。如果说，上述两位学者分别从历史和法理的角度展开了对"战争和战后责任"的系统论述，那么，高桥哲哉则重点从哲学和政治的视角，结合当下有关"历史认识"论争，特别是各种战争责任否定论盛行一时的现状，将问题的讨论向纵深处大大地推进了一步。

这里所谓哲学和政治的视角，当然如上面所述是指源自德里达、勒维纳斯的"他者"与"正义"的思想，和阿伦特"忘却的洞穴"以及责任与判断的理论。在参照吸收上述思想资源基础上，高桥哲哉提出了"履行责任的能力"（responsibility）的概念。这个概念强调的不是罪责或宗教原罪，而是"回应他者呼唤"的姿态，即"作为社会存在的人之根本义务"。通过这样一种细致的哲学性概

---

❶ 两部著作分别由日本岩波书店和东信堂出版于 1985 年。大沼保昭的著作至 1997 年为止，在不断修改和增加新内容的基础上再版了四次。

❷ 即一方面胜者审判败者在国际法上并不违法，战争罪就是对战败一方的战犯实行处罚，这是包括东京审判辩护律师团等几乎所有人都承认的；另一方面又确实存在着法的普遍适用性与战胜国审判之间的根本矛盾。（参见大沼保昭《从东京审判到战后责任的思想》第 1 编，东京：东信堂，1997）

念剥离和分节化，"战后责任"就获得了更广泛的伦理道德的含义，其原有的局限于法和政治范畴的履行"责任"行为，也就从浓重的压抑性和否定性转为具有"肯定性"因素的道德行为，从而深化了"责任"观念的内涵。同时，对于责任主体的规定依然保留了"作为法和政治性存在的日本人"这一定位，由此，构成了高桥哲哉包括伦理、政治和法三层面的"战后责任论"体系。

我们知道，20世纪90年代以来日本国内有关"历史认识"的一系列论争，最终都可以归结到是否承认那场战争的侵略性包括殖民统治的道德合法性，是否愿意承担其"责任"这一根本的立场问题上来。高桥哲哉在参与论争过程中始终关注"责任"的内在多层次结构，其伦理、政治和法三层面的"战后责任论"，可以说把握到了"历史认识"的核心，发挥了"知识左翼"强有力的批判功能，也得到了多数读者特别是年轻人的支持。而一向善于从原理上彻底思考的哲学研究者高桥哲哉，在稍后出版的《历史／修正主义》一书中，对相关问题又有了新的理论探索。该书针对"自由主义史观研究会"和"新历史教科书编纂会"所标举的"历史叙事说"，❶ 文艺评论家加藤典洋的重建"国民历史主体说"，❷ 还有属于进步知识界而对右翼阵营的历史观持批判立场的历史哲学学者野家启一的"历史构成主义"❸ 等等，做出冷静理性的辨析。同时，再次确认了"如何与他者相逢"，"如何构筑自我与他者关系"的基本思考视角，❹ 并依据德里达的"法可以解构"和阿伦特"判断的责任"

---

❶ 参见坂本多加雄《思考历史教育问题——日本能重新获得历史吗》，东京：PHP新书，1998。

❷ 参见加藤典洋《败战后论》，东京：讲谈社，1997。

❸ 参见野家启一《叙事的哲学——柳田国男与历史的发现》，东京：岩波书店，1996。

❹ 见高桥哲哉编《"历史认识"论争》第50页，东京：作品社，2002。

的思路，从责任、叙事、判断三个方面对当今流行的有关"历史"和"法"的观念，进行了深度的解构和批判。❶

五

一个批判型公共知识分子面对社会生活和实际政治中的重大问题，不仅要进行理性的事实分析，更应该为公众提示判断的视角和逻辑思考的理路。实际上，这也正是高桥哲哉把伦理、政治问题作为哲学的核心课题，将历史和现实问题主题化，从具体的"事件"出发，围绕这些"事件"进行哲学思考的学术志向。2005年，当政治人物的"靖国参拜"成为日本内政外交的关注焦点，国民需要对"靖国问题"认真思考做出抉择的时候，高桥哲哉通过相继出版的两部著作，比较有效地承担了一个公共知识分子的职责，也再次显示了他对实际问题善于进行彻底的原理性思考的特性。如果说，以学术著作少见的30万册发行量赢得众多读者支持的《靖国问题》，❷ 通过将其问题重新放回到具体的历史场域，并从与日本政治和国民精神生活深刻关联的层面出发，对"靖国神社"作为国家装置所承担的功能和作用进行了结构上的深入分析，那么，紧随其后出版的《国家与牺牲》，❸ 则对"靖国问题"所隐含的国家与"牺牲"，即现代民族国家与战死者祭祀显彰制度的逻辑关系，做了更为深入的学理探索。这种学理探索不仅是事实分析基础上的理论拓展和延伸，同时也为进一步揭示"靖国问

---

❶ 参见高桥哲哉《历史／修正主义》，东京：岩波书店，2001。

❷ 高桥哲哉《靖国问题》，东京：筑摩书房，2005。

❸ 高桥哲哉《国家与牺牲》，东京：日本放送出版协会，2005。

题"的核心所在提示了思考方向。

2004 年，思想史学者子安宣邦曾出版《国家与祭祀》一书，从起源上挖掘明治维新以来的国家神道、靖国思想与 19 世纪"后期水户学派"、儒家"国家经纶"学说的政治思想史渊源关系，以揭露靖国神社作为近代国家祭祀设施的政治意识形态性。❶ 与此相比，《靖国问题》的重点显然不在历史方面，而是要为读者提供一个思考"靖国问题"的逻辑理路。全书共分五个部分，分别从感情、历史认识、宗教、文化和国立追悼设施的角度向问题的核心逼近。给读者留下最深印象的，当是以"感情的炼金术"生动概括出作为准国家宗教设施的靖国神社，其"英灵显彰"制度及话语叙事背后的国家意图：通过祭祀仪式将"为国捐躯"士兵"崇高的牺牲"神格化，不仅可以隐蔽战争的残酷性，还能够使遗族亲属乃至一般国民"化悲痛为欢喜"，将"不幸"转化为"幸福感"，从而使国家得以继续动员国民参加新的未来战争。高桥哲哉明确指出：战争期间天皇的靖国神社作为国家机器，发挥了将男人士兵和女人、儿童等家属乃至整个"国民"的"生与死之意义"吸纳到军国主义国家中来的功能，因此是一个彻头彻尾的国家宗教装置。❷ 这既是历史问题，也是现实政治的需要。"9·11 事件"之后，紧跟美国反恐战略的日本政府，不惜冒违反和平宪法的危险而向伊拉克派兵，首相执意要参拜靖国神社，便是考虑到如果在伊拉克战场出现自卫队队员的阵亡，就依然需要靖国神社这个祭祀体系甚至"感情的炼金术"，以安置亡灵和化解遗族亲友的悲哀，向国民做出交代。

《靖国问题》另一个值得关注的地方，是第二章讨论靖国神社

---

❶ 参见本书第 3 章"思想史和文化研究视野下的日本与东亚 —— 子安宣邦的近代日本知识考古学"的有关论述。

❷ 高桥哲哉《靖国问题》第 26 页。

与历史认识的关系问题。在此，高桥哲哉首先从"东京审判"入手，一面承认其结果上存在着"战胜国审判战败一方"的有违法之普遍性原则的地方，同时强调对于日本领导者将国民推向战争深渊的罪责予以审判的意义之重大。在此基础上提出如何认识"战争责任"的问题。高桥哲哉认为，东京审判的问题不在于审判了什么，而在于没有审判什么。我们在讨论"战争责任"的时候，不能局限于东京审判所划定的范围，如对于甲级战犯罪行的审判限定在1931年"满洲事变"以后，对日本的战争责任也只追究1928年以后的部分，这将容易造成对明治维新以来帝国日本的殖民主义历史罪责的忽略，从而阻碍日本人历史认识的深化。如果从靖国神社创建的历史，以及作为天皇的神社即国家神道其祭祀的战死者类别观之，则从反面呈现了一部日本殖民主义战争的历史。靖国神社创立于1869年，当时名为东京招魂社，1879年改为靖国神社，而这期间的1874年从"台湾出兵"开始祭祀海外派兵的战死者，一直持续到1945年的战败。我们可以通过了解靖国神社的历史，进一步深化对日本殖民主义乃至大东亚战争历史的认识。

《靖国问题》最后还涉及"国立追悼设施问题"。为了缓解来自亚洲邻国对首相参拜靖国神社的激烈批判，日本内阁官房长官的私人咨询机关曾于2002年12月24日提交一份《为举国追悼、祈念和平而设立国立非宗教恒久性设施之必要》的报告书。而在高桥哲哉看来，该报告书完全站在日本国家的立场上，通篇贯穿着无视"他者"存在的"国家逻辑"。因此，新追悼设施的建立可能会得到亚洲各国的理解，但并不能解决日本人的"历史认识"问题。子安宣邦说"战争之国就是祭祀之国"，❶ 高桥哲哉则由此进一步推导出：近

---

❶ 子安宣邦《国家与祭祀》第187页，东京：青土社，2004。

代国家的逻辑必然要将"追悼"变成"显彰"。故问题不在于国家可不可以追悼死者，而在于如何拒绝"显彰"，如何实现日本人的"不战之誓言"。❶ 在此，实际上已经涉及更深层的问题，那就是国家"战死者祭祀显彰"制度及背后的"牺牲的逻辑"。这个逻辑与始于明治维新的现代民族国家建制，以及直到 1945 年为止由日本帝国主义挑起的多次殖民侵略战争有着深深的关联。另一方面，也是现代民族国家结构体系上普遍存在的一个问题，需要做更深入的原理性考察。

《国家与牺牲》一书正是对这一普遍性问题的进一步追究。高桥哲哉通过对西欧文献和历史书籍的梳理注意到，"牺牲的逻辑"曾经普遍存在于人类的生存状态和社会历史之中，尤其在国家层面上情形更是如此。由于"为国捐躯"的"牺牲"观念十分强固，历史渊源甚深而被普泛化，古往今来还少有真正彻底的批判。国家要求国民或者政治共同体的成员"为国捐躯"，并作为"崇高的牺牲"加以显扬，这在古希腊罗马城邦国家里已经出现。中世纪前期封建领属的主从契约关系和基督教的天国观念代替了古代的国家观念，但 13 世纪以后又出现了将领主王国视为"祖国"和"为生养自己的祖国而死"的信仰。这个信仰虽然没有达到基督教"殉教"的程度，但至少在法兰西王国"为神圣的法兰西而战"，将王国视为神圣之物的准宗教观念已经形成。这样的观念一直传播到后世，使经过宗教世俗化运动而产生的近代民族国家依然带有宗教的色彩。现代意义上的国家，诞生于法国大革命后的共和国建制。高桥哲哉通过分析德国思想家费希特《对德意志民族的演讲》（1808）和法国文化学学者卢南《何谓国民》（1882）两个讲演文本，发现他们在定义"国民"（nation）概念的时候，都一致强调"爱国心"和为保

---

❶ 参见高桥哲哉《靖国问题》第 211 页。

卫国民共同体而准备"牺牲"自己的精神，而隐含于此国民概念背后的正是上述那个源远流长的"牺牲的逻辑"。第一次世界大战大量牺牲者的出现，则使"战死者祭祀显彰"制度极盛一时。

从以上历史分析中可以看到，国家战死者祭祀体系在结构上必然包含着"牺牲"的逻辑，对于拥有军队或武装组织的国家来说，把阵亡者看作"为国捐躯"的"崇高的牺牲"来表彰显扬，这样一种制度是不可或缺的。这个源自国家原理的"牺牲"逻辑，通过祭祀和显扬战死者的伟大业绩而使之神圣化，从而使可以随时应对战争状态的国家体制得以延续，也可为国民政治共同体的存在提供安全保障。

当高桥哲哉将这个"牺牲的逻辑"追究至此，我们便遇到了下面这样的国家原理上的悖论：我们这个世界其制度安排依然是以现代民族国家为主体，只要是国家依然存在并视其主权为神圣不可侵犯，那么，国家间战争就难以避免，就必然有军队存在。日本宪法第九条规定放弃军事武装，但其自卫队的军事实力远强大于一般国家，哥斯达黎加也没有军队，但仍保留着国境警备队。然而，当我们看到 20 世纪两次世界大战的惨烈后果：远远超过历史上所有战争的"牺牲者"数量，当我们目睹"二战"末期德军对伦敦的空袭和英军对汉堡更大规模的报复性轰炸，还有美军的东京大空袭，乃至日军对重庆史无前例的无差别战略轰炸，最后是 1945 年美军投向广岛、长崎的原子弹毁灭性杀戮。现代战争本身的悲惨状态，使 19 世纪式的正义和非正义战争的区分变得模糊起来。康德提出"永久和平论"（常备军应该逐渐地全部加以废除）理念已经二百余年，然而，人类几乎毁于 20 世纪的两次世界大战。高桥哲哉最后追问"没有牺牲的国家，没有牺牲的社会"是否可能存在？我们能否超越这个国家原理上的"牺牲的逻辑"？

不用说，这是非常困难的。但高桥哲哉注意到已有欧美学者指出，在第二次世界大战后的西方特别是德意志等国家，"一战"前后达到顶峰的"战死者祭祀显彰"制度开始逐渐衰落，世界大战的残酷和毁灭性使源自基督教的视"民族国家"为"神秘体"，以及把为此而"牺牲"的行为等同于"殉教"的观念，已经失去了昔日神圣的光环和感召力。代之而起的是对于"战死者祭祀显彰"制度和现代民族国家的反思。然而，日本作为曾经发动过多次殖民侵略战争的国家，不仅没有在伦理和政治的层面上对"靖国思想"及其话语叙事进行深刻反省，反而在90年代以来的国内民族主义浪潮中，许多保守政治人物从国家的立场出发，无视靖国神社中供奉着25名甲级战犯的事实和参拜将导致肯定那场侵略战争的后果，执意复活乃至强化这个"英灵显彰"制度，巧妙地利用这个"牺牲的逻辑"。这无疑是逆世界历史潮流而动的政治操作，靖国问题的核心正在于此。

作为普遍性问题的"牺牲的逻辑"的确存在于世界各地的民族国家制度中，但也有必要区别背负帝国主义殖民侵略历史的国家与被殖民被侵略国家之间的差异。实际上，高桥哲哉在另外的场合，从帝国主义国家的民族主义与反帝反殖民国家的民族主义大不相同这个角度，思考过日本的靖国神社与东亚国家的英雄纪念设施或国立墓地的区别。他认为，虽然在韩国或中国也有这样的情况：国家权力为了自己的合法性将死于抵抗帝国主义的民族革命中的人们作为英灵来显扬，但重要的是在那里依然有搭救出民众性的抵抗和解放契机的可能性。可是在日本的靖国神社里是根本找不到这种契机的，也没有任何可以搭救出来的东西。有的只是天皇制的历史，以及被天皇制所动员起来的所谓"日本人"的历史。❶

---

❶ 参见高桥哲哉《哲学能否成为一种抵抗》（访谈）。

六

　　以 20 世纪西方现象学、解释学和德里达的解构思想为哲学研究的起点，同时致力于将伦理、政治问题作为哲学的核心课题，将历史和现实问题主题化，从具体的"事件"出发，围绕这些"事件"进行哲学思考，高桥哲哉经过十余年来的实践，在积极参与公共事务，坚持批判右翼历史修正主义和保守政治集团的民粹主义国家政治的过程中，已经成为日本公众瞩目的批判型公共知识分子。而我更关心的是，他在上世纪 70、80 年代以来日本后现代批评脉络里的位置和特殊的意义。如前所述，日本的后现代批评发源于"68 年革命"，而在结构主义思潮兴盛基础上发展起来。这一思潮也曾出现偏重于文本解构，肆意消解主体及解放与革命等理念而游戏于"差异化""相对性"等词语之间的"非政治化"倾向，使得后现代思想原本具有的社会性、政治性背景和批判性功能没能很好地凸显出来。另一方面，以柄谷行人为代表的批评家，在抵抗 80 年代肤浅的"后现代风潮"的同时，致力于深入的理论探索，有力地推动了日本后现代思想的纵深发展。进入 90 年代，包括柄谷行人在内的一批具有后现代背景的学者、知识人开始积极转向"左翼批判"，形成了后现代批评与"真实政治"参与融汇一体的局面。而高桥哲哉一开始便注重将学院知识，包括后现代思想的核心——解构方法、他者理论与实际的政治抗争直接对接起来，从而发挥了强大的社会批判功效。从这个意义上讲，高桥哲哉的实践连同子安宣邦、小森阳一等的社会历史批判，不仅重新恢复后现代批评应有的力量，同时也于逐渐走向衰退的传统左翼之外，形成了新的"知识左翼"批判圈。这不单单对于后现代主义批评本身，而且对于日趋保守化的日本社会来说，都具有特别的意义。

我还注意到，在经历了有关"历史认识"的一系列论争和声援"从军慰安妇"追究日本国家战争责任的"女性审判日军性奴隶制国际战犯法庭"等政治斗争之后，高桥哲哉与作家徐京植等人于2004年秋共同组织了文化团体"NPO前夜"，并创刊《前夜》杂志，明确提出"文化的抵抗"目标。针对当今世界局势的变化和日本国内的政治生态，这个目标实际上提示了以高桥哲哉为代表的一些知识分子，以思想学理为依托参与政治抗争的坚定信念和前瞻性的知识左翼姿态。《前夜》创刊号上刊载的"宣言"，就非常生动地展示了他们这种姿态。"宣言"共有五条：

1. 我们要抵抗向战争体制滑落的日本社会态势，构筑起思想、文化抵抗的新根据地。何以会形成目前这种社会状态？我们要冲破日本一国的框架，从东亚乃至世界的广阔视野出发，重新批判地审视"战后"的历史，并探索"别样的道路"。

2. 我们重视文化、艺术领域的批评，要创造超越各种文类形式的新批评。因为，如今批评精神如此衰弱，若只静静忍耐着"黑夜"，就无以迎来新生时刻的到来。

3. 我们将从历史的视角，对世界到处存在着的女性、被压迫民族、少数族群等被压抑者的经验进行检讨，由此与各种处于受压抑和宰割而难以沟通状况下的人们一起，构筑起对话和连带的场域。

4. "和平""民主主义""人权""人道""正义"……这些原本包含着人类普遍价值的词语，正在为不断蔓延的玩世不恭、相对主义、现世主义、自我中心主义等修辞所消耗，或者为强权肆意地挪用。我们要搭救出这些词语中内涵的价值，并使其再生。

5."知性"与改变现实的热情不可分离，而为了改变现实我们又必须是"知性"的。愿无悔地度过这"黑夜"的我们，将不再逃避"知性"的责任，为实现真正的"知性"不惜努力到底。❶

这里，重要的有两点。一是对于当下世界局势和日本国内政治处于危机的"前夜"状态，持有一种冷峻的判断；二是探索以思想文化进行抵抗的方式，试图建立一种横跨文化、艺术、思想领域的新批评，以使和平、民主、正义等人类普遍价值获得再生。关于第一点，高桥哲哉在访谈《哲学能否成为一种抵抗》中有具体的阐发。他指出，以"文化的抵抗"相号召，是基于下面这样的时局判断：比起19世纪欧洲的"市民革命"和20世纪社会主义思潮的兴起以及"二战"结束后殖民地独立解放的时代，21世纪的日本乃至世界是一个不容乐观的"反动时代"。当今不断蔓延开来的全球化，呈现出19世纪初期资本主义时代弱肉强食的世界性症状，继承了西欧传统的新帝国主义美国正在吞食整个地球。这种世界性的弱肉强食现象，在日本则呈现为新自由主义和市场原理主义造成"胜者群体"与"败者群体"急遽分化的现象，甚至出现了弱者欺负更弱者的新"弱肉强食"结构。因此，说日本处在危机乃至战争的边缘也不为过。还有，为资本和政治所操控的大众媒体在社会中占据压倒优势的影响力，支配着人们对于世界的想象力，自由独立的个性思考变得越发困难。因此，应该通过"文化的抵抗"重新恢复和平、

---

❶ 见2004年《前夜》杂志创刊号（"文化与抵抗"特辑）第4页。

民主、正义等人类普遍价值。高桥哲哉强调，只要有一线希望就不应该放弃基于"知识"的文化抵抗，这是"知识人的使命"。❶ 关于第二点建立横跨文化、艺术、思想领域的新批评，我理解，也正是近年来高桥哲哉批评实践的努力方向。

柄谷行人的"跨越性批判"（政治经济学批判），子安宣邦的"历史批判"，小森阳一的每个人成为媒体的语言运动，还有高桥哲哉文化抵抗意识下的"新批评"，实际上共同强调的是"知识左翼"应该批判性地介入公共事务。这个批判性的政治介入在具有后现代思想背景的同时，又有一般后现代主义无法完全包容得了的新要素内含其中，显示了当今日本学院知识与社会斗争的崭新关系。他们游走于学术和政治的"边界"地带，从包括后现代思想在内的学理知识中，提炼和升华出解剖社会、颠覆既成政治观念、解构民族历史叙事和民粹主义话语的逻辑分析工具，从而开拓了新的批评空间。这其中，上世纪70、80年代以来盛行于欧美的各种批判理论为他们提供了有效参照。正如小森阳一在接受中国媒体采访时所言：

　　既研究学问又参与政治，对我来说并不矛盾，学术使命、政治参与和社会批判在我这里是一致的。我有一些和我年龄不相上下的朋友，如高桥哲哉、姜尚忠、金子胜等人，也和我一样，既在校园里从事学术研究，同时也关注日本的社会、政治问题，经常站出来干预、批判。另一方面，上世纪后期在西方学术界涌现的"后殖民""东方学""女性学"等批判理论，从诞生之日起就具备了对现实世界的社会、政治问题的强烈关

注，可以说它们既适用于文学批评，又适用于政治批判，这当然也有助于我在学术研究和政治参与之间保持一致。❶

罗蒂批判当今美国的"文化左派"将"问题概念化""哲学化"的不良倾向，认为这表明他们"对国家的问题从行动主义立场撤回到了只搞理论的旁观立场"，不利于实际的社会改造，"应该将宗教和哲学问题搁置一旁，去努力解决杜威所说的人的问题"。❷ 罗蒂的批判多少击中了上世纪70、80年代以来学院知识，特别是后现代理论过于繁复和"非政治化"的一般倾向。而我认为，高桥哲哉等在90年代日本的特殊历史语境中的批评实践，实际上暗示了另一种可能的方向：那就是重新恢复"理论"的社会批判功能，实现学术与政治的良性互动，而不只是把两者对立起来，要求知识分子将宗教和哲学问题搁置一旁。这样一种可能的方向，不仅隐含在小森阳一、高桥哲哉的学术研究与政治参与中，而且也体现在作为一个群体的日本"新生代知识左翼"其充满新要素的实践当中。

---

❶ 见《小森阳一访谈录》（黄相采访），载2006年《博览群书》杂志第10期，北京：光明日报社。

❷ 罗蒂《筑就我们的国家》中文版第69—71页，黄宗英译，北京：生活·读书·新知三联书店，2006。

第 **6** 章

知识分子如何参与公共事务
—— 日本新生代知识左翼群体的新走向

一

　　在论述小森阳一和高桥哲哉的批评实践时，曾经多次提到"新
生代知识左翼群体"，**❶** 其实这还是一个没有得到明确定义和普遍
认知的提法。我使用这个概念，主要是指在大学时代经历了上世纪
70、80 年代后现代主义浪潮的浸染，于 90 年代前后逐渐形成自己
的学术指向和思想立场，用后现代的观念和方法论工具在各自的领
域内解构既成的现代知识体系，**❷** 而于 90 年代中期面对全球化世界
格局的变动和日本国内政治局势的变迁，从以文本解构为核心的后
现代批评迅速转向政治介入的一个新型批判群体。这个批判群体的
一个基本特征，是在承认"他者"的存在而于超越现代民族国家共
同体的立场来思考当下政治问题，又强调以独立个体的身份发言而拒
绝一切组织形态的构建，从而与"二战"前后以日本共产党为核心的

---

❶ 在日本有人称其为"后现代系统的左派"，也有新"批判圈"的说法。
❷ 如启蒙理性与宏大叙事、革命及其本质主义目的论、普遍真理的诉求、意识形态化的
　　知识制度、民族国家共同体、男性中心主义等等。

旧左翼以及 60 年代学生社会运动中的"新左翼"明确地区别开来。在传统的左翼批判势力日趋衰退而民族主义情绪和保守政治势力上升的当下日本社会，这一知识群体无疑是一股重要的批判力量，我们从上面对小森阳一和高桥哲哉跨出学院而直接介入真实政治的实践中已经略见一斑。与欧美知识界情形大致仿佛，面对 21 世纪新帝国主义时代（全球化）的到来和各民族国家共同体内部的民族主义高涨，以及新自由主义经济和保守政治成为社会主导势力的局面，积极发挥中坚批判力量的往往是上世纪 70、80 年代成长起来且受过后现代思想洗礼的知识左派。从后现代思想原本出自对"现代性"的批判和解构这一知识谱系上观之，后现代主义者从文本解构转向政治介入自然有其顺理成章的逻辑依据。而我在此所要关注的是，日本"新生代知识左翼群体"是在本国怎样的社会政治变动的语境下实现这种"转向"的，在这一"转向"过程中后现代的思想要素起到了怎样的作用或者发挥了怎样的政治批判功能，它与传统的左翼马克思主义，特别是 60 年代的自由主义左派斗士有哪些精神上的血脉传承，在哪些方面出现了断裂，从语言文本层面的解构批评过渡到社会政治层面的伦理批判，其间有怎样的理论逻辑上的难题需要克服等等。

二

如前所述，日本的战后政治体制是在经历十年复兴之后，于 1955 年确立起"保守与革新"两大政党，即执政的自民党和在野的社会党、共产党等相互制衡，共同推动社会发展的民主政治模式。这个被称为"55 年体制"的政党政治模式，虽然经过了 20 世纪50、60年代的民主运动、反对"日美安全保障条约"斗争和席卷全社会的学生造反运动的动荡，但并没有受到根本的冲击而一直维持到90年代初。70、80年代日本完成高度经济增长的阶段后迎来了不断膨胀的"大众消费时代"，其结果是80年代后期泡沫经济的发生和随之而来的长期经济萧条。进入90年代即所谓"失掉的十年"期间，经济的萎缩不振造成了失业人口的增加和国民生活水准的下降，日本社会和民众心理开始蒙上浓重的阴影。而冷战格局的崩溃使一直在美国保护下属于世界资本主义阵营的日本，其在国际关系中的定位发生变动，与亚洲邻近各国的关系，也因长期以来被冷战体制所掩盖的战争遗留问题重新浮出历史地表，而变得复杂起来。这就促成了日本社会内部开始出现整体保守封闭的态势。在此，持续了近四十年的"55年体制"遇到真正的危机和终结。

1995年前后一系列政治层面的剧烈变动，包括自民党长期一党执政的终结，社会党在村山富市手里改为"社会民主党"最终成为与自民党联合组阁的执政党，还有共产党与工会组织的进一步弱化，都象征着日本的政党政治越发趋于保守化。而伴随着这种"55年体制"彻底崩溃出现的，是一般国民特别是知识阶层中右翼一派以历史修正主义为表征的民粹主义情绪的高涨。1995年以自民党首桥本龙太郎为核心，有该党105名国会议员参加的"历史研究会"正式成立，并出版《大东亚战争总结》一书。该书将那场日本发动的侵略战争定位为阻止英美帝国主义吞食亚洲和日本的自卫战争，从基本性质上否定了其侵略性。实际上，提示了一种与战后50周年之际发表的首相"村山谈话"（对亚洲各国表示谢罪）完全不同的历史观。与此遥相呼应，东京大学教授藤冈信胜于同年发起"自由主义史观研究会"，矛头直指"东京审判史观"（所谓胜者裁判败者的历史观），并将战后日本进步势力对战争历史的反省称为"自虐史观"予以批判，为自己以日本民族为中心否定侵略战争事实的近代史叙述鸣锣开道。藤冈信胜在"自由主义史观"名义下，指责战后普遍认可的关于日本近代史的叙述，是由美国占领当局强加于日本国民的历史观和苏联社会主义阵营的历史观之混合物。"南京大屠杀"和"从军慰安妇"问题乃是国内外反日势力图谋颠覆日本国家而捏造出来的谣言。因此，他坚决反对把"从军慰安妇"问题写入中学历史教科书。❶ 两年之后，日本电气通信大学教授西尾干二组织成立"新历史教科书编纂会"，出任会长，藤冈信胜则为副会长。知识右翼形成阵势，其历史修正主义一时流行开来。"编纂会"也公然抨击战后日本的一般历史观为"自虐史观"，认为那种将日本近代的战争历史视为对亚洲侵略的历史观完全是战后美国占领当局对日本人洗脑的结果。在冷战时代已经结束的今天，日本人应该抛弃这种"自虐史观"，去建立使国人感到自豪的"国家正史"，公开讲述日本人自己的"国民故事"。❷

90年代日本社会重新燃起的民族主义思潮还有一个新的特征，那就是后现代式的青年人文化和媒体主导的新保守主义相互融合渗透，共同刺激起日本国民对日本人、日本文化同一性的认同意识。或者说，这样的民族主义倾向是作为时尚和消费对象而出现的，它与以往的军国主义、国家主义思想不同，隐藏于文化消费背后的民族排外意识其攻击性往往不易被人们立刻感知到，而一旦与国家权力主导的保守政治呼应起来，就会成为危害社会的破坏性力量。漫画家小林善纪的"大东亚战争肯定论""台湾论"等便是典型的代表。另一方面，以新潮学术的外观和手法兜售陈腐观念而成为知识

---

❶ 参见藤冈信胜《近代史教育的改革——超越善恶史观》，东京：明治图书，1996；《"自虐史观"的病理》，东京：文艺春秋社，1997。

❷ 参见西尾干二《国民的历史》，东京：产经新闻社，1999。

阶层中右翼学者代表的藤冈信胜，其"自由主义史观"也具有这样的特征。

自由主义史观和历史修正主义依据缺乏理论一贯性的大杂烩历史观念，通过篡改历史事实以抹消那场战争的侵略性和犯罪事实，来纯化自己在文明史叙述构架下的一国"民族历史"叙事。其手法虽不乏新颖之处，但对待战争历史的观点和立场与传统右翼论客以及新保守主义政治家的言论如出一辙。相比之下，并不否认那场战争的侵略性，也对和平宪法表示尊重的文艺批评家加藤典洋（1948— ），从文学的路径和人格心理分析的视角批评战后日本社会在对待战争态度上的精神"扭曲"，由此提出重建"我们日本人"的民族共同主体性的话语，则颇有一定的新鲜感和说服力。因而，当1995年他的《败战后论》❶发表后，在大众媒体和知识界成了一个被广泛议论的话题。从新生代知识左翼群体的立场观之，加藤典洋的民族共同主体性重建论，乃是90年代出现的一种新型民族主义思想。

加藤典洋认为日本战败后所实施的和平宪法是当时盟军占领当局强加给日本的，日本人在后来复杂的国际形势变动中，虽不断受到翻弄却以自己的力量将这个宪法维持至今，经过半个世纪的风雨之后，它已成了日本国民思想、文化的一部分。然而，日本人并没有从心里把这部宪法当作自己的宪法来尊重，这就造成了国民在国家认同和历史认识上的人格分裂，即"扭曲"状态。而且，严重的是对于这个于战后所形成的"扭曲"状态，至今没有得到清醒的认识和有效的处理。于是，又在深层心理中造成了对待那场战争态度上的"扭曲"，即如果承认大东亚战争是一场非正义的侵略战争，

---

❶ 最初发表于1995年《群像》杂志1月号，1997年由日本讲谈社出版单行本。

那么，战争中为国捐躯的日本士兵的战死就变得毫无意义，而战后生存下来的人曾经信以为正义的东西也变成了非正义。结果，战争历史和侵略行径成了日本人深层记忆中的"污垢"原点而不愿触及，表面上承认心理上又予以否定，这样一种复杂暧昧的态度概出自上述的人格分裂。那么，如何改变这种状态呢？加藤典洋的解决方案如下："首先追悼日本本国三百万的战死者，在此基础上再去寻求对两千万亚洲牺牲者的追悼与谢罪的途径。"就是说，只有先构筑起日本人的"历史主体"，即有能力去向外部者道歉的日本内部的国民共同主体性，才可望找到向亚洲人民发出诚实谢罪的路径。●

这个有着过重的文学思维色彩其逻辑推理程序又比较"曲折"的论说，的确触及了当代日本社会和国民心理某些深层的部分，在承认侵略战争和尊重宪法第九条方面，也与自由主义史观论者和一般右翼知识分子多有不同。然而，这个真正目的旨在重建"我们日本人"历史主体的新型民族主义话语，不仅没有平等地看待本国的死者和亚洲各国无辜的牺牲者，其逻辑推理的结果又必然导致对战后民主主义的全面否定。而理论上对天皇和日本国家战争责任的姑息，更是"新生代知识左翼群体"所难以接受的。因此，在90年代中期围绕加藤典洋的"败战后论"引发了一场"历史主体论争"，其论争的一方主要人物是高桥哲哉。● 而稍后由小森阳一、高桥哲哉主编的《超越民族历史》一书，则针对上述自由主义史观、"新历史教科书编纂会"所代表的历史修正主义思潮，以及加藤典洋"败战后论"所反映出来的新型民族主义，提出严正的学理批判。同时，他们还试图开示出一种超越现存民族国家构架的开放性历史意识。通

● 加藤典洋《败战后论》第 76 页，东京：讲谈社，1997。

● 参见本书第 5 章"'他者的面容'与'忘却的洞穴'——高桥哲哉的解构哲学观及其文化的抵抗"。

过这种开放性历史意识的构建，来对抗日本国内的新保守主义政治，寻找一种与亚洲区域共有的现代史叙述的可能性，成了该书的主要思想指向。更重要的是，这部集结了多位中青年作者合作而成的论文集，还以鲜明的政治姿态和崭新的学术立场，预示了一个有别于一般传统左翼批判势力的"新生代知识左翼群体"的出现。

三

　　小森阳一、高桥哲哉主编的《超越民族历史》，1998 年由东京大学出版会出版。作为一本由多人撰稿的论文集在短短五年间再版 6 次发行数万册，表明在读书界特别是大学生阅读群体当中普遍受到好评。全书分三个部分："回顾历史的话语""民族主义的重力""编织记忆的意识"，收录论文共 18 篇。18 位作者❶ 分别从历史学、文学、伦理政治学、教育学、社会学、文化人类学、思想史、大众传播学、女性学等专业领域发出学理批判，而批判的背后则跃动着一股吸纳了上世纪 80、90 年代以来广为流行的后现代主义、文化研究、女性学、差异政治学和后殖民批评等汇合而成的新潮学术气息，以及基于承认他者的伦理哲学立场，努力超越既成的民族国家构架的开放历史意识。我更注意到，18 位作者当中除了三位生于上世纪 40 年代和一位出生于 1960 年外，其余均属于 50 年

---

❶ 18 位作者的姓名和专业分别是：小森阳一，日本文学；红野谦介，日本文学；徐京植，作家；李妍淑，社会语言学；成田龙一，历史学；义江彰夫，日本古代史；李孝德，表象文化论；大越爱子，女性学；姜尚忠，社会学；川本隆史，伦理学；岩崎稔，政治思想史；吉见俊哉，文化研究；高桥哲哉，哲学；米山理纱，历史学；鹈饲哲，法国文学；吉田元夫，越南现代史；长谷川博子，法国近代史；佐藤学，教育学。

代生人。就是说，他们正是于大学时期经历了 70、80 年代后现代主义浪潮的浸染，于 90 年代前后逐渐形成自己的学术指向和思想立场的那一代人。两位主编自不待言。在 80 年代末以对文本批评和符号学理论的独到理解，成功地将文本理论运用到日本近代文学的语言、叙事、话语结构分析而实现了传统文学研究方法论转换的小森阳一，无疑是具有后现代倾向且影响广泛的文艺批评家；而一直关注西方后现代思想特别是德里达、福柯解构主义阐释学的法国哲学研究者高桥哲哉，其主要著作《逆光的逻各斯——当代哲学的语境》和《德里达——解构》等出版之后受到好评，堪称日本的法国当代哲学的出色阐释者。其他大部分作者也都具有相近的学术取向，文化研究、差异政治学、媒体图像论、女性主义批评、思想史与知识考古学直接运用于对日本的历史和现状分析，从"外部"和"他者"的视角出发，解构当下的历史修正主义、新型民族主义论乃至新保守主义政治，透露出鲜明的后现代和知识左翼倾向。

那么，这个新生代知识左翼群体是依据怎样的现实判断，对喧嚣一时的自由主义史观和历史修正主义话语展开批判的呢？主编之一高桥哲哉在序言中首先点出了问题所在：

把正视侵略亚洲与殖民统治的历史态度儿戏化而在讽刺的意义上所使用的"自虐史观"一词，已非过去一部分右翼保守派政治家、理论家们的专利，普通的学生和市民也仿佛最新流行语一样地使用，这乃是统领"自由主义史观研究会"的东京大学教授藤冈信胜的出场，和包括他参与组成的"新历史教科书编纂会"大肆活动以来的结果。他们乘冷战格局和泡沫经济崩溃给人们心理带来动摇之机，以"健全的民族主义之复权"为名提出有鲜明的本国本民族中心主义色彩的"历史观"。特别是对于 90 年代以来逐渐增多的来自原"从军慰安妇"等亚洲各国战争被害者的告发和质问，他们摆出了极为反动的拒绝态度，甚至动员报纸杂志漫画等大众传媒实行大规模的宣传造势。这样一种无视曾遭排斥的他者之诉求的话语，仿佛是"被压抑的事实"似的开始成为人们的消费对象。这里存在着重大问题。❶

由"自由主义史观研究会"等煽起来的民族主义话语已经在大众社会层面流行起来，从前局限于保守政客和少数右翼知识阶层的历史修正主义言辞，如今已经通过大众媒体逐渐扩散到一般国民当中，这正是 90 年代中期的日本有别于以往的现实状态，它突出地显露出国民整体的保守化倾向和民族主义情绪的上升。这一严峻的时局判断，可以说反映了论文集大部分作者所抱有的危机意识。也正因为现实状况的严峻，要求批判者不仅要直接揭露其歪曲历史事实，否定殖民主义和战争侵略性的话语本身，还要深入到背后颠覆其话语叙述的逻辑依据和历史观，如此，才能解释清楚历史修止主义这套话语得以在国民当中流行一时的原因及其危害。

小森阳一的文论《作为文学的历史和作为历史的文学》，便是透过话语层面深入到历史观批判的一篇。该文注意到，藤冈信胜的历史叙述主要依据的是司马辽太郎（1923—1996）表现日俄战争的历史小说《坂上之云》（1973），而加藤典洋的"败战后论"则得力于大冈升平（1909—1988）根据自己在菲律宾与美国决战中的被俘经验所作《莱特战记》（1971）的启发。一个是要堂堂推出所谓自

---

❶ 小森阳一、高桥哲哉合编《超越民族历史》第 2 页，东京：东京大学出版会，1998。

由主义历史叙述，一个是试图重建日本人认识历史的民族共同主体性，然而，他们所依据的都是70年代出现的历史小说和"战记"文学，而非历史本身。在小森阳一看来，这里存在着有关历史性的必须质疑的问题：他们何以要在历史事实和文学表象这两面镜子对照之下，来回顾第二次世界大战高度经济增长结束之后那一时期的记忆呢？《坂上之云》通过陆军大将秋山好古和其弟日俄战争时在日本海海战中任参谋长的秋山真之，以及诗人正冈子规三个人物的塑造来描写日清（中日甲午战争）和日俄战争，反映了司马辽太郎这样一种历史观：日俄战争虽然是帝国主义战争，但对当时被欧美列强和俄国的亚洲扩张逼迫无奈的日本来说，又是一场防卫战争。站在这一立场上，司马在具体的历史叙述中便巧妙地绕过了这场战争的殖民主义罪恶的一面。他认为，在19世纪末的帝国主义时代，民族国家的建构作为"近代精神"的自然发展具有历史合理性，据此对日清、日俄战争做出肯定性的描述。小说发表于上世纪60年代末70年代初，这正是日本完成经济高速发展而再次成为与西方发达国家比肩的经济大国的时期。承担战后经济起飞使命的乃是在战争中度过青春期，战后曾一度否定过战争中的自己和日本国家，又于默默奋斗中成为社会中坚即企业家和政府官员的一代日本人。他们的下一代曾经在60年代学生造反运动中质疑过父辈所构筑起来的战后日本，但在社会革命已然过去而日本成为经济大国之后，父子两代人都有通过民族国家的宏大叙事来重建作为经济大国的日本人之自信这样一种心理要求。小森阳一认为，不管司马辽太郎是否意识到，总之他通过历史小说对日本近代化早期那两场战争做出肯定性叙述，成功地为日本国民提供了满足其自信心理的民族国家叙事，也因此，他受到了广大日本人的欢迎而赢得了"国民作家"的称号。问题是从反思近代民族主义和民族国家历史的角度观之，在今天本应该是受到质疑的司马辽太郎的历史观，何以成了自由主义史观鼓吹者所倚重的资源呢？小森阳一认为，这除了暴露出藤冈信胜等人的历史认识水准之低和历史知识的贫乏之外，还有一个投机取巧的目的，那就是通过重述和复制畅销作家司马辽太郎的历史观，来再一次唤起沉淀于广大国民心中对司马历史叙述的记忆，以推销自己的主张。同时，掩盖其自由主义史观不过是战前的"皇国史观""大东亚战争史观"之复制的本质。❶

大冈升平曾于"二战"末期应征前往菲律宾战场与美军作战，后被俘虏关押在战犯收容所度过一年左右的狱中生活，回国后创作了一系列记录战死者和狱中生活的纪实文学。《莱特战记》于1970年前后开始在杂志连载，通过自己参战的切身体验和大量的实际调查，记录了包括众多日本士兵在内的战死者，而作者试图借对一个个死者的追述来表达忏悔和哀悼之意。加藤典洋认为大冈升平的《莱特战记》提供了一种向战死者谢罪的可能途径，即先从哀悼日本阵亡士兵开始，自然过渡到对菲律宾死者的谢罪。由此，他进一步提出解决战后日本国民精神"扭曲"的方案："首先追悼日本本国三百万战死者，在此基础上再去寻求对两千万亚洲牺牲者的追悼与谢罪途径。"小森阳一则尖锐地指出，加藤典洋的解读明显是对大冈升平的"歪曲"。《莱特战记》不仅记录了日本士兵以外的战死者，更重要的还在于作者是在与一个个日本士兵到日军司令部、从美军士兵到其司令部，进而与当地菲律宾居民等无数复杂的他者关系中，构筑起"莱特战记"的自我叙述主体的，而非从单纯的"我

---

❶ 参见小森阳一、高桥哲哉合编《超越民族历史》第8—10页。

们日本人"的立场出发。❶ 造成这种误读和"歪曲"的原因在于，加藤典洋的意识中没有"他者"的存在。他所谓的历史主体，意味着只是在民族、国家、国民的内部建立起"我们日本人"的主体。从一开始加藤典洋就没有把亚洲的死者作为平等的对象和"他者"来看待，那么，他所谓的谢罪怎么会是真诚的呢？❷

小森阳一的上述批判，无疑是对由加藤典洋的"败战后论"所引发的"历史主体论争"中高桥哲哉一方的支持。❸ 在 1995 年的论争当时，高桥哲哉就已经明确指出，加藤典洋的主张是在要求民族主义的复权。所谓不建立起"我们日本人"的历史主体便无法面对亚洲的牺牲者等说法，完全是一种本末倒置。事情恰恰相反，如果不首先面向亚洲的死者，则"我们日本人"的历史主体无以建立起来。缺乏与他者关联的自我主体性或同一性即使被暂时建构起来，其中也一定会暴露出排斥异己的暴力性的。

收入《超越民族历史》一书中的高桥哲哉论文《否定论的时代》，则在上述"他者"论基础上进一步针对历史修正主义论客的大屠杀否定论提出严正批判。1995 年前后开始，与西欧出现的否定纳粹德国屠杀犹太人的史实、声称奥斯威辛集中营纯属捏造的"大屠杀否定论"遥相呼应，日本也出现了否定殖民地统治和侵略

❶ 有关大冈升平《莱特战记》的详细解读，可参考小森阳一《"摇摆"的日本文学》第254—281 页部分。

❷ 参见小森阳一、高桥哲哉合编《超越民族历史》第 16—17 页

❸ 加藤典洋在 1995 年《群像》杂志 1 月号上发表《败战后论》，引起广泛关注。高桥哲哉在同杂志 3 月号刊载《关于污垢的记忆》，对加藤典洋的论点提出批判，随后又在1995 年《现代思想》杂志 11 月号发表《围绕"哀悼"的对话——〈败战后论〉再批判》，论争由此展开。同时对加藤提出质疑的，还有西川长夫《关于 1995 年 8 月的幻影、或"国民"这一怪物》(载 1995 年《思想》杂志 12 月号)；川村凑《海湾战争后的批评空间》(载 1996 年《群像》杂志 6 月号) 等。加藤典洋则通过一系列"对谈"以及《败战后论》的续篇《战后后论》等予以回应。

战争，否定"南京大屠杀"的论调。高桥哲哉通过比较德国和日本"大屠杀否定论"的类似性，概括出日本右翼自由主义史观论客们的基本特征：一、他们的大屠杀否定论以重建"健全的民族主义"为名，实际上或隐或显地在宣扬一种充满人种、民族歧视和性别歧视的殖民主义逻辑。二、他们在诉说发动战争的不得已、强辩战争中死亡之不可避免的同时，强调"南京大屠杀"等为"捏造"，更认为这"捏造"背后存在着仇视"日本的繁荣"的国际势力和国内左派力量企图颠覆日本国家的"阴谋"。与西欧的大屠杀否定论一样，日本的自由主义史观和历史修正主义者们也有一种倒错的被害妄想意识和对他者的不信任乃至恶意中伤的倾向。三、他们在否定殖民侵略战争的加害者责任的同时，将罪责推给被害国一方。又从本民族自恋情结出发厚颜无耻地称赞殖民统治（皇民化政策）提升了被殖民地区的文明水准。这里充分暴露出了与否定他者的思想表里一体的、文明与野蛮二元对立思维的暴力性。❶

可以说，本民族自恋情结和无视乃至抹消他者存在这两点，是大屠杀否定论者即自由主义史观和历史修正主义者们最突出的特征，这也正是小森阳一、高桥哲哉等新生代知识左翼群体所着力批判之处。换言之，通过这种批判，消除以本民族为中心的国民历史叙述，重建一种在与他者互动关系中形成的开放历史意识和现代史叙述，乃是《超越民族历史》一书作者们基本的文化政治姿态。显而易见，后现代主义思想的核心观念之一的"他者"伦理哲学，是这个批判群体所依据的一个主要思想理论。对于历史修正主义的批判和重建超越民族历史的新现代史叙述，正因为是建立在承认"他者"的存在，并通过接纳"他者"而建立起开放的自我主体——这

---

❶ 参见小森阳一、高桥哲哉合编《超越民族历史》第218—221页。

样一种具有深厚哲学背景的理论基础上的，所以能够对近代民族国家制度、民族主义、国民历史叙述采取反省的立场和多元的认识方式。正如主编之一高桥哲哉在序言中所指出，一方面，要充分意识到民族主义在结构上的致命弱点和问题，同时对被污辱被损害民族的"抵抗的民族主义"之正当性，对没有得到民族国家庇护的人们其憧憬民族国家之建立的心情表示理解；另一方面，又要从世界的现实和历史认识的深化中，看到"一国之正史""国民史"的叙事结构绝非自明、也绝不是终极的东西，总有一天我们要超越民族主义，超越狭隘的"国家正史"这样一种历史叙述方式。而眼下所要进行的就是严厉批判日本那些试图复活"国家正史"的新型民族主义话语。❶ 应该说，《超越民族历史》的作者们比较成功地实现了这一批判目标。

四

在新旧世纪转换交替的 2000 年，日本左翼批判运动出现了新的态势和走向，其中有两个重要的"事件"引人注目。一是 6 月 30 日，在大阪府立劳动中心召开的新联合主义运动（NAM）结成大会，标志着主要在关西地区以批评家柄谷行人为中心的抵抗资本与国家的运动，透过组织的结成正式启动。柄谷行人在《NAM 原理》（2000）中将此定义为一种"伦理的－经济的运动"，目标是通过消费者利用"地区货币"或非货币形式的交换，以阻止资本在流通过程中的增殖（剩余价值），最终实现对现代资本主义和民族国

---

❶ 小森阳一、高桥哲哉合编《超越民族历史》第 3 页。

家制度的扬弃。这个运动的理论依据是柄谷行人对马克思价值形态理论的创造性阐释，结合康德的伦理学所形成的"可能的共产主义"观念。二是8月，由《超越民族历史》的两位主编小森阳一、高桥哲哉，和法国文学研究者鹈饲哲与批评家石田英敬四人联署的《21世纪宣言——摆脱"寄生民族主义"》发表于《世界》（岩波书店）杂志。如果说，前者是一场有原理支撑而针对整个资本主义世界体系的非暴力运动，那么，后者仿佛只是一个针对日本当下政治的批判性宣言，并没有组织系统的建立甚至没有形成"运动"的态势。不过，当考虑到上世纪90年代中期以来，高桥哲哉积极参与支援"从军慰安妇"诉讼，推动旨在追究日本国家之战争责任的"女性审判日军性奴隶制国际战犯法庭"的建立与开庭，组建NPO"前夜"并发行《前夜》杂志；小森阳一在地方教育界积极投身抵制采用文部省检定合格的历史教科书的活动；以及石田英敬在1999年国会通过"君之代""日之丸""国歌国旗法案"之际，以反对"象征政治"为号召领衔展开学者、知识分子的反对运动等等，可以说，他们早已身处"运动"之中了。因此，我们可以将《21世纪宣言——摆脱"寄生民族主义"》视为这个"新生代知识左翼群体"在各自政治参与的实践基础上，经过《超越民族历史》编辑出版的合作，终于跃上社会前台并以群体的形态将"运动"理论化、目标化的政治宣言。也正是在这个意义上，他们的"运动"❶可谓在东京不期然地与关西的新联合主义运动形成了呼应之势。那么，通过对"宣言"的解读，我们将进一步了解这个"新生代知识左翼群体"的思想立场和介入"真实政治"的方式，以及日本知识分子

---

❶ 高桥哲哉在《超越民族历史》一书"序言"中，曾将"超越民族历史"的工作称为一场"运动"。我理解，他是把对自由主义史观和历史修正主义的批判看作一场政治斗争的，而不仅仅是一般的学理批判。

批判圈从后现代转向左翼批判的大致状况。

《宣言》中使用的"寄生民族主义"是一个比较新鲜而有其特指的概念，它用来描述日本近代民族国家形成过程中，特别是战后日本追随超级大国美国霸权而蔑视周围亚洲国家所产生的、有别于西方第一世界和亚洲第三世界的一种民族主义类型。与民族国家的诞生同时出现的民族主义，作为内在化的"国家意志"的叙述，往往是在面临"他者/敌人"的压迫和威胁，或者受到精神外伤的情况下出现的、旨在重建民族自我认同以摆脱被征服和从属地位的思潮或运动。然而在日本，民族主义从一开始便具有一种特殊的结构类型。明治维新的成功使日本在近代化的早期就避免了西方殖民者的军事经济侵略，并勉强跻身于世界列强之列。但是，它依然处在第一世界发达国家的外围而受到歧视和污辱，在文明论上并没有摆脱依附西方帝国主义的命运。另一方面，在地缘政治中日本又是于亚洲最早实现近代化的国家，而"脱亚入欧"文明化的战略促使其将帝国主义的殖民侵略逻辑强加给亚洲国家。在这种将帝国主义逻辑内在化的过程中，"胆小的自尊"（面对西方）和"妄自尊大"（面对亚洲）这样一种扭曲矛盾的心理，产生了日本式寄生的帝国主义和民族主义的原型。

《宣言》认为，这种日本式寄生的民族主义其心理结构在战后并没有得到转变。"二战"以后，日本被牢牢钳制在美国霸权的手中，而日本国家本身更在积极主动的追随美国路线中加剧了其"寄生性"，只是变换着假想敌的对象而已。如冷战时期对于中国、朝鲜半岛的羡慕与妒忌，因恐惧而转化为蔑视情绪；对于美国的憎恶和怨恨则倒错地转向另一个超级大国苏联，等等。经济高速发展时期出现的"寄生的经济民族主义"又隐蔽了日本的战争责任和战后责任，甚至出现了石原慎太郎、盛田昭夫《日本可以说不！》

（1990）那样极端民族主义的表现形态。也正是在这个时刻，随着日本经济奇迹神话的崩溃，民族主义也发生了新的变化。与指涉80年代的"新民族主义"相区别，《宣言》用"病态的寄生民族主义"来概括描述90年代以来愈演愈烈的民族主义思潮：

> 90年代后期出现的新民族主义情况完全不同。这不是国家意识"自上而下"的鼓吹，也非单纯的"自下而上"的推动。与面对东西冷战结束的新状态增强了危机感的保守政界的某些动态相呼应，言论界、文化人通过一部分媒体如倾盆大雨般释放出民族主义的话语，舆论和大众传媒的整体氛围为之一变。在这种状况下，能量巨大的执政党则暗自摸索着政治上一举成功的计划。
>
> 由中曾根首相倡导而未曾落实的克服"自虐史观"、重振"日本人之骄傲"等口号，而今已经不再是一小撮反动势力的行话，一般学生和市民也如同最新流行语那样使用起来，甚至，可谓"战后政治总清算"的对于"强加而来的宪法"之"改正"也开始在国会中被讨论。❶

这正是90年代中期以来，日本社会整体保守化的实际状况，《宣言》将此定义为"官民一体之寄生锁国的民族主义"。这种新型的民族主义主要表现出以下症状：否定日本的战争责任和殖民地统治的历史修正主义；政治军事上寄生从属于美国霸权的民族主义；以天皇制为核心的"象征政治"的前景化；以通俗大众化

---

❶《21世纪宣言——摆脱"寄生民族主义"》，载2000年《世界》杂志8月号，东京：岩波书店。

手法实行排外主义的煽动，等等。我们可以将此理解为《宣言》起草者们对当下日本政治状况所下的一个基本判断，而且是严厉的否定性判断。它基于对日本近代历史发展的整体把握，因此，是一个比较深入理性的判断，也具有相当的说服力。对于现实状态的判断直接关系到政治斗争或思想"运动"的立场、方式和战略目标，十分重要。但是，更重要的恐怕还在于如何从学理和逻辑上分析"民族主义"概念本身的内在结构，及其背后的政治学原理。只有这样，才能从根本上颠覆民族主义话语的正当性及其恶性膨胀的危害性后果。

对此，《宣言》依据安德森"想象的共同体"、华勒斯坦"现代世界体系"理论，以及霍布斯鲍姆的民族与民族主义学说，结合日本的现状概括出民族主义的五大特征。一、"民族主义是内在化的国家意志的话语"。民族主义总是首先发自有关国家的言说，特别是一个国家与其他民族国家发生纠葛之时，从受到如列强入侵殖民压迫而发生历史上的精神外伤处，作为恢复受伤心灵的国民叙事，民族主义话语得以产生。因此，所谓"民族历史"总是内在化的关于"国家意志"的叙述。这也正是日本的民族主义话语为何总是从"战败""经济失败""第二次战败"（有关战争责任问题等意识形态上的失败）等讲起的原因所在。二、"民族主义是国家统治国民的话语"。民族主义从本质上讲，是将自己组合到国家权威体系中去，由此使自己处于权威的地位并为执政者带来"利益"的话语。因此，特别强调按离国家权威核心的远近来划分人群的序列。通过官僚组织、军队、学校等制度机构将权威体系身体化，这在一般的民族国家里是共通的。而在发明了天皇制神权权威体系的近代日本，其序列等级的排列和排除的机制，就特别发挥了其暴力性的作用。在20世纪90年代的今天，国会依然要强行通过"国歌国旗法案"，这意味着要在象征符号的意义上维持和强化这个权威体系，并将人们召唤到国家权威之下。三、"民族主义是虚构的传统历史的话语"。民族国家是现代世界体系人为创造出来的虚构政治共同体，通过民族记忆、民族历史、各种祭祀仪式和纪念碑、博物馆等象征符号的制定，"传统"才得以发明出来。而近代发明出来的"国民"，却仿佛是创造了贯穿历史始终的共同体之幻想的同一性似的。历史修正主义和"新历史教科书编纂会"的人们企图保卫的，正是这个作为幻想同一性的国民之存在。四、"民族主义是慰藉国民心理不安的话语"。民族主义思潮的崛起有着众所周知的公式，即每当国民一方其均质结构出现崩溃，或者阶层分化、集团的价值出现危机乃至经济危机爆发的时候，都会相应地触发民族主义情绪的高涨。这时，国民在精神上需要"宏大的民族叙事"来填充其心理不安。石原慎太郎便是及时回应 90 年代日本国民谋求精神"慰藉"的欲望而出场的右翼民族主义者。五、"在排斥外国人上映现出民族主义的病理"。如果说国民是想象的共同体，那么，这个想象的共同体肯定要描绘出作为对立面的被排除的东西即假想敌。无论在西方发达国家还是在日本，90 年代以来"外国人"一再成为"问题"，正显示了民族主义的这种病理。由此，可以理解为什么石原慎太郎的极右言论中包含了那么多肮脏的污蔑"外国人"、中伤"非法滞留的外国劳动者"等的语汇。

霍布斯鲍姆早就指出，民族并非天生而一成不变的社会实体，"民族不但是特定时空下的产物，而且是一项相当晚近的人类发明"。简言之，"民族主义早于民族的建立。并不是民族创造了国家和民族主义，而是国家和民族主义创造了民族"。在回顾欧洲 19 世纪以来民族国家发展过程中民族主义生成演变的历史，并对 20 世纪晚期因苏联解体而出现新一轮民族独立、国家重建的热潮做出剖析之后，霍氏展望 21 世纪得出结论：

> 相反，未来世界的历史绝不可能是"民族"和"民族国家"的历史，不管这里的民族定义指的是政治上、经济上、文化上甚至是语言上的。未来的历史将主要是超民族和下民族（infranation）的舞台，而且不管下民族穿的是不是迷你型民族主义的戏装，旧式民族国家都不是它想扮演的角色。在未来的历史上，我们将看到民族国家和族群语言团体，如何在新兴的超民族主义重建全球的过程中，被淘汰或整合到跨国的世界体系中。❶

《宣言》起草者们也认为，民族主义是"民族国家"这一近代世界基准之普遍化的产物，在涉及"国家意志""统治""象征政治之强制""民族人种差别"等方面具有相同的逻辑语法。民族主义"绝不是超历史的也非植根于自然情感的东西"。正是基于这样的基本判断和理论验证，《宣言》对 90 年代以来日本的民族主义话语提出了严厉的批判。而新生代知识左翼群体"超越民族历史"的"运动"，在此也就获得了向前推进和发展的逻辑依据。那么，针对日本当下的政治生态，在对抗民族主义话语的同时要实现怎样的目标呢？或者说，要转变日本近代以来寄生民族主义的结构类型，"恢复健全的羞耻心，舍弃胆小的妄自尊大，使其转变成有勇气的自尊心"，该如何做起呢？

对此，《宣言》开列了五大目标：一、质疑以美国为标准的国

---

❶ 霍布斯鲍姆《民族与民族主义》中文版第 223 页，李金梅译，上海：上海人民出版社，2000。

家模式，自主地而且是在与周边各国平等对话中，摸索足以对抗"网络全球化""生命全球化""经济全球化"的国家模式。二、转变追随从属于美国的外交路线，建立明确的日本独立自主的外交政策。三、为了与周边国家建立独立自主的外交，必须首先解决日本的战争责任、特别是天皇的战争责任问题。四、否定《国民的历史》那样虚构的叙事，为重写足以展望环太平洋地区 21 世纪远景的"历史"，需要自发的而且是跨越国境的对话运动，推动跨国界的历史学者共同编著的教科书的出版。五、为了实现 21 世纪日本的第三次开国，需要确立外国人可以在国内杂居的政策，并给予永久居住者以与日本人平等的政治和法律权利。

五

值得关注的是，《21 世纪宣言——摆脱"寄生民族主义"》的起草者，或者说以小森阳一、高桥哲哉为代表的新生代知识左翼群体，其抨击和斗争的对象主要是日本近代、特别是 20 世纪 90 年代以来的"病态寄生的民族主义"。相对而言，对"民族国家"尤其是其中的"国家"本身并没有予以直接的否定。我更注意到，他们实际上小心谨慎地把"民族国家"分节化之后，对机能性的"国家"表现出一种宽宥的姿态。也因此，《宣言》中才有了实现"面向 21 世纪之开国"的远景设计。❶ 而上面的"五大目标"其第一条就明确表示，为了抵抗"全球化"即新帝国主义时代，有必要利

---

❶ 《宣言》认为，"大日本国宪法"（1889）下的五十余年为日本民族国家发展的第一期，战后的五十余年为第二期，而 1999 年第 147 届国会决定设置宪法调查会，修宪正式纳入视野，则显示出第三期民族国家即将开启的征兆。

用国家的政治机能，并摸索一种更适合的"国家模式"。另外，《宣言》在分析当下日本的政治危机时，批评国家缺乏政治理性，只是一味煽动和操控民族主义情绪，反映了其不具有将"民族－国家"分离开来以定义政治共同体的想象力。这一批评背后的理论依据也是建立在"民族－国家"可以分节化的预设之上的。如果参照西方一些社会批判理论和左翼运动的历史，并与柄谷行人倡导的新联合主义运动进行比较，就会发现，《宣言》从功能主义的层面肯定和利用现有"国家"的机能，试图以此作为抵抗民族主义和全球化的手段之一。这是一个很有特色，并与传统左翼思想大不相同的战略性选择。

　　西方一些左翼人士也有与此相近的观点，包括现代世界体系理论的创始人华勒斯坦，对下面这样的主张亦表示理解：从短期发展来看，国家政府有克服所面临的困难使事情办得更好的作用。因为，完全依靠市场法则可能更难解决问题，所以一些人清醒认识到我们仍然需要利用政府。当然，作为世界体系理论的主张者，华勒斯坦并没有忘记强调从长期的目标来看政府是"绊脚石"，而在自由主义和保守主义已经过时的今天，更重要的是如何建立新的世界体系。❶ 霍布斯鲍姆也承认：20 世纪 80 年代以后，"除了扮演传统的指导、计划和管理角色，以及公共支出和收入继续占有重要的比例之外，民族国家更因为可以通过财政福利政策扮演社会收入的分配者，而使自己在世界各地居民的生活中扮演更核心的角色。"❷相反，19 世纪式的"民族主义"已经无法在 20 世纪晚期真正发挥作用，更何况 21 世纪。最近的例子，则有美国哲学家理查德·罗

---

❶ 参见华勒斯坦等《自由主义的终结》中文版第 10—14 页，郝名玮、张凡译，北京：社会科学文献出版社，2002。
❷ 霍布斯鲍姆《民族与民族主义》中文版第 215 页。

蒂和弗雷德里克·詹姆逊。罗蒂从自由主义左派的立场出发，批评持世界主义观念的文化左派否定民族国家的合理性，认为在可预见的未来民族国家虽然将不再是资本主义的基本单位，但依然是社会公正和福利的保障，以及大众政治参与的"唯一"途径。❶詹姆逊也认为，国家民族的政治是当今民众政治参与的有效途径之一，即使抱国际主义理想的人士也只有从改变本国的政治和政策做起。当然，批判知识分子不是要最终维护资产阶级国家，但保卫福利国家制度抵制市场万能论，则应该是西方左翼的"第一道防线"。❷

然而，回顾 1848 年以来的世界反体制运动包括传统马克思主义左翼的斗争历史，我们就会看到，无论其中存在着何种不同的形式和道路，如第二国际社会民主党人与反抗雇主和资产阶级的社会运动相结合的改革，或者第三国际共产党人与抵抗某一种族集团压迫的民族运动相结合的革命，他们主要的斗争方式和短期目标都是创立组织并通过国家权力的获得来实现其最终斗争目的。反过来讲，他们都是以否定和颠覆资本主义体系和旧国家机器为直接的斗争诉求，虽然第二国际社会民主党人以 1945 年英国工党在选举中获胜为标志，掌握政权后转而对国家政府持改良而非革命的态度。从日本左翼运动的历史观之，自 20 世纪 20 年代前后日本共产党诞生以来，以马克思主义对资本制度的否定和社会批判理论为基础而推进的反体制运动，始终强调从根本上改造资本主义社会和天皇制君主国家体系。就是说，他们对于资本和国家始终是持批判和抵抗姿态的。这一点虽然经过了 60 年代"新左翼"运动的反省仍然没有完全抛弃。即使是在最近以柄谷行人为代表的新联合主义运

---

❶ 参见罗蒂《筑就我们的国家》，黄宗英译，北京：生活·读书·新知三联书店，2006。
❷ 参见张旭东《批评的踪迹——文化理论与文化批评》第 192 页，北京：生活·读书·新知三联书店，2003。

动中，这个总目标还是可以清晰见到的。如《NAM 原理》（柄谷行人）在总结二百年来世界社会主义运动的经验教训基础上，提出了种种与以往旧左翼乃至"新左翼"运动不同的斗争方式和组织理念，但还是依据马克思的资本价值理论和康德的"他者"既是手段也是目的的伦理学，将废除货币经济和国家的存在规定为根本的运动目标。在此前提下，《NAM 原理》还批判了社会民主主义只是通过国家的再分配来解决不平等问题，丧失了扬弃国家和资本的理念；并指出"68 年革命"后的社会运动如少数族群、女性、学生、消费者等反体制运动并没有对资本和国家构成有效的对抗。❶

从这样的角度观之，小森阳一、高桥哲哉等新生代知识左翼群体的政治《宣言》，在处理"国家"的态度上确实与以往的左翼运动形成了比较鲜明的对照。我理解，这恐怕是与他们的政治介入或者批判运动坚持现实主义的路线，针对的是当下日本政治状况有关，而非如柄谷行人那样更关心原理阐释和对普世的资本主义制度进行批判。有趣的是，据悉自 2000 年结成大会以来，新联合主义运动遭到了许多挫折包括内部的意见分歧而发展并不顺利，如今几乎处于停顿状态，没有对日本的现实政治产生多大影响。相反，小森阳一、高桥哲哉等的现实主义"运动"路线却产生了强有力的效果，特别是在批判历史修正主义、天皇制政治意识形态性和靖国神社参拜问题等方面影响巨大。而 2004 年由小森阳一任"事务局长"，以九位知名文化人和社会活动家组成的维护和平宪法的"九条会"，其遍及日本全国的讲演对话"运动"，则越来越受到人们的关注，已经对现实的日本保守政治构成了相当大的挑战。如果从左翼批判运动未来走向的角度考虑，小森阳一、高桥哲哉等的政治介

---

❶ 参见柄谷行人《NAM 原理》第 11—19 页，东京：太田出版，2000。

入方式和改造、利用现有"国家"功能以建立面向 21 世纪的"新政治共同体"的尝试，也许能够提供一种新的抵抗运动的形式，或者为探索有别于 20 世纪民族国家政治模式的新型政治提供有益的宝贵经验。在传统左翼反体制运动普遍衰微不振的今天，这足以让关心于此的人士抱有殷切的期待。

当然，将"民族－国家"分离开来，让"国家"健全地发挥机能以抑制民族主义的"病理"是否现实可行，日本知识界对此也有人表示怀疑。特别是当充分了解"国民"与"国家"在近代发展史中两者复杂的相互作用关系后，就会更感到其困难重重。❶霍布斯鲍姆曾经指出，老牌民族国家其"民族意识"是发生于人民－国家－民族－政府所构成的四角地带之内的。"在理论上，'国家'及'政府'这两个概念是由政治标准所决定；而'人民'及'民族'概念，则主要是由有助于创造出想象或虚构共同体的前政治标准（pre-political criteria）所塑造。政治会不断为了实现其自身目的，接管或改造这类前政治要素"。❷那么，如何截断民族（国民）与国家的密切关系，如何阻止国家政治为了自身的目的去接管乃至操控作为"前政治要素"的民族主义？《宣言》中提到的以市民为基础的"新政治共同体"或者新"国家模式"怎样才能成为可能？这的确是小森阳一、高桥哲哉等新生代知识左翼群体眼下所直接面对和需要处理的难题，不仅在理论上，而且在"运动"的实践中。

《宣言》的另一个特征也值得关注。即他们的思想理论依据主要是 20 世纪 80 年代以来有关民族主义的研究成果、民族国家理论以及来自后现代的"他者"理论、差异政治学、后殖民批评等。相

---

❶ 仲正昌树《后现代的左旋转》第 222 页，东京：世界书院，2004。
❷ 霍布斯鲍姆《民族与民族主义》中文版第 220—221 页。

对而言，马克思的社会批判思想已经不是他们的主要理论来源，或者至少已经不是一种直接的逻辑支撑。这不能不说是又一个与传统左翼思想大不相同的地方。虽然，这个群体当中的一些人原本参与过 1968 年的学生造反和"新左翼"运动，个人在思想感情上与传统的左翼团体保持着联系，但是，作为一个整体，他们的思想渊源主要是在上世纪 70、80 年代兴起的后现代主义思想脉络之中。就是说，从一开始他们的思想形成和学术训练便直接受到了后现代思想的浸染，相对而言，马克思主义的影响并不强烈。他们在 90 年代从文本解构向政治介入的"转向"，也还是在后现代思想反省"现代性"、颠覆由启蒙理性构建起来的知识制度这一语境下的"转向"。因此，他们与传统左翼批判势力主要倚重马克思主义多有不同，甚至与柄谷行人的从马克思到后现代再到回归马克思政治经济学批判的路径，也大异其趣。

另一方面，我们看小森阳一实际投身到教育界基层推动抵制采用国家钦定教科书的运动，还有最近维护和平宪法的"九条会"深入市民当中的讲演对话活动，以及高桥哲哉自 1993 年开始参与声援原从军慰安妇"女性审判日军性奴隶制国际战犯法庭"的组建运动，包括他们更为直接地对近代天皇制国家意识形态、战争责任和靖国神社问题所进行的理论批判，还是会使我们想起 60 年代自由主义左翼斗士们投身社会革命的风采。在顽强对抗国家、制度和无所不在的资本主义体系上不求妥协义无反顾的批判立场，以及超越民族国家界限的国际主义诉求（强调与亚洲邻国的连带）方面，日本这个新生代知识左翼群体虽然显示了诸多方面的新特征，但与"60 年代那一代"依然有着某种精神上的联系。当然，如今社会结构的变化和历史的发展已和从前大不相同，他们所倚重的思想精神资源也已经不再是单纯的马克思主义社会批判理论或者存在主义的主体论，以及反战和平的世界主义想象。他们需要源自后现代思想的解构批评、话语分析、他者理论、差异政治学和后殖民批评、文化研究等思想资源，其中也包括作为 20 世纪最大的社会批判理论之马克思主义的理论支持。这样，出现于日本社会的这个新生代知识左翼群体，在实际的学术研究和政治介入中，也形成了与上一代自由主义左派大不相同的精神风貌和性格特征。在他们身上不正显示了在 21 世纪新时代条件下，左翼知识批判的应有状态和未来走向吗？他们与始终坚持马克思主义和后现代思想相会通的柄谷行人，还有在思想史领域中成功运用知识考古学、话语分析理论对日本现代知识制度实行批判的子安宣邦，同属于日本的左翼知识界批判阵营。他们积极参与社会公共事务，努力将学院知识与"真实政治"斗争结合起来，其艰苦而内涵丰富的实践必将为新时代的社会批判运动和知识分子干预政治提供新的经验和启示。

后　记

　　上世纪 90 年代以来，中国的"后学"曾经热闹一时，对于欧美后现代主义理论的移译也有了相当的规模。但是，真正将后现代的观念和方法论架构，特别是其批判的立场落实到本土社会历史深层的成果却寥寥无几。或者说，从本土的现实课题创生出来的、并与"外部"世界足以构成有效对话的后现代主义批评，还没有在中国充分构建起来。同时，当下中国以国家为主导，大行市场经济，相应地出现了与资本主义经济共生的种种社会问题，如财富的分配、普遍的社会公正和民主诉求的实现、道德体系的重建等等。这就同样要求新的知识左翼批判力量的产生以构成有效的社会制衡。本书主要讨论的是日本 70 年代以来后现代主义批评的发展脉络，以及 90 年代以后一些具有后现代思想背景的日本学者、知识人急速转向"左翼批判"而形成"新生代知识左翼群体"等问题，并没有直接涉及与中国的比较，但我相信细心的读者在了解了日本后现代主义批评之后，会自然想到中国的状况并获得相应的启发和反思的。其实，本书写作的主要动力就在于通过对日本后现代批评的分析，为中国提供一个切近的参照和借镜。

　　作为中国社会科学院重点课题科研项目，本书的写作得到了包括文学研究所在内的有关方面的大力资助和支持，在此表示衷心感谢。与此同时，还要特别向在本书中登场亮相，被分析和考察的主要人物表示由衷的谢忱。他们不仅是我的研究对象，而且也是长年多有交往得到诸多示教的师友。尤其是子安宣邦、柄谷行人、小森阳一和高桥哲哉等活跃于日本思想界第一线发挥知识领袖作用的四位先生，如果没有他们无私坦诚、推心置腹的交流沟通，并提供个人方面的宝贵资料信息，我是很难能以对话的姿态研读他们的著作并由此进入日本后现代主义批评发展演变的历史现场的，更不用说顺利完成本书的写作了。当然，因为是多有交往的良师益友，在观察和解读他们的学术实践及著作文本时，会通心灵的理解与褒扬多于冷峻的分析与批评，这样的情况恐怕也在所难免吧。而剖析和阐述的不当之处，则期待今后得到他们进一步的指点。

最后，感谢日本东京大学的林少阳学兄和埼玉大学的牧阳一先生。前者是我硕士研究生时代吉林大学的同窗老友，由于研究课题的相近，多年来常有会心的交流沟通，深感受益匪浅，又在收集资料掌握日本学界最近动向方面得到了全力支持。后者是我留学日本攻读博士学位期间一桥大学的同门师兄，不仅在异国求学生活时期得到了他的悉心呵护，在回国开始本书的写作后亦为我提供了到东京收集资料的宝贵机会。还有日本爱知大学的桑岛由美子教授，她也是我留学时期一桥大学的同学，曾多次惠赠与本书有关的日文书籍和资料。还要感谢清华大学的汪晖、王中忱两先生，是他们认真审阅本书的初稿提出了宝贵意见，并将书稿推荐给"三联·哈佛燕京学术丛书"。也感谢三联书店的孙晓林、叶彤和曾诚先生为本书的出版给予的大力协助。

赵京华

2007 年 1 月记于北京太阳宫寓所

新版后记

拙著《日本后现代与知识左翼》的着手写作，是在留学回国不久的 2004 年前后，幸蒙生活·读书·新知三联书店不弃将其列入"三联·哈佛燕京学术丛书"，于 2007 年正式出版。如今十年已经过去，三联书店决定推出精装新版，这在我实在是感激不尽而喜出望外的。因为，本书于我个人学术上的意义实在重大，不仅是从中国研究转向日本研究的最初成果，同时也是努力跨越文学研究的疆域，采用思想史和社会实践相结合的视角讨论异国当代文化思潮的尝试之作。其中，凝聚了自己十年留学体验日本当代思想的心血和难忘的记忆。另一方面，近代以来中国的日本研究始终不尽人意而未能形成厚重的学术传统，总是赶不上日本那仿佛解剖台上从里到外洞穿观察对象般的高质量中国研究。记得史学家陈垣的弟子回忆：援庵老师深以中国史学不发达为憾，常说日本史学家每寄一本新著作来，无异一炮打到我的书桌上！我尝试转向日本研究，也是希望能为中国观察这个复杂错综的邻国，贡献一些微薄的力量。当然，我不知道这种尝试获得了多大的成功，但看初版已经售罄的情况，说明至少得到了读书界的关注。这是对我的最大鼓励和鞭策，尤其是在当今谈论日本受到国家间关系恶化的影响而难以做到心平气和与客观公正的时刻。

　　我说这是鼓励和鞭策，绝非虚言客套。拙著的不足或力有未逮之处，自己最是清楚。"日本后现代与知识左翼"这个议题，本身具有两方面的挑战性。一方面，日本 20 世纪 70 年代以来的后现代主义思潮及其在 90 年代转向社会性的左翼批判，是一个与"二战"后西方批判理论息息相关同时又有着日本自身东亚性的复杂问题，需要在世界范围内反思现代性的思想发展脉络下，结合日本的社会历史语境和观念意识形态的走向，来加以综合的理论考察，这对作者的思辨能力和知识视野的拓展是一个巨大的挑战。另一方面，中国知识界对于"二战"后的日本及其思想文化的研究几乎处于空白的状态，因此我只能于尽可能的知识普及性介绍与分析的同时，做一定程度浅尝辄止的理论探索，而无法更深入地进到观念层面乃至哲学思辨的高度。换言之，在中国还没有形成深入讨论日本当代思想的有效环境和场域。结果，这就造成了拙著倾力于日本当代一般思想状况的梳理介绍和个案分析，而无暇对具有东亚乃至世界普遍性的问题之讨论，这样一种窘境。

　　值此拙著即将推出新版之际，本来可以对上述不足加以修改补充的。然而，考虑到工作量之大和保持其学术上的历史性，我还是放弃了做大规模修改的念头。而上面提到存在的力有未逮之处，则是期望自己能将此作为未来学术工作加以改善的目标，从而写出有关现代日本更为精彩的研究著作。同时，也期待广大读者继续关注拙著，关注当下的日本包括我们东亚所面临的共通性问题。

　　故而，这次修订只是在第 3 章末尾增加了两节讨论子安宣邦新著《何谓"近代的超克"》的内容（曾以《记忆的政治学》为题，发表在 2009 年《读书》杂志第 2 期），并在书后的"主要参考书目"中增补了书中四位主角柄谷行人、子安宣邦、小森阳一、高桥哲哉于 2007 年后出版的著作信息，以方便读者查找。此外，对文字表达方面的错讹和不当之处，做了必要的修订。尽管如此，不尽完善之处仍恐难免，还望广大读者不吝赐教。

末了，由衷感谢生活·读书·新知三联书店为拙著提供再版的机会，使得这部旧作得以重新面世。

赵京华
2016 年春节于北京太阳宫寓所

主要参考书目

日文部分

柄谷行人:

『畏怖する人間』、講談社、1972。

『意味という病』、講談社、1975。

『ダイアローグ』（対話集）、冬樹社、1976。

『マルクスその可能性の中心』、講談社、1978。

『反文学論』、冬樹社．1979。

『小林秀雄をこえて』（中上健次との共著）、河出書房新社、1979。

『日本近代文学の起源』、講談社、1980。

『隠喩としての建築』、講談社、1983。

『思考のパラドックス』（対談集）、第三文明社、1984。

『批評とポスト・モダン』、福武書店、1985。

『内省と遡行』、講談社、1985。

『ポスト・モダニズム批判』（笠井潔との対話）、作品社、1985。

『探究Ⅰ』、講談社、1986。

『ダイアローグⅠ 1970—1979』（対話集）、第三文明社、1987。

『ダイアローグⅢ 1985—1987』（対話集）、第三文明社、1987。

『闘争のエチカ』（蓮実重彦との対話）、河出書房新社、1988。

『探究Ⅱ』、講談社、1989。

『終言語と悲劇』、第三文明社、1989。

『シンポジウム』（対話集）、思潮社、1989。

『終焉をめぐって』、福武書店、1990。

『ダイアローグⅡ 1980—1984』（対話集）、第三文明社、1990。

『終わりなき世界——90年代の論理』（岩井克人との対話）、太田出版、
　　1990。

『ダイアローグⅣ』（対話集）、第三文明社、1991。

『漱石論集成』、第三文明社、1992。

『ヒューモアとしての唯物論』、筑摩書房、1993。

『〈戦前〉の思考』、文芸春秋社、1994。

『シンポジウムⅠ』（編著）、太田出版、1994。

『坂口安吾と中上健次』、太田出版、1996。

『近代日本の批評Ⅰ——昭和篇［上］』（編著）、講談社、1997。

『近代日本の批評Ⅱ——昭和篇［下］』（編著）、講談社、1997。

『近代日本の批評Ⅲ——明治・大正篇』（編著）、講談社、1998。

『可能なるコミュニズム』（編著）、太田出版、2000。

『倫理21』、平凡社、2000。

『NAM原理』、太田出版、2000。

『トランスクリディーク　カントとマルクス』、批評空間、2001。

『日本精神分析』、文芸春秋社、2002。

『定本柄谷行人集』（全5巻）、岩波書店、2004。

『思想はいかに可能か』、インスクリプト、2004。

『近代文学の終わり』、インスクリプト、2005。

『世界共和国へ』、岩波書店、2006。

『柄谷行人　政治を語る』、図書新聞、2009。

『世界史の構造』、岩波書店、2010。

『柄谷行人中上健次全対話』、講談社文芸文庫、2011。

『「世界史の構造」を読む』、インスクリプト、2011。

『哲学の起源』、岩波書店、2012。

『政治と思想 1960－2011』、平凡社、2012。

『柳田国男論』、インスクリプト、2013。

『柄谷行人蓮実重彦全対話』、講談社文芸文庫、2013。

『帝国の構造』、青土社、2014。

『遊動論 —— 柳田国男と山人』、文春新書、2014。

『柄谷行人インタヴューズ 1977－2001』、2014。

『柄谷行人インタヴューズ 2002－2013』、2014。

『定本柄谷行人文学論集』、岩波書店、2016。

子安宣邦:

『宣長と篤胤の世界』、中央公論社、1977。

『日本思想史読本』（共著）、東洋経済、1979。

『伊藤仁斎 —— 人倫的世界の思想』、東京大学出版会、1982。

『「事件」としての徂徠学』、青土社、1990。

『鬼神論 —— 儒家知識人のディスクール』．福武書店、1992。

『本居宣長』、岩波書店、1992。

『「宣長問題」とは何か』、青土社、1995。

『近代知のアルケオロジー —— 国家と戦争と知識人』、岩波書店、1996。

『江戸思想史講義』、岩波書店、1998。

『方法としての江戸』、ペリカン社、2000。

『平田篤胤の世界』、ペリカン社、2001。

『日本思想史辞典』、ペリカン、2001。

『「アジア」はどう語られてきたか —— 近代日本のオリエンタリズム』、
　　藤原書店、2003。

『漢字論 —— 不可避の他者』、岩波書店、2003。

『日本近代思想批判』、岩波書店、2003。

『国家と祭祀』、青土社、2004。

『伊藤仁斎の世界』、ペリカン社、2004。

『〈文明論之概略〉精読』、岩波書店、2005。

『本居宣長とは誰か』、平凡社新書、2005。

『宣長学講義』、岩波書店、2006。

『日本ナショナリズム解読』、白澤社、2007。

『歴史の共有体としての東アジア —— 日露戦争と日韓の歴史認識』（共
　　著）、藤原書店、2007。

『徂徠学講義 ——「弁名」を読む』、岩波書店、2008。

『歎異抄の近代』、白澤社、2014。

『帝国か民主か』、社会評論社、2015。

『仁斎学講義 ——「孟子字義」を読み』、ペリカン、2015。

小森陽一:

『文体としての物語』、筑摩書房、1988。

『構造としての語り』、新曜社、1988。

『読むための理論』（共編著）、世織書房、1991。

『緑の物語 ——「吉野葛」のレトリック』、新典社、1992。

『漱石を読みなおす』、筑摩書房、1995。

『出来事としての読むこと』、東京大学出版会、1996。

『最新宮沢賢治講義』、朝日出版社、1996。

『メディア・表象・イデオロギー』（共編著）、小沢書店、1997。

『〈ゆらぎ〉の日本文学』、NHKブックス、1998。

『ナショナル・ヒストリーを超えて』（共編著）、東京大学出版会、1998。

『世紀末の預言者・夏目漱石』、講談社、1999。

『小説と批評』、世織書房、1999。

『ニホン語に出会う』、大修館書店、2000。

『日本語の近代』、岩波書店、2000。

『ポストコロニアル』、岩波書店、2001。

『歴史教科書は何が問題か』（共編）、岩波書店、2001。

『歴史認識と小説——大江健三郎論』、講談社、2002。

『天皇の玉音放送』、五月書房、2003。

『青い空は青いままで子どもらに伝えたい—母と子で語る昭和といま—』
　　（小森香子との共著）、五月書房、2005。

『村上春樹論——「海辺のカフカ」を精読する』、平凡社、2006。

『心脳コントロール社会』、ちくま新書、2006。

『レイシズム』、岩波書店、2006。

『大人のための国語教科書——あの名作のアブない読み方』、角川書店、
　　2009。

『漱石論——21世紀を生き抜くために』、岩波書店、2010。

『記憶せよ抗議せよそして生き延びよ　小森陽一対話集』、シネフロン
　　社、2010。

『泥沼はどこだ』（共著）、かもがめ出版、2012。

『死者の声、生者の言葉——文学で問う原発の日本』、新日本出版社、
　　2014。

『あの出来ことを憶えておこう』、新日本出版社、2014。

『しかしそれだけではない　小森陽一対話集2』、シネフロン社、2014。

高橋哲哉：

『逆光のロゴス——現代哲学のコンテクスト』、未来社、1992。

『記憶のエチカ——戦争・哲学・アウシュヴィッツ』、岩波書店、1995。

『「シュアー」の衝撃』（共編著）、未来社、1995。

『アウシュヴィッツと私たち——死者の希望を消さないために』、グリー
　　ンピース出版会、1996。

『ナショナル・ヒストリーを超えて』（共編著）、東京大学出版会、1998。

『デリダ──脱構築』、講談社、1998。

『戦後責任論』、講談社、1999。

『断絶の世紀　証言の時代──戦争の記憶をめぐる対話』（対話集）、岩
　　波書店、2000。

『私たちはどのような時代に生きているか』（対話集）、2000。

『歴史／修正主義』、岩波書店、2001。

『「歴史認識」論争』（編著）、作品社、2002。

『「心」と戦争』、晶文社、2003。

『反・哲学入門』、白澤社、2004。

『「物語」の廃墟から』（対話集）、影書房、2004。

『証言のポリティクス』、未来社、2004。

『教育と国家』、講談社、2004。

『靖国問題』、筑摩書房、2005。

『国家と犠牲』、NHKブックス、2005。

『教育基本法「改正」を問う──愛国心・格差・社会・憲法』（対話集）、
　　白澤社、2006。

『状況への発言──靖国そして教育』、青土社、2007。

『犠牲のシステム、福島・沖縄』、集英社新書、2012。

『いのちと責任』（対話集）、大月書店、2012。

『憲法のポリティカ──哲学者と政治学者の対話』、白澤社、2015。

『デリダ　脱構築と正義』、講談社学術文庫、2015。

『沖縄の米軍基地──「県外移転」を考える』、集英社新書、2015。

『流砂のなかで』（対話集）、河出書房新社、2015。

宇野弘蔵：

『経済原論』、岩波書店、1964。

『宇野弘蔵著作集』（全10巻）、岩波書店、1973─1974。

『資本論入門』、講談社学術文庫、1978。

広松渉：

『マルクス主義の成立過程』、至誠堂、1968。

『マルクス主義の地平』、勁草書房、1969。

『事的世界観への前哨』、勁草書房、1975。

『世界の共同主観的存在構造』、勁草書房、1972。

『存在と意味』、岩波書店、1982。

『物象化論の構図』、岩波書店、1983。

『「近代の超克」論』、講談社、1989。

山口昌男：

『失われた世界の復権』、平凡社、1969。

『人類学的思考』、せりか書房、1971。

『アフリカの神話的世界』、岩波書店、1971。

『道化の民俗学』、新潮社、1975。

『文化と両義性』、岩波書店、1975。

『知の遠近法』、岩波書店、1978。

『共通感覚論』、岩波書店、1979。

『仕掛けとしての文化』、青土社、1980。

『文化人類学の招待』、岩波書店、1982。

『文化の詩学』、岩波書店、1983。

『天皇制の文化人類学』、立風書房、1989。

『「挫折」の昭和史』、岩波書店、1995。

前田愛：

『近代読者の成立』、有精堂、1973。

『都市空間のなかの文学』、筑摩書房、1982。

『文学テクスト入門』、筑摩書房、1988。

『前田愛著作集』（全 6 巻）、筑摩書房、1990。

中村雄二郎：

『現代情念論 —— 美と政治の間』、勁草書房、1962。

『言語・理性・狂気』、晶文社、1969。

『感覚の覚醒』、岩波書店、1975。

『哲学の現在 —— 生きることと考えること』、岩波書店、1977。

『共通感覚論』、岩波書店、1979。

『知の旅への誘い』（山口昌男との共著）、岩波書店、1981。

『魔女ランダ考 —— 演劇的知とはなにか』、岩波書店、1983。

『西田幾多郎』、岩波書店、1983。

『術語集 —— 気になることば ——』、岩波書店、1984。

『西田哲学の脱構築』、岩波書店、1987。

『哲学の五十年』、青土社、2000。

吉本隆明：

『吉本隆明全著作集』（全 16 巻）、勁草書房、1967 — 1975。

『世界認識の方法』、中央公論社、1980。

『マス・イメージ論』、福武書店、1984。

『ハイ・イメージ論 I 』、福武書店、1989。

『ハイ・イメージ論 II 』、福武書店、1990。

竹内好：

『日本とアジア』、筑摩書房、1993。

丸山真男：

『丸山真男集』（全 16 巻）、岩波書店、1997。

蓮実重彦:

『批評あるいは仮死の祭典』、せりか書房、1974。

『表層批評宣言』、筑摩書房、1979。

『物語批判序説』、中央公論社、1985。

『反＝日本語論』、筑摩書房、1986。

『小説から遠く離れて』、日本文芸社、1989。

上野千鶴子:

『〈私〉探しゲーム』、筑摩書房、1987。

『ナショナリズムとジエンダー』、青土社、1998。

浅田彰:

『構造と力』、勁草書房、1983。

『逃走論』、筑摩書房、1984。

『「歴史の終わり」を超えて』（対話集）、中央公論新社、1999。

中沢新一:

『雪片曲線論』、青土社、1985。

『野ウサギの走り』、思潮社、1986。

『虹の理論』、新潮社、1987。

『悪党の思考』、平凡社、1988。

東 浩紀:

『存在論的、郵便的』、新潮社、1997。

『郵便的不安たち』、朝日新聞社、1999。

加藤典洋:

『アメリカの影──戦後再発見』、河出書房新社、1985。

『敗戦後論』、講談社、1997。

『日本人の自画像』、岩波書店、2000。

竹田青嗣:

『世界という背理』、河出書房新社、1988。

『現代批評の遠近法』、講談社、1998。

『言語的思考へ』、径書房、2001。

『近代哲学再考』、径書房、2004。

『人間的自由の条件』、講談社、2004。

酒井直樹:

『死産される日本語・日本人』、新曜社、1996。

『日本思想という問題』、岩波書店、1997。

『「世界史」の解体 ―― 翻訳・主体・歴史』（西谷修との対話）、以文社、
　　1999。

姜尚忠:

『オリエンタリズムの彼方へ ―― 近代文化批判』、岩波書店、1996。

『ナショナリズム』、岩波書店、2001。

大沢真幸:

『戦後の思想空間』、筑摩書房、1998。

仲正昌樹:

『ポスト・モダンの左旋回』、世界書院、2004。

イ・ヨンスク:

『「国語」という思想 ―― 近代日本の言語認識』、岩波書店、1996。

関井光男編：

『柄谷行人』（「国文学解釈と鑑賞」別冊）、至文堂、1995。

柄谷行人、浅田彰他共編：

『マルクスの現在』、とっても便利出版部、1999。

『柄谷行人』（「現代思想」1998 年 7 月臨時増刊）、青土社、1998。

中文部分

爱德华·W·萨义德：《东方学》，王宇根译，生活·读书·新知三联书店，1999 年。

爱德华·W·萨义德：《文化与帝国主义》，李琨译，生活·读书·新知三联书店，1999 年。

埃里克·霍布斯鲍姆：《民族与民族主义》，李金梅译，上海人民出版社，2000 年。

埃里克·霍布斯鲍姆：《极端的年代 1914—1991》，郑明萱译，中信出版社，2014 年。

艾玛纽埃尔·勒维纳斯：《从存在到存在者》，吴蕙仪译，江苏教育出版社，2006 年。

艾玛纽埃尔·勒维纳斯：《上帝·死亡和时间》，余中先译，生活·读书·新知三联书店，1997 年。

艾玛纽埃尔·勒维纳斯：《塔木德四讲》，关宝艳译，商务印书馆，2002 年。

安东尼·吉登斯：《民族—国家与暴力》，胡宗泽、赵力涛译，生活·读书·新知三联书店，1998 年。

安东尼奥·葛兰西：《狱中札记》，曹雷雨等译，中国社会科学出版社，2000 年。

安琪楼·夸特罗其、汤姆·奈仁：《法国 1968：终结的开始》，赵刚译，生活·读书·新知三联书店，2001 年。

保罗·德曼:《解构之图》,李自修等译,中国社会科学出版社,1998年。

保罗·利科主编:《哲学主要趋向》,李幼蒸、徐奕春译,商务印书馆,
  1988年。

本尼迪克特·安德森:《想象的共同体——民族主义的起源与散布》,吴睿
  人译,上海人民出版社,2003年。

柄谷行人:《日本现代文学的起源》,赵京华译,生活·读书·新知三联书
  店,2003年。

柄谷行人:《日本现代文学的起源》新版,赵京华译,中央编译出版社,
  2013年。

柄谷行人:《马克思及其可能性的核心》,中田友美译,中央编译出版社,
  2006年。

柄谷行人:《迈向世界共和国》,墨科译,台湾商务印书馆,2007年。

柄谷行人:《伦理21》,林晖钧译,台湾心灵工坊文化事业股份有限公司,
  2011年。

柄谷行人:《作为隐喻的建筑》,应杰译,中央编译出版社,2011年。

柄谷行人:《跨越性批判——康德与马克思》,赵京华译,中央编译出版
  社,2011年。

柄谷行人:《历史与反复》,王成译,中央编译出版社,2011年。

柄谷行人:《世界史的构造》,赵京华译,中央编译出版社,2012年。

柄谷行人:《哲学的起源》,潘世圣译,中央编译出版社,2015年。

布鲁斯·罗宾斯:《全球化中的知识左派》,徐晓雯译,中国社会科学出版
  社,2000年。

戴维·哈维:《后现代的状况》,阎嘉译,商务印书馆,2003年。

邓晓芒:《康德哲学诸问题》,生活·读书·新知三联书店,2006年。

费尔迪南·德·索绪尔:《普通语言学教程》,高名凯译,商务印书馆,
  2001年。

弗朗兹·法农:《黑皮肤,白面具》,万冰译,译林出版社,2005年。

弗雷德里克·詹姆逊:《晚期资本主义的文化逻辑》,张旭东编,陈清侨等

译，生活·读书·新知三联书店，1997年。

弗雷德里克·詹姆逊：《文化转向》，胡亚敏等译，中国社会科学出版社，
　2000年。

弗雷德里克·詹姆逊：《时间的种子》，王逢振译，江苏教育出版社，2006年。

《詹姆逊文集》（四卷本），王逢振主编，中国人民大学出版社，2004年。

弗里德里希·尼采：《权力意志》，张念东、凌素心译，中央编译出版社，
　2000年。

弗里德里希·尼采：《超善恶》，张念东、凌素心译，中央编译出版社，
　2005年。

弗里德里希·尼采：《快乐的知识》，张念东、凌素心译，中央编译出版社，
　2005年。

高桥哲哉：《德里达——解构》，王欣译，河北教育出版社，2001年。

高桥哲哉：《靖国问题》，黄东兰译，生活·读书·新知三联书店，2007年。

高桥哲哉：《国家与牺牲》，徐曼译，社科文献出版社，2008年。

高桥哲哉：《战后责任论》，徐曼译，社科文献出版社，2008年。

高桥哲哉：《反-哲学入门》，何慈毅、郭敏译，南京大学出版社，2011年。

格雷马斯：《论意义——符号学论文集》，吴泓缈、冯学俊译，百花文艺出
　版社，2005年。

葛兆光：《思想史研究课堂讲录——视野、角度与方法》，生活·读书·新
　知三联书店，2005年。

葛兆光：《思想史研究课堂讲录续编》，生活·读书·新知三联书店，2012年。

海德格尔：《在通向语言的途中》，孙周兴译，商务印书馆，1997年。

汉娜·阿伦特：《黑暗时代的人们》，王凌云译，江苏教育出版社，2006年。

黑格尔：《历史哲学》，王造时译，上海书店出版社，2001年。

胡塞尔：《欧洲科学的危机与超越论的现象学》，王炳文译，商务印书馆，
　2001年。

吉尔·德勒兹、费利克斯·瓜塔里：《游牧思想》，陈永国编译，吉林人民
　出版社，2003年。

吉尔·德勒兹：《斯宾诺莎的实践哲学》，冯炳昆译，商务印书馆，2004年。

康德：《历史理性批判文集》，何兆武译，商务印书馆，1990年。

康德：《法的形而上学原理》，沈叔平译，商务印书馆，1991年。

康德：《判断力批判》（上下），宗白华译，商务印书馆，2000年。

克尔凯郭尔：《论怀疑者》，陆兴华、翁绍军译，上海人民出版社，2006年。

理查德·罗蒂：《哲学与自然之镜》，李幼蒸译，商务印书馆，2003年。

理查德·罗蒂：《筑就我们的国家——20世纪美国左派思想》，黄宗英译，
生活·读书·新知三联书店，2006年。

路易·阿尔都塞、艾蒂安·巴里巴尔：《读〈资本论〉》，李其庆、冯文光
译，中央编译出版社，2001年。

路易·阿尔都塞：《保卫马克思》，顾良译，商务印书馆，2006年。

罗冈、刘象愚主编：《后殖民主义文化理论》，中国社会科学出版社，1999年。

罗冈、刘象愚主编：《文化研究读本》，中国社会科学出版社，2000年。

罗兰·巴特：《符号学原理》，王东亮等译，生活·读书·新知三联书店，
2001年。

马克斯·霍克海默、阿多诺：《启蒙辩证法》，渠敬东、曹卫东译，上海人
民出版社，2006年。

《马克思恩格斯选集》，人民出版社，1972年。

马泰·卡林内斯：《现代性的五副面孔》，顾爱彬、李瑞华译，商务印书馆，
2002年。

麦克尔·哈特、安东尼奥·奈格里：《帝国——全球化的政治秩序》，杨建
国、范一亭译，江苏人民出版社，2003年。

米歇尔·福柯：《规训与惩罚》，刘北成、杨远樱译，生活·读书·新知三
联书店，1999年。

米歇尔·福柯：《词与物——人文科学考古学》，莫伟民译，上海三联书店，
2001年。

米歇尔·福柯：《古典时代疯癫史》，林志明译，生活·读书·新知三联书
店，2005年。

米歇尔·福柯：《临床医学的诞生》，刘北成译，译林出版社，2001 年。

米歇尔·福柯：《知识考古学》，谢强、马月译，生活·读书·新知三联书
　　店，1998 年。

莫里斯·梅洛 - 庞蒂：《世界的散文》，杨大春译，商务印书馆，2005 年。

乔纳森·卡勒：《论解构》，陆扬译，中国社会科学出版社，2000 年。

诺思罗普·弗莱：《批评的解剖》，陈慧等译，百花文艺出版社，2006 年。

让·鲍德里亚：《象征交换与死亡》，车槿山译，译林出版社，2006 年。

让 - 弗朗索瓦·利奥塔尔：《后现代状态》，车槿山译，生活·读书·新知
　　三联书店，1997 年。

上海社会科学院编：《法兰克福学派论著选辑》上卷，商务印书馆，1998 年。

申丹：《叙述学与小说文体学研究》，北京大学出版社，2004 年。

申丹、韩加明、王丽亚：《英美小说叙事理论研究》，北京大学出版社，
　　2005 年。

盛宁：《人文困惑与反思 —— 西方后现代主义思潮批判》，生活·读书·新
　　知三联书店，1997 年。

升味准之辅：《日本政治史》，董果良译，商务印书馆，1997 年。

史蒂文·康纳：《后现代主义文化 —— 当代理论导引》，严忠志译，商务印
　　书馆，2002 年。

特里·伊格尔顿：《后现代主义的幻象》，华明译，商务印书馆，2002 年。

雅克·德里达：《文学行动》，赵兴国等译，中国社会科学出版社，1998 年。

雅克·德里达：《书写与差异》，张宁译，生活·读书·新知三联书店，2001
　　年。

雅克·德里达：《多重立场》，佘碧平译，生活·读书·新知三联书店，2004 年。

雅克·德里达：《马克思的幽灵 —— 债务国家、哀悼活动和新国际》，何一
　　译，中国人民大学出版社，1999 年。

雅克·德里达：《论文字学》，汪堂家译，上海译文出版社，1999 年。

雅克·德里达：《声音与现象》，杜小真译，商务印书馆，2001 年。

丸山真男：《日本政治思想史研究》，王中江译，生活·读书·新知三联书

店，2000 年。

维特根斯坦：《哲学研究》，李步楼译，商务印书馆，1996 年。

维特根斯坦：《逻辑哲学论》，贺绍甲译，商务印书馆，1996 年。

伊曼努尔·华勒斯坦等：《自由主义的终结》，郝名玮、张凡译，社科文献
　　出版社，2002 年。

伊曼努尔·华勒斯坦：《所知世界的终结》，冯炳昆译，社科文献出版社，
　　2003 年。

小森阳一：《日本近代国语批判》，陈多友译，吉林人民出版社，2003 年。

小森阳一：《天皇的玉音放送》，陈多友译，生活·读书·新知三联书店，
　　2004 年。

小森阳一：《村上春树论 —— 精读〈海边的卡夫卡〉》，秦刚译，新星出版
　　社，2007 年。

张广宇：《冷战后日本的新保守主义与政治右倾化》，北京大学出版社，
　　2005 年。

张旭东：《批评的踪迹 —— 文化理论与文化批评》，生活·读书·新知三联
　　书店，2003 年。

张旭东：《全球化时代的文化认同 —— 西方普遍主义话语的历史批判》，北
　　京大学出版社，2005 年。

子安宣邦：《东亚论：日本现代思想批判》，赵京华译，吉林人民出版社，
　　2004 年。

子安宣邦：《国家与祭祀》，董炳月译，生活·读书·新知三联书店，2007 年。

子安宣邦：《福泽谕吉〈文明论概略〉精读》，陈玮芬译，清华大学出版
　　社，2010 年。

索 引
（以汉语拼音字母顺序排列）

三联·哈佛燕京学术丛书

[一至十六辑书目]